中华人民共和国
气象法规汇编

2020

中国气象局政策法规司　编

图书在版编目（CIP）数据

中华人民共和国气象法规汇编. 2020 / 中国气象局政策法规司编. -- 北京：气象出版社，2021.12
ISBN 978-7-5029-7641-5

Ⅰ. ①中… Ⅱ. ①中… Ⅲ. ①气象法－法规－汇编－中国－2020 Ⅳ. ①D922.179

中国版本图书馆CIP数据核字(2021)第277158号

中华人民共和国气象法规汇编2020
Zhonghua Renmin Gongheguo Qixiang Fagui Huibian 2020

出版发行：气象出版社（内部发行）	
地　　址：北京市海淀区中关村南大街46号	邮政编码：100081
电　　话：010-68407112（总编室）	010-68408042（发行部）
网　　址：http://www.qxcbs.com	E-mail：qxcbs@cma.gov.cn
责任编辑：陈　红	终　　审：吴晓鹏
责任校对：张硕杰	责任技编：赵相宁
封面设计：詹　辉	
印　　刷：三河市百盛印装有限公司	
开　　本：850mm×1168mm　1/32	印　　张：11.25
字　　数：279千字	
版　　次：2021年12月第1版	
印　　次：2021年12月第1次印刷	
定　　价：30.00元	

本书如存在文字不清、漏印以及缺页、倒页、脱页等，请与本社发行部联系调换

前　言

为了适应气象法治建设和气象依法行政工作的需要,根据国务院《法规汇编编辑出版管理规定》和《中国气象局职能配置、内设机构和人员编制规定》确定的职责分工,中国气象局政策法规司于1987年起定期出版《中华人民共和国气象法规汇编》(以下简称《汇编》)。

本《汇编》收集了2020年1月1日至2020年12月31日发布的,并在2020年12月31日前仍然有效的气象法规、规章以及重要的政策性文件等共38件。其中,国务院办公厅下发的规范性文件1件,气象部门规章4件,政策性文件14件,气象地方性法规和地方政府规章19件。

2020年1月1日至2020年12月31日应予废止的气象方面规章和规范性文件13件,列在附录中。

在本《汇编》中收录的气象法规、规章以及重要的政策性文件目录先按照分类,然后按照发布实施的时间顺序排列。对规范的内容基本维持原状,仅对少数法规中的附录、附件部分进行了省略,并校正了有错误的用词、用字和标点。

本《汇编》在编辑过程中,得到中国气象局职能机构和各省、自治区、直辖市气象局的支持和协助,在此谨表谢意。

中国气象局政策法规司
2021年9月

目 录

前 言

国务院办公厅下发的规范性文件

国务院办公厅关于推进人工影响天气工作高质量发展的
意见……………………………………………………（3）
国务院办公厅 （国办发〔2020〕47号） 2020年11月24日

部门规章

升放气球管理办法……………………………………（11）
（2020年11月13日中国气象局局务会议审议通过，2020年11月29日中国气象局令第36号公布，自2021年1月1日起施行）

雷电防护装置设计审核和竣工验收规定………………（20）
（2020年11月13日中国气象局局务会议审议通过，2020年11月29日中国气象局令第37号公布，自2021年1月1日起施行）

雷电防护装置检测资质管理办法………………………（27）
（2016年4月7日中国气象局令第31号公布，自2016年10月1日起施行。根据2020年11月29日《中国气象局关于修改〈雷电防护装置检测资质管理办法〉的决定》修订）

气象行政规范性文件管理办法 …………………………（37）
　　（2020年11月13日中国气象局局务会议审议通过，2020年11月29日中国气象局令第39号公布，自2021年1月1日起施行）

政策性文件

中国气象局关于推进气象业务技术体制重点改革的意见 …（47）
　　（气发〔2020〕1号）　2020年1月9日
气象标准化管理规定 ……………………………………（57）
　　（气发〔2020〕23号）　2020年1月18日
中国气象局创新发展专项管理办法（试行） ……………（67）
　　（气发〔2020〕33号）　2020年3月5日
地面气象应急观测管理办法 ……………………………（75）
　　（中气函〔2020〕42号）　2020年3月18日
中国气象局网络安全管理办法（试行） …………………（79）
　　（气发〔2020〕41号）　2020年4月7日
中国气象局国家气候标志评价工作管理办法（试行） ……（94）
　　（气发〔2020〕48号）　2020年4月30日
气象观测站新建迁移和撤销管理规定 …………………（99）
　　（气发〔2020〕50号）　2020年5月9日
气象部门机关公务用车管理办法 ………………………（107）
　　（气发〔2020〕58号）　2020年6月17日
气象数据管理办法（试行） ………………………………（113）
　　（气发〔2020〕92号）　2020年10月10日
气象部门国有资产配置管理办法 ………………………（128）
　　（气发〔2020〕97号）　2020年10月21日
高质量推进气象现代化建设行动计划（2021—2023年） …（135）

（气发〔2020〕101号） 2020年11月23日
中国气象局企业投资监督管理办法…………………………（154）
　　（气发〔2020〕106号） 2020年11月29日
全国气象部门机关档案管理规定……………………………（161）
　　（气发〔2020〕110号） 2020年12月23日
珍贵气象档案分级鉴定办法…………………………………（168）
　　（气办发〔2020〕35号） 2020年9月11日

地方性法规和地方政府规章

山西省气候资源开发利用和保护条例………………………（177）
哈尔滨市人工影响天气管理条例……………………………（182）
浙江省气象条例………………………………………………（189）
浙江省气象灾害防御条例……………………………………（198）
日照市气象设施和气象探测环境保护办法…………………（208）
海南省气象灾害防御条例……………………………………（215）
海南省实施《中华人民共和国气象法》办法………………（231）
贵州省气象预报预警信息发布与传播管理办法……………（240）
兰州市气象灾害防御条例……………………………………（244）
青海省气象灾害预警信号发布与传播办法…………………（258）
青海省人工影响天气管理办法………………………………（287）
青海省应对气候变化办法……………………………………（292）
宁夏回族自治区气象条例……………………………………（298）
宁夏回族自治区气象灾害防御条例…………………………（305）
新疆维吾尔自治区气候资源保护和开发利用条例…………（315）
新疆维吾尔自治区实施《气象灾害防御条例》办法………（324）
新疆维吾尔自治区气象灾害预警信号发布与传播办法……（330）

新疆维吾尔自治区气象探测环境和设施保护规定…………（333）
新疆维吾尔自治区大风暴雨暴雪天气灾害防御办法………（337）

附录：2020年1月1日至2020年12月31日应予废止的
　　　气象方面规章和规范性文件目录(13件)……………（345）

国务院办公厅下发的规范性文件

国务院办公厅关于推进人工影响天气工作高质量发展的意见

国务院办公厅

(国办发〔2020〕47号)

2020年11月24日

各省、自治区、直辖市人民政府,国务院各部委、各直属机构:

近年来,我国人工影响天气工作快速发展,作业能力和管理水平不断提升,在服务农业生产、支持防灾减灾救灾、助力生态文明建设和保障重大活动等方面发挥了重要作用。为推进人工影响天气工作高质量发展,经国务院同意,现提出以下意见。

一、总体要求

(一)指导思想。以习近平新时代中国特色社会主义思想为指导,深入贯彻党的十九大和十九届二中、三中、四中、五中全会精神,认真落实党中央、国务院决策部署,坚持以人民为中心的发展思想,贯彻新发展理念,准确把握人工影响天气工作的基础性、公益性定位,完善体制机制,强化能力建设,加快科技创新,提高作业水平,更好服务经济社会发展,为防灾减灾救灾、国家重大战略实施和人民群众安全福祉提供坚实保障。

(二)基本原则。坚持以人为本,服务发展。把保障人民群众生命财产安全放在首位,聚焦实施乡村振兴、主体功能区等重大战略,积极开展人工影响天气作业,最大限度降低灾害损失。

坚持政府主导,统筹协调。落实地方政府属地责任,明确相关部门职责,加快构建政府主导、部门联动、军地协同、齐抓共管的人工影响天气工作格局,科学规划,统筹资源,形成工作合力。

坚持科技引领,创新驱动。把创新作为引领发展的第一动力,加强基础理论研究,实现关键技术突破,加快成果转化应用,创新人才培养机制,不断提升人工影响天气工作质量和效益。

坚持安全至上,防控结合。牢固树立安全生产是人工影响天气工作底线要求的观念,紧盯关键领域和薄弱环节,不断完善管理制度,健全监管机制,落实监管措施,提高风险防范和安全作业能力。

(三)发展目标。到2025年,形成组织完善、服务精细、保障有力的人工影响天气工作体系,基础研究和关键技术研发取得重要突破,现代化水平和精细化服务能力稳步提升,安全风险综合防范能力明显增强,体制机制和政策环境更加优化,人工增雨(雪)作业影响面积达到550万平方公里以上,人工防雹作业保护面积达到58万平方公里以上。到2035年,推动我国人工影响天气业务、科技、服务能力达到世界先进水平。

二、做好重点领域服务保障

(四)强化农业生产服务。开展粮食生产功能区、重要农产品生产保护区和特色农产品优势区干旱、冰雹等灾害评估与区划工作。加大重点区域、重要农事季节的抗旱、防雹作业力度,强化动态监测和区域联防,减轻灾害损失,保障国家粮食安全和重要农产品供给。

(五)支持生态保护与修复。针对重要生态系统保护和修复需求,因地制宜制定常态化人工影响天气作业工作计划。提升青藏高原生态屏障区、黄河重点生态区、长江重点生态区、东北森林带、北方防沙带、南方丘陵山地带以及重要河流水源区的人工影响天气保障能力。积极开展重点区域人工影响天气作业,发挥其在水源涵养、水土保持、植被恢复、生物多样性保护、水库增蓄水等方面的作用。

(六)做好重大应急保障服务。完善应对森林草原火灾火险、异常高温干旱等事件的人工影响天气应急工作机制,及时启动相应的人工影响天气作业。加强强对流等极端天气监测预警。根据重大活动需要,建立人工影响天气试验演练工作机制,制定工作方案,加强技术储备,保障重大活动顺利开展。提升军民联合应急保障能力。

三、增强基础业务能力

(七)提升监测能力。聚焦人工影响天气重点作业区域优化探测装备布局。统筹提升气象卫星监测能力,加快补上云降水空中探测短板,补充布设云降水地面探测设备,构建监测精密、技术先进的"天基—空基—地基"云水资源立体探测系统,为人工影响天气监测预警、指挥作业和效果评估提供基础支撑。

(八)提升作业能力。发展高性能增雨飞机,推进作业飞机驻地专业保障基地和设施建设,提升精准催化、实时通信和专业保障水平。加快地面固定作业点标准化建设,推进火箭、高射炮、烟炉等作业装备自动化、标准化、信息化改造和列装。推广应用高效、安全、绿色作业弹药。建设监测与作业一体化的智能物联站点。探索大型无人机等人工影响天气作业新方式、新手段。

(九)提升指挥能力。推进国家和地方人工影响天气指挥平台建设,提升指挥调度和区域协同水平。做好汛期气候趋势监测,提前研判人工影响天气作业需求。发展多源融合云降水同化分析和数值预报系统,提高作业条件识别和效果评估能力。加强空中交通管制部门与气象部门的信息融合,建立智能识别、科学指挥、精准作业、定量评估的人工影响天气一体化业务系统。

四、强化科技创新和人才支撑

（十）聚焦关键核心技术攻关。完善人工影响天气科技创新体系。支持人工影响天气基础研究、应用研究，加大重大科技攻关力度，深入开展全球气候变化背景下的云降水和人工影响天气机理研究，着力在云水资源评估、作业条件监测预报、作业催化、效果检验和效益评价等关键技术上实现突破。加快重大技术装备研发，推进人工智能、大数据、互联网等新技术应用。加强国际交流，提高技术创新开放合作水平。

（十一）改善科学试验基础条件。建设国家级人工影响天气科学试验基地和重点实验室。分类建设人工影响天气科学试验示范区，持续开展人工增雨（雪）、防雹、消云减雨、消雾、改善空气质量等科学试验，逐步提高科技水平和科技成果转化成效。

（十二）加强人才和专业队伍建设。围绕重大科技攻关，加强人工影响天气科技创新团队和高层次人才队伍建设，培养相关专业科技人才。统筹各类专业队伍集约发展，加强基层专业化作业队伍建设，强化技术培训，健全聘用管理制度和激励机制，配强骨干力量。健全人工影响天气作业人员劳动保护、人身意外伤害和公众责任保险等保障制度，按规定落实津补贴政策，保障合理待遇。

五、健全安全监管体系

（十三）落实安全生产领导责任。严格落实《地方党政领导干部安全生产责任制规定》，健全安全投入保障制度，强化风险分级管控和隐患排查治理，确保人工影响天气工作安全责任措施落实落地。制定安全事故处置应急预案，加强应急演练，依法组织开展应急救援和调查处理工作。

（十四）加强重点环节安全监管。健全部门紧密协作的联合监管机制，加强作业装备、弹药的生产、购销、运输、存储、使用等安全管理，依法加强对作业人员的备案和培训，落实空域申请、作业安全保卫、作业站点巡查等工作制度,切实消除安全隐患。

(十五)提高安全技术水平。开展人工影响天气作业装备质量提升行动,加快列装更高安全性能的作业装备,限期淘汰落后和老旧装备。作业装备生产企业要按照国家有关标准规范和要求组织生产。加强安全技术防范和信息化管理,推广物联网、智能识别、电子芯片、信息安全等技术应用。推进人工影响天气安全管理智能化平台建设,实现对重点场所、重要装备、重大危险源的远程监控和实时风险监控预警。

六、完善保障机制

(十六)强化组织领导。充分发挥国家人工影响天气协调会议制度作用,全面加强对全国人工影响天气工作的统筹规划、政策指导和区域协调。地方各级人民政府要加强对本地区人工影响天气工作的领导和协调,将其纳入当地经济社会发展规划统筹考虑,健全管理体制和运行机制,稳定人员队伍,提升队伍素质。

(十七)完善联动机制。加强中央与地方之间、部门之间、区域之间、军地之间的沟通协调,建立上下衔接、分工协作、统筹集约的人工影响天气工作机制,协同做好人工影响天气工程建设、科技研发攻关、业务运行保障以及监管、协调和服务等方面工作。优先保障人工影响天气作业空域,按照有关规定对开展飞行作业实行收费优惠或减免。

(十八)切实加大投入。将人工影响天气工作相关经费列入政府预算。完善中央和地方共同投入机制,加大对中西部地区的支持力度,优化投入结构,重点支持人工影响天气能力建设、运行和作业保障等。通过中央财政科技计划(专项、基金等)支持人工影响天气基础科学研究和重大共性关键技术研发。地方政府加强服务地方的应用研究和特色技术研发。

(十九)依法依规管理。严格执行气象法、人工影响天气管理条例、民用爆炸物品安全管理条例等法律法规,完善配套规章制度。加强对法律法规实施情况的监督检查,确保各类组织依法依规开展人工影响天气相关活动。加快推进人工影响天气标准化体系建设,提高规范化管理水平。

（二十）加强科普宣传。将人工影响天气作为公益性科普宣传的重要内容,纳入国民素质教育体系,融入国家公园、国家气象科普基地、防灾减灾基地和科普场馆等内容建设。开展多种形式的科普教育,提高全社会对人工影响天气的科学认识。对在人工影响天气工作中成绩突出的单位和个人,按照国家有关规定给予表彰。

部门规章

升放气球管理办法

(2020年11月13日中国气象局局务会议审议通过,2020年11月29日中国气象局令第36号公布,自2021年1月1日起施行)

第一章 总 则

第一条 为加强对升放气球活动的管理,保障航空飞行和人民生命财产安全,根据《通用航空飞行管制条例》及其他有关规定和升放气球管理工作的实际,制定本办法。

第二条 本办法所称气球,包括无人驾驶自由气球和系留气球。

无人驾驶自由气球,是指无动力驱动、无人操纵、轻于空气、总质量大于4千克自由漂移的充气物体。

系留气球,是指系留于地面物体上、直径大于1.8米或者体积容量大于3.2立方米、轻于空气的充气物体。

前述气球不包括热气球、系留式观光气球等载人气球。

第三条 在中华人民共和国境内从事升放气球活动,应当遵守本办法及国家其他有关规定。

因气象业务从事升放气球活动,按照国务院气象主管机构的有关规定执行。

第四条 国务院气象主管机构及飞行管制等部门按照职责分工,负责管理和指导全国的升放气球活动。

地方各级气象主管机构及飞行管制等部门按照职责分工,在当地人民政府的指导和协调下,负责管理本行政区域内的升放气球活动。

第五条 从事升放气球活动,应当坚持安全第一的原则,严格执行国家制定的有关技术规范、标准和规程。

第二章 升放气球单位的管理

第六条 对升放气球单位实行资质认定制度。

未按规定取得《升放气球资质证》的单位不得从事升放气球活动。

第七条 申请升放气球资质的单位应当具备下列条件:

(一)有独立的法人资格;

(二)有固定的工作场所,危险气体的运输、使用和存放必须符合国家规定;

(三)有四名以上作业人员,其中至少有一名具有相关专业中级以上技术职称的人员;

(四)有必需的器材和设备;

(五)有健全的安全保障制度和措施。

第八条 申请从事升放气球活动的单位,应当向所在地的设区的市级或者省、自治区、直辖市气象主管机构(以下简称认定机构)提出申请,并提供下列申请材料:

(一)升放气球资质证申请表;

(二)作业人员登记表;

(三)升放气球的器材和设备清单;

(四)安全保障责任制度和措施;
(五)法律、法规规定的其他材料。

认定机构应当根据《行政许可法》第三十二条的规定,决定受理或者不予受理申请,并出具书面凭证。不予受理申请的,应当说明理由。

第九条 认定机构受理申请后,应当根据需要,指派两名以上工作人员进行现场核查。

第十条 申请单位的申请符合法定条件的,认定机构应当自受理申请之日起二十日内作出行政许可决定,自决定之日起十日内向申请单位颁发加盖认定机构印章的《升放气球资质证》。二十日内不能作出决定的,经本级气象主管机构负责人批准,可以延长十日,并将延长期限的理由告知申请人。

认定机构依法作出不予行政许可的书面决定的,应当说明理由,并告知申请单位依法享有申请行政复议或者提起行政诉讼的权利。

第十一条 《升放气球资质证》有效期为五年,并实行年度报告制度。取得资质的单位,应当在每年的六月底前将上一年度升放气球年度报告报认定机构。

年度报告应当包括持续符合资质认定条件和要求、遵守技术标准和规范、作业人员安全培训情况、升放气球活动等情况。

认定机构应当对年度报告内容进行抽查,并公开抽查结果。

取得升放气球资质的单位,应当在资质有效期届满三十日前向原认定机构申请延续。认定机构应当根据该单位的申请、年度报告及信用管理等有关情况,在有效期届满前作出是否准予延续的决定。

第十二条 取得升放气球资质的单位,出现下列行为之一的,由认定机构注销其资质证:

(一)有效期届满未延续的;

(二)法人依法终止的;
(三)资质证书依法被撤销的;
(四)法律、法规规定的应当注销行政许可的其他情形。

第三章 升放气球作业的条件与申请

第十三条 升放气球活动实行许可制度。

升放气球单位升放无人驾驶自由气球至少提前五日、升放系留气球至少提前两日向升放所在地的县级以上地方气象主管机构(以下简称许可机构)提出申请,并按要求如实填写升放气球作业申报表。

第十四条 申请材料不齐全或者不符合有关规定的,许可机构应当当场告知申请单位需要补正的全部内容,并按照《行政许可法》第三十二条第一款第一项、第二项、第三项、第五项的规定,决定受理或者不予受理申请,出具书面凭证。不予受理申请的,应当说明理由。

第十五条 受理申请的许可机构应当按照职责,对申请单位的资质、升放环境、升放期间的气象条件等条件进行审查。符合规定条件的,许可机构应当自受理申请之日起两日内作出书面行政许可决定。

许可机构依法作出不予行政许可的书面决定,应当说明理由,并告知申请单位依法享有申请行政复议或者提起行政诉讼的权利。

取消升放活动的,升放气球单位应当及时向许可机构报告;更改升放时间、地点或者数量的,升放气球单位应当按照本办法规定重新提出申请。

第十六条 升放无人驾驶自由气球,应当在拟升放两日前持本办法第十五条规定的批准文件向当地飞行管制部门提出升放申请。

第十七条 升放气球活动必须在许可机构批准的范围内进行。

禁止在依法划设的机场范围内和机场净空保护区域内升放无人驾驶自由气球或者系留气球,但是国家另有规定的除外。

第十八条 升放气球必须符合下列安全要求:

(一)储运气体及充灌、回收气球必须严格遵守消防、危险化学品安全使用管理等有关规定;

(二)升放气球的地点应当与高大建筑物、树木、架空电线、通信线和其他障碍物保持安全的距离,避免碰撞、摩擦和缠绕等;

(三)在升放气球的球体及其附属物上必须设置识别标志;

(四)升放气球必须符合适宜的气象条件;

(五)系留气球升放的高度不得高于地面 150 米,但是低于距其水平距离 50 米范围内建筑物顶部的除外;

(六)升放系留气球必须确保系留牢固;

(七)系留气球升放的高度超过地面 50 米的,必须加装快速放气装置。

第十九条 升放气球必须由取得《升放气球资质证》单位的作业人员进行操作,现场应当有专人值守,以预防和处理意外情况。

取得《升放气球资质证》的单位应当定期对作业人员进行安全操作培训。

第四章 监督管理

第二十条 县级以上气象主管机构负责对本行政区域内升放气球活动的监督管理。

升放气球单位应当主动接受气象主管机构的监督管理与安全检查,并按照要求做好有关工作。

任何单位和个人不得委托无《升放气球资质证》的单位升放系留气球或者无人驾驶自由气球。

第二十一条 省、自治区、直辖市气象主管机构应当对本行政区域内取得升放气球资质的单位建立信用管理制度,县级以上地方气象主管机构将升放气球活动和监督管理等信息纳入信用档案。

第二十二条 县级以上气象主管机构可以对升放气球场所进行实地检查。检查时,检查人员可以查阅或者要求被检查单位报送有关材料;被检查单位应当如实提供有关情况和材料。

第二十三条 县级以上气象主管机构应当对下列内容进行监督检查:

(一)升放气球单位是否具有资质证;

(二)升放气球单位是否按照规定程序进行申报并获得批准;

(三)升放气球的时间、地点、种类和数量等是否与所批准的内容相符合;

(四)升放气球单位和作业人员、技术人员是否遵守有关技术规范、标准和规程;

(五)升放现场是否有专人值守;

(六)气球的升放是否符合有关安全要求。

第二十四条 在升放气球过程中,如发生无人驾驶自由气球非正常运行、系留气球意外脱离系留或者其他安全事故,升放单位应当立即停止升放活动,及时向飞行管制部门、所在地气象主管机构报告,并做好有关事故的处理工作。

加装快速放气装置的系留气球意外脱离系留时,升放系留气球的单位应当在保证地面人员、财产安全的条件下,快速启动放气装置。

第五章 罚 则

第二十五条 申请单位隐瞒有关情况、提供虚假材料申请资质认定或者升放活动许可的,认定机构或者许可机构不予受理或者不予许可,并给予警告。申请单位在一年内不得再次申请资质认定或者升放活动许可。

第二十六条 被许可单位以欺骗、贿赂等不正当手段取得资质或者升放活动许可的,认定机构或者许可机构按照权限给予警告,可以处三万元以下罚款,撤销其《升放气球资质证》或者升放活动许可决定;构成犯罪的,依法追究刑事责任。

第二十七条 违反本办法规定,有下列行为之一的,由县级以上气象主管机构按照权限责令改正,给予警告,可以处三万元以下罚款;给他人造成损失的,依法承担赔偿责任;构成犯罪的,依法追究刑事责任:

(一)涂改、伪造、倒卖、出租、出借、挂靠、转让《升放气球资质证》或者许可文件的;

(二)向监督检查机构隐瞒有关情况、提供虚假材料或者拒绝提供反映其活动情况的真实材料的。

第二十八条 违反本办法规定,未取得《升放气球资质证》从事升放气球活动,由县级以上气象主管机构按照权限责令停止违法行为,处一万元以上三万元以下罚款;给他人造成损失的,依法承担赔偿责任;构成犯罪的,依法追究刑事责任。

第二十九条 违反本办法规定,有下列行为之一的,按照《通用航空飞行管制条例》第四十三条的规定进行处罚:

(一)未经批准擅自升放的;

(二)未按照批准的申请升放的;

(三)未按照规定设置识别标志的;

（四）未及时报告异常升放动态或者系留气球意外脱离时未按照规定及时报告的；

（五）在规定的禁止区域内升放的。

第三十条 违反本办法规定，有下列行为之一的，由县级以上气象主管机构按照权限责令改正，给予警告，可以处一万元以下罚款；情节严重的，处一万元以上三万元以下罚款；造成重大事故或者严重后果的，依照《安全生产法》有关规定处罚；构成犯罪的，依法追究刑事责任：

（一）未按期提交年度报告或者提交的年度报告存在虚假内容的；

（二）违反升放气球技术规范和标准的；

（三）未指定专人值守的；

（四）升放高度超过地面50米的系留气球未加装快速放气装置的；

（五）利用气球开展各种活动的单位和个人，使用无《升放气球资质证》的单位升放气球的；

（六）在安全事故发生后隐瞒不报、谎报、故意迟延不报、故意破坏现场，或者拒绝接受调查以及拒绝提供有关情况和资料的；

（七）违反升放气球安全要求的其他行为。

第三十一条 气象主管机构的工作人员弄虚作假、玩忽职守、滥用职权、徇私舞弊，尚不构成犯罪的，依法给予处分；构成犯罪的，依法追究刑事责任。

第六章 附 则

第三十二条 本办法规定的时间期限以工作日计算，不含法定节假日。

第三十三条 《升放气球资质证》由国务院气象主管机构

监制。

第三十四条 本办法自 2021 年 1 月 1 日起施行。2004 年 12 月 16 日发布的中国气象局第 9 号令《施放气球管理办法》同时废止。

雷电防护装置设计审核和竣工验收规定

(2020年11月13日中国气象局局务会议审议通过，2020年11月29日中国气象局令第37号公布，自2021年1月1日起施行)

第一章 总 则

第一条 为了规范雷电防护装置设计审核和竣工验收工作，维护国家利益，保护人民生命财产和公共安全，依据《中华人民共和国气象法》《中华人民共和国行政许可法》和《气象灾害防御条例》等有关规定，制定本规定。

第二条 县级以上地方气象主管机构负责本行政区域职责范围内雷电防护装置的设计审核和竣工验收工作。未设气象主管机构的县(市、区)，由上一级气象主管机构负责雷电防护装置的设计审核和竣工验收工作。

第三条 雷电防护装置的设计审核和竣工验收工作应当遵循公开、公平、公正以及便民、高效和信赖保护的原则。

第四条 本规定适用于下列建设工程、场所和大型项目的雷电防护装置设计审核和竣工验收：

（一）油库、气库、弹药库、化学品仓库和烟花爆竹、石化等易燃易爆建设工程和场所；

（二）雷电易发区内的矿区、旅游景点或者投入使用的建（构）筑物、设施等需要单独安装雷电防护装置的场所；

（三）雷电风险高且没有防雷标准规范、需要进行特殊论证的大型项目。

第五条 雷电防护装置未经设计审核或者设计审核不合格的，不得施工。雷电防护装置未经竣工验收或者竣工验收不合格的，不得交付使用。

第六条 雷电防护装置设计审核和竣工验收的程序、文书等应当依法予以公示。

第二章　雷电防护装置设计审核

第七条 建设单位应当向当地气象主管机构提出雷电防护装置设计审核申请。

申请雷电防护装置设计审核应当提交以下材料：

（一）《雷电防护装置设计审核申请表》（附表1）；

（二）雷电防护装置设计说明书和设计图纸；

（三）设计中所采用的防雷产品相关说明。

第八条 气象主管机构应当在收到全部申请材料之日起五个工作日内，作出受理或者不予受理的书面决定。

申请材料齐全且符合法定形式的，应当受理，并出具《雷电防护装置设计审核受理回执》（附表2）。对不予受理的，应当书面说明理由。

申请材料不齐全或者不符合法定形式的，气象主管机构应当当场或者在收到申请材料之日起五个工作日内一次告知申请单位需要补正的全部内容，并出具《雷电防护装置设计审核资料补正通知》(附表3)。逾期不告知的,自收到申请材料之日起即视为受理。

第九条 气象主管机构受理后,应当委托有关机构开展雷电防护装置设计技术评价。

有关机构开展雷电防护装置设计技术评价应当遵守国家有关标准、规范和规程,出具雷电防护装置设计技术评价报告,并对评价报告负责。

雷电防护装置设计技术评价报告结论应当包含雷电防护装置设计文件是否符合国家有关标准和国务院气象主管机构规定的使用要求。

第十条 雷电防护装置设计审核内容:

(一)申请材料的合法性;

(二)雷电防护装置设计技术评价报告。

第十一条 气象主管机构应当在受理之日起十个工作日内完成审核工作。

雷电防护装置设计文件经审核符合要求的,气象主管机构应当颁发《雷电防护装置设计核准意见书》(附表4)。施工单位应当按照经核准的设计图纸进行施工。在施工中需要变更和修改雷电防护装置设计的,应当按照原程序重新申请设计审核。

雷电防护装置设计经审核不符合要求的,气象主管机构出具《不予许可决定书》(附表5)。

第三章 雷电防护装置竣工验收

第十二条 雷电防护装置实行竣工验收制度。建设单位应当向气象主管机构提出申请,并提交以下材料:

(一)《雷电防护装置竣工验收申请表》(附表6);

(二)雷电防护装置竣工图纸等技术资料;

(三)防雷产品出厂合格证和安装记录。

第十三条 气象主管机构应当在收到全部申请材料之日起五个工作日内,作出受理或者不予受理的书面决定。

申请材料齐全且符合法定形式的,应当受理,并出具《雷电防护装置竣工验收受理回执》(附表7)。对不予受理的,应当书面说明理由。

申请材料不齐全或者不符合法定形式的,气象主管机构应当当场或者在收到申请材料之日起五个工作日内一次告知申请单位需要补正的全部内容,并出具《雷电防护装置竣工验收资料补正通知》(附表8)。逾期不告知的,自收到申请材料之日起即视为受理。

第十四条 气象主管机构受理后,应当委托取得雷电防护装置检测资质的单位开展雷电防护装置检测。

取得雷电防护装置检测资质的单位开展检测应当遵守国家有关标准、规范和规程,出具雷电防护装置检测报告并对检测报告负责。出具的雷电防护装置检测报告必须全面、真实、可靠。

雷电防护装置检测报告结论应当包含安装的雷电防护装置是否按照核准的施工图施工完成;是否符合国家有关标准和国务院气象主管机构规定的使用要求。

第十五条 雷电防护装置竣工验收内容:

(一)申请材料的合法性;

(二)雷电防护装置检测报告。

第十六条 气象主管机构应当在受理之日起十个工作日内作出竣工验收结论。

雷电防护装置经验收符合要求的,气象主管机构应当出具《雷电防护装置验收意见书》(附表9)。

雷电防护装置验收不符合要求的,气象主管机构应当出具《不予验收决定书》(附表10)。

第四章　监督管理

第十七条　申请单位不得以欺骗、贿赂等手段提出申请或者通过许可；不得涂改、伪造雷电防护装置设计审核和竣工验收有关材料或者文件。

第十八条　县级以上地方气象主管机构应当加强对雷电防护装置设计审核和竣工验收的监督与检查，建立健全监督制度，履行监督责任。

第十九条　上级气象主管机构应当加强对下级气象主管机构雷电防护装置设计审核和竣工验收工作的监督检查，及时纠正违规行为。

第二十条　县级以上地方气象主管机构进行雷电防护装置设计审核和竣工验收的监督检查时，不得妨碍正常的生产经营活动，不得索取或者收受任何财物，不得谋取其他利益。

第二十一条　单位或者个人发现违法从事雷电防护装置设计审核和竣工验收活动时，有权向县级以上地方气象主管机构举报，县级以上地方气象主管机构应当及时核实、处理。

第二十二条　县级以上地方气象主管机构履行监督检查职责时，有权采取下列措施：

（一）要求被检查的单位或者个人提供雷电防护装置设计图纸等文件和资料，进行查询或者复制；

（二）要求被检查的单位或者个人就有关雷电防护装置的设计、安装、检测、验收和投入使用的情况作出说明；

（三）进入有关建（构）筑物和场所进行检查。

第二十三条　县级以上地方气象主管机构进行雷电防护装置设计审核和竣工验收监督检查时，有关单位和个人应当予以支持和配合，并提供工作方便，不得拒绝与阻碍依法执行公务。

第五章 罚 则

第二十四条 申请单位隐瞒有关情况、提供虚假材料申请设计审核或者竣工验收许可的,有关气象主管机构不予受理或者不予行政许可,并给予警告。

第二十五条 申请单位以欺骗、贿赂等不正当手段通过设计审核或者竣工验收的,有关气象主管机构按照权限给予警告,撤销其许可证书,可以并处三万元以下罚款;构成犯罪的,依法追究刑事责任。

第二十六条 违反本规定,有下列行为之一的,按照《气象灾害防御条例》第四十五条规定进行处罚:

(一)在雷电防护装置设计、施工中弄虚作假的;

(二)雷电防护装置未经设计审核或者设计审核不合格施工的,未经竣工验收或者竣工验收不合格交付使用的。

第二十七条 县级以上地方气象主管机构在监督检查工作中发现违法行为构成犯罪的,应当移送有关机关,依法追究刑事责任。

第二十八条 国家工作人员在雷电防护装置设计审核和竣工验收工作中由于滥用职权、玩忽职守,导致重大雷电灾害事故的,由所在单位依法给予处分;构成犯罪的,依法追究刑事责任。

第二十九条 违反本规定,导致雷击造成火灾、爆炸、人员伤亡以及国家或者他人财产重大损失的,由主管部门给予直接责任人处分;构成犯罪的,依法追究刑事责任。

第六章 附 则

第三十条 各省、自治区、直辖市气象主管机构可以根据本规定制定实施细则,并报国务院气象主管机构备案。

第三十一条 本规定自 2021 年 1 月 1 日起施行。2011 年 7 月 22 日公布的中国气象局第 21 号令《防雷装置设计审核和竣工验收规定》同时废止。

附表:1.雷电防护装置设计审核申请表(略)
  2.雷电防护装置设计审核受理回执(略)
  3.雷电防护装置设计审核资料补正通知(略)
  4.雷电防护装置设计核准意见书(略)
  5.雷电防护装置设计审核不予许可决定书(略)
  6.雷电防护装置竣工验收申请表(略)
  7.雷电防护装置竣工验收受理回执(略)
  8.雷电防护装置竣工验收资料补正通知(略)
  9.雷电防护装置验收意见书(略)
  10.雷电防护装置不予验收决定书(略)

雷电防护装置检测资质管理办法

（2016年4月7日中国气象局令第31号公布，自2016年10月1日起施行。根据2020年11月29日《中国气象局关于修改〈雷电防护装置检测资质管理办法〉的决定》修订）

第一章 总 则

第一条 为了加强雷电防护装置检测资质管理，规范雷电防护装置检测行为，保护人民生命财产和公共安全，依据《中华人民共和国气象法》《气象灾害防御条例》等法律法规，制定本办法。

第二条 申请雷电防护装置检测资质，实施对雷电防护装置检测资质的监督管理，适用本办法。

本办法所称雷电防护装置检测是指对接闪器、引下线、接地装置、电涌保护器及其连接导体等构成的，用以防御雷电灾害的设施或者系统进行检测的活动。

第三条 国务院气象主管机构负责全国雷电防护装置检测资质的监督管理工作。

省、自治区、直辖市气象主管机构负责本行政区域内雷电防护装置检测资质的管理和认定工作。

第四条 雷电防护装置检测资质等级分为甲、乙两级。

甲级资质单位可以从事《建筑物防雷设计规范》规定的第一类、第二类、第三类建(构)筑物的雷电防护装置的检测。

乙级资质单位可以从事《建筑物防雷设计规范》规定的第三类建(构)筑物的雷电防护装置的检测。

第五条 《雷电防护装置检测资质证》分正本和副本,由国务院气象主管机构统一印制。资质证有效期为五年。

第六条 雷电防护装置检测资质的认定应当遵循公开、公平、公正和便民、高效、信赖保护的原则。

第二章 资质申请条件

第七条 申请雷电防护装置检测资质的单位应当具备以下基本条件:

(一)独立法人资格;

(二)具有满足雷电防护装置检测业务需要的经营场所;

(三)从事雷电防护装置检测工作的人员应当具备雷电防护装置检测能力;在具备雷电防护装置检测能力的人员中,应当有一定数量的与防雷、建筑、电子、电气、气象、通信、电力、计算机相关专业的高、中级专业技术人员,并在其从业单位参加社会保险;

(四)具有雷电防护装置检测质量管理体系,并有健全的技术、档案和安全管理制度;

(五)具有与所申请资质等级相适应的技术能力和良好信誉;

(六)用于雷电防护装置检测的专用仪器设备应当经法定计量检定机构检定或者校准,并在有效期内。

第八条 申请甲级资质的单位除了符合本办法第七条的基本条件外,还应当同时符合以下条件:

（一）具备雷电防护装置检测能力的人员，其中具有高级技术职称的不少于两名，具有中级技术职称的不少于六名；技术负责人应当具有高级技术职称，从事雷电防护装置检测工作四年以上，并具备甲级资质等级要求的雷电防护装置检测专业知识和能力；

（二）近三年内开展的雷电防护装置检测项目不少于二百个，且未因检测质量问题引发事故；雷电防护装置检测项目通过省、自治区、直辖市气象主管机构组织的质量考核合格率达百分之九十以上；

（三）具有满足相应技术标准的专业设备（附表1）；

（四）取得乙级资质三年以上。

第九条　申请乙级资质的单位除了符合本办法第七条的基本条件外，还应当同时符合以下条件：

（一）具备雷电防护装置检测能力的人员，其中具有高级技术职称的不少于一名，具有中级技术职称的不少于三名；技术负责人应当具有高级技术职称，从事雷电防护装置设计、施工、检测等工作两年以上，并具备乙级资质等级要求的雷电防护装置检测专业知识和能力；

（二）具有满足相应技术标准的专业设备（附表1）。

第三章　资质申请与受理

第十条　申请雷电防护装置检测资质的单位，应当向法人登记所在地的省、自治区、直辖市气象主管机构提出申请。

第十一条　满足本办法第七条和第九条相应条件的，可以申请雷电防护装置检测的乙级资质。申请单位应当提交以下材料：

（一）《雷电防护装置检测资质申请表》（附表2）；

（二）《专业技术人员简表》（附表3），具备雷电防护装置检测能力的专业技术人员技术职称证书、身份证明、劳动合同；

(三)雷电防护装置检测质量管理手册;
(四)经营场所产权证明或者租赁合同;
(五)仪器、设备及相关设施清单,以及检定或者校准证书;
(六)安全生产管理制度。

第十二条 符合本办法第七条和第八条相应条件的,可以申请雷电防护装置检测的甲级资质。申请单位除了提交本办法第十一条所规定的材料外,还应当提交以下材料:
(一)《近三年已完成雷电防护装置检测项目表》(附表4);
(二)近三年二十个以上雷电防护装置检测项目的相关资料。

第十三条 省、自治区、直辖市气象主管机构应当在收到全部申请材料之日起五个工作日内,作出受理或者不予受理的书面决定。

申请材料齐全且符合法定形式的,应当受理,并出具加盖本行政机关专用印章和注明日期的书面凭证。对不予受理的,应当书面说明理由。

申请材料不齐全或者不符合法定形式的,气象主管机构应当当场或者在收到申请材料之日起五个工作日内一次告知申请单位需要补正的全部内容,逾期不告知的,自收到申请材料之日起即视为受理。

第四章 资质审查与评审

第十四条 省、自治区、直辖市气象主管机构受理后,可以根据工作需要指派两名以上工作人员到申请单位进行现场核查。

第十五条 省、自治区、直辖市气象主管机构受理后,应当委托雷电防护装置检测资质评审委员会评审,并对评审结果进行审查。评审委员会评审时应当以记名投票方式进行表决,并提出评审意见。

省、自治区、直辖市气象主管机构应当建立雷电防护装置检测资质评审专家库,报国务院气象主管机构备案。

雷电防护装置检测资质评审委员会的委员应当从雷电防护装置检测资质评审专家库中随机抽取确定,并报国务院气象主管机构备案。

第十六条 省、自治区、直辖市气象主管机构应当自受理行政许可申请之日起二十个工作日内作出认定,专家评审所需时间不计入许可审查时限,但应当在作出受理决定时书面告知申请单位。

通过认定的,认定机构颁发《雷电防护装置检测资质证》,并在作出认定后三十个工作日内报国务院气象主管机构备案。

未通过认定的,认定机构在十个工作日内书面告知申请单位,并说明理由。

第五章　监督管理

第十七条 雷电防护装置检测单位及其人员从事雷电防护装置检测活动,应当遵守国家有关技术规范和标准。

第十八条 雷电防护装置检测单位应当遵循客观、公平、公正、诚信原则,确保其出具的雷电防护装置检测数据、结果的真实、客观、准确,并对雷电防护装置检测数据、结果负责。

第十九条 雷电防护装置检测单位不得与其检测项目的设计、施工、监理单位以及所使用的防雷产品生产、销售单位有隶属关系或者其他利害关系。

第二十条 雷电防护装置检测资质管理实行年度报告制度。

雷电防护装置检测单位应当从取得资质证后次年起,在每年的第二季度向资质认定机构报送年度报告。年度报告应当包括持续符合资质认定条件和要求、执行技术标准和规范情况、分支机构设立和经营情况、检测项目表以及统计数据等内容。

资质认定机构对年度报告内容进行抽查,将抽查结果纳入信用管理,同时记入信用档案并公示。

第二十一条 取得雷电防护装置检测资质的单位,应当在资质证有效期满三个月前,向原认定机构提出延续申请。原认定机构根据年度报告、信用档案及资质申请条件,在有效期满前作出准予延续、降低等级或者注销的决定。逾期未提出延续申请的,资质证到期自动失效。

第二十二条 取得雷电防护装置检测资质的单位在资质证有效期内名称、地址、法定代表人等发生变更的,应当在法人登记机关变更登记后三十个工作日内,向原资质认定机构申请办理资质证变更手续。

雷电防护装置检测资质的单位发生合并、分立以及注册地跨省、自治区、直辖市变更的,应当按照下列规定及时向所在地的省、自治区、直辖市气象主管机构申请核定资质。

(一)取得雷电防护装置检测资质的单位合并的,合并后存续或者新设立的单位可以承继合并前各方中较高等级的资质,但应当符合相应的资质条件;

(二)取得雷电防护装置检测资质的单位分立的,分立后资质等级根据实际达到的资质条件重新核定;

(三)取得雷电防护装置检测资质的单位跨省、自治区、直辖市变更注册地的,由新注册所在地的省、自治区、直辖市气象主管机构核定资质。

第二十三条 雷电防护装置检测单位设立分支机构或者跨省、自治区、直辖市从事雷电防护装置检测活动的,应当及时向开展活动所在地的省、自治区、直辖市气象主管机构报告,并报送检测项目清单,接受监管。

第二十四条 取得雷电防护装置检测资质的单位,应当按照资质等级承担相应的雷电防护装置检测工作。禁止无资质证或者超出资质等级承接雷电防护装置检测,禁止转包或者违法分包。

从事雷电防护装置检测活动的专业技术人员,不得同时在两个以上雷电防护装置检测资质单位兼职从业。

第二十五条 任何单位不得以欺骗、弄虚作假等手段取得资质,不得伪造、涂改、出租、出借、挂靠、转让《雷电防护装置检测资质证》。

第二十六条 省、自治区、直辖市气象主管机构应当组织或者委托第三方专业技术机构对雷电防护装置检测单位的检测质量进行考核。

第二十七条 县级以上地方气象主管机构对本行政区域内的雷电防护装置检测活动进行监督检查,可以采取下列措施:

(一)要求被检查的单位或者个人提供有关文件和资料,进行查询或者复制;

(二)就有关事项询问被检查的单位或者个人,要求作出说明;

(三)进入有关雷电防护装置检测现场进行监督检查。

气象主管机构进行监督检查时,有关单位和个人应当予以配合。

第二十八条 取得雷电防护装置检测资质的单位不再符合相应资质条件的,由原资质认定的气象主管机构责令限期整改,逾期不整改或者整改后仍达不到资质条件的,予以降低等级或者撤销资质。

第二十九条 国务院气象主管机构应当建立全国雷电防护装置检测单位信用信息、资质等级情况公示制度。省、自治区、直辖市气象主管机构应当对在本行政区域内从事雷电防护装置检测活动单位的监督管理情况、信用信息等及时予以公布。

省、自治区、直辖市气象主管机构应当对本行政区域内取得雷电防护装置检测资质的单位建立信用管理制度,将雷电防护装置检测活动和监督管理等信息纳入信用档案,并作为资质延续、升级的依据。

第三十条 雷电防护装置检测单位有下列情形之一的,县级以上气象主管机构视情节轻重,责令限期整改:

(一)雷电防护装置检测标准适用错误的;

(二)雷电防护装置检测方法不正确的;

(三)雷电防护装置检测内容不全面、达不到相关技术要求或者不足以支持雷电防护装置检测结论的;

(四)雷电防护装置检测结论不明确、不全面或错误的。

第三十一条 鼓励防雷行业组织对雷电防护装置检测活动实行行业自律管理,并接受省、自治区、直辖市气象主管机构的政策、业务指导和行业监管。

第六章 罚 则

第三十二条 国家工作人员在雷电防护装置检测资质的认定和管理工作中玩忽职守、滥用职权、徇私舞弊的,依法给予处分;构成犯罪的,依法追究刑事责任。

第三十三条 申请单位隐瞒有关情况、提供虚假材料申请资质认定的,有关气象主管机构不予受理或者不予行政许可,并给予警告。申请单位在一年内不得再次申请资质认定。

第三十四条 被许可单位以欺骗、贿赂等不正当手段取得资质的,有关气象主管机构按照权限给予警告,撤销其资质证,可以并处三万元以下的罚款;被许可单位在三年内不得再次申请资质认定;构成犯罪的,依法追究刑事责任。

第三十五条 雷电防护装置检测单位违反本办法规定,有下列行为之一的,由县级以上气象主管机构按照权限责令限期改正,拒不改正的给予警告,《雷电防护装置检测资质证》到期后不予延续,处罚结果纳入全国雷电防护装置检测单位信用信息系统并向社会公示：

（一）与检测项目的设计、施工、监理单位以及所使用的防雷产品生产、销售单位有隶属关系或者其他利害关系的；

（二）使用不符合条件的雷电防护装置检测人员的。

第三十六条 雷电防护装置检测单位违反本办法规定，有下列行为之一的，按照《气象灾害防御条例》第四十五条的规定进行处罚：

（一）伪造、涂改、出租、出借、挂靠、转让雷电防护装置检测资质证的；

（二）向监督检查机构隐瞒有关情况、提供虚假材料或者拒绝提供反映其活动情况的真实材料的；

（三）转包或者违法分包雷电防护装置检测项目的；

（四）无资质或者超越资质许可范围从事雷电防护装置检测的。

第七章　附　则

第三十七条 电力、通信雷电防护装置检测资质管理办法由国务院气象主管机构和国务院电力或者国务院通信主管部门共同制定，另行公布。

第三十八条 在本办法施行前，已取得各省、自治区、直辖市气象主管机构颁发的防雷装置检测资质的单位，应当在2017年9月30日前，按照本办法规定重新核定资质。

第三十九条 各省、自治区、直辖市气象主管机构可以根据本办法制定实施细则，并报国务院气象主管机构备案。

第四十条 本办法自2016年10月1日起施行。

附表:1.雷电防护装置检测专业设备表(略)
2.雷电防护装置检测资质申请表(略)
3.专业技术人员简表(略)
4.近三年已完成雷电防护装置检测项目表(略)

气象行政规范性文件管理办法

(2020年11月13日中国气象局局务会议审议通过,2020年11月29日中国气象局令第39号公布,自2021年1月1日起施行)

第一章 总 则

第一条 为加强气象行政规范性文件的管理,规范气象行政规范性文件的制定、审核和备案等活动,提高气象行政规范性文件的质量,实现与有关法律法规相衔接,促进气象依法行政,根据有关法律、法规规定,结合气象部门实际,制定本办法。

第二条 气象行政规范性文件的制定、审核、备案、清理以及相关的监督管理工作,适用本办法。

本办法所称气象行政规范性文件是指除部门规章外,由县级以上气象主管机构依照法定权限、程序制定并公开发布,涉及公民、法人和其他组织权利义务,具有普遍约束力,在一定期限内反复适用的公文。

气象主管机构内部执行的管理规范、工作制度、机构编制、会议纪要、工作方案、请示报告及表彰奖惩、人事任免等文件,不适用本办法。

第三条 气象行政规范性文件管理应当遵循以下原则：
（一）保证宪法、法律、法规、规章的正确实施；
（二）维护国家法制统一和政令统一；
（三）保障公民、法人和其他组织的合法权益；
（四）坚持公开、公众参与；
（五）坚持程序完备、权责一致、相互衔接、运行高效。

第四条 气象行政规范性文件规定的事项应当属于执行法律、法规、规章和上级行政规范性文件的规定，且需要制定行政规范性文件的事项。

气象行政规范性文件应当依照法定职责权限、程序制定。不得增加法律、法规规定之外的行政权力事项或者减少法定职责；不得设定行政许可、行政处罚、行政强制、行政征收、行政收费等事项；不得增加办理行政许可事项的条件，规定出具循环证明、重复证明、无谓证明的内容；不得违法制定含有排除或者限制公平竞争内容的措施；不得违法减损公民、法人和其他组织的合法权益或者增加其义务。

第五条 县级以上气象主管机构可以在其职权范围内制定气象行政规范性文件。不得以部门内设机构、临时机构和议事协调机构等名义制发气象行政规范性文件。

第二章 制定与审核

第六条 气象行政规范性文件可以称"办法""规定""规程""细则"和"规则"等名称，不得称"法"或者"条例"。

第七条 县级以上气象主管机构组织起草气象行政规范性文件时，可以确定一个或者几个内设机构具体负责起草（以下简称起草机构）。

第八条 起草气象行政规范性文件，应当对文件制发的必要性、可行性和拟解决的主要问题等进行调查研究。

起草气象行政规范性文件,应当对拟设定的主要制度和措施的预期效果以及可能产生的影响进行评估。

对专业性、技术性较强的气象行政规范性文件,应当组织相关领域专家进行论证。

评估论证结论应当在文件起草说明中写明,作为制发文件的重要依据。

第九条　除依法不得公开的事项外,气象行政规范性文件在起草过程中应当公开征求意见。

对涉及群众重大利益调整的,可以采取召开座谈会、论证会、实地走访等形式充分听取各方面意见,重点听取利益相关方的意见。

征求意见应当公布文件草案及其说明等材料,并明确提出意见的方式和期限,可以通过门户网站等便于公众知晓的方式开展。气象行政规范性文件征求意见的期限一般不少于十五日。

第十条　县级以上气象主管机构制定气象行政规范性文件,应当依照本办法的规定进行合法性审核。与其他部门联合制定行政规范性文件,应当分别就其职责事项进行合法性审核。

未经合法性审核的或者经审核不合法的气象行政规范性文件,不得提交本级气象主管机构审议。

第十一条　合法性审核应当由承担法制工作的机构(以下简称合法性审核机构)负责。

国务院气象主管机构和省、自治区、直辖市气象主管机构的法制工作机构负责对本级制定的气象行政规范性文件进行合法性审核。

地(市)级气象主管机构的法制工作机构负责对本级和下级气象主管机构制定的气象行政规范性文件进行合法性审核。

第十二条　起草机构在形成气象行政规范性文件送审稿后,

应当由本级气象主管机构的办公机构审核后再进行合法性审核。

第十三条 起草机构应当向办公机构提交下列材料:

(一)气象行政规范性文件的送审稿;

(二)气象行政规范性文件的起草说明(包括制定依据、必要性与可行性、需要解决的问题、拟规定的主要制度和拟采取的主要措施,起草过程、所采取措施预期效果和影响的评估论证结论、征求意见及采纳情况等内容);

(三)其他有关材料。

第十四条 办公机构应当对起草机构是否严格依照规定的程序起草、是否进行评估论证、是否广泛征求意见等进行审核并出具审核意见。

经审核,符合要求的,办公机构出具审核意见并转送合法性审核机构进行审核;不符合要求的,可以退回,或者要求起草机构在规定时间内补充材料或者说明情况后转送合法性审核机构进行审核。

第十五条 合法性审核机构应当对材料的完备性、规范性进行审核,不符合要求的,可以退回,或者要求起草单位在规定时间内补充材料或者说明情况。

合法性审核内容包括:

(一)制定主体是否合法;

(二)是否超越气象主管机构的法定职权;

(三)内容是否符合宪法、法律、法规、规章和国家政策规定;

(四)是否违法设立行政许可、行政处罚、行政强制、行政征收、行政收费等事项;

(五)是否增加办理行政许可事项的条件;

(六)是否存在没有法律、法规依据作出减损公民、法人和其他组织合法权益或者增加其义务的情形;

(七)是否存在没有法律、法规依据作出增加本单位权力或者

减少本单位法定职责的情形;

(八)是否违反行政规范性文件制定程序。

第十六条 合法性审核机构对气象行政规范性文件进行审核时,根据不同情况提出书面审核意见。

认为不存在合法性问题的,提出"符合有关法律规定"的审核意见。

认为存在合法性问题的,对发现的问题按照下列情况提出审核意见:

(一)制定主体不合法、超越职权、主要内容违法,提出"不符合有关法律规定"的审核意见;

(二)程序不符合要求的,建议起草机构补正程序;

(三)具体条文涉及本办法第四条第二款规定的,建议起草机构修改相关内容。

第十七条 起草机构应当根据合法性审核意见对气象行政规范性文件作必要的修改或者补充;特殊情况下,起草机构未完全采纳合法性审核意见的,应当在提请本级气象主管机构审议时详细说明理由和依据。

第十八条 除为了预防、应对和处置突发事件,或者执行上级机关的紧急命令和决定需要立即制定实施规范性文件等外,合法性审核机构应当自收到送审稿之日起审核,审核时间一般不少于五个工作日,最长不超过十五个工作日。

第十九条 气象行政规范性文件应当由本级气象主管机构的办公会议集体审议,通过后由主要负责人签发。

第二十条 气象行政规范性文件应当由办公机构进行统一登记、统一编号、统一印发,并及时通过政府信息公开渠道向社会发布,未经公布的不得作为行政管理的依据。

对涉及群众切身利益、社会关注度高的气象行政规范性文件,起草机构要做好文件解读工作。

第二十一条 气象行政规范性文件应当载明施行日期。涉及的内容属于阶段性工作的,应当载明有效期。

第三章 备案与清理

第二十二条 地方各级气象主管机构应当自气象行政规范性文件发布之日起三十日内,向上一级气象主管机构报送备案,同时抄送同级人民政府。

第二十三条 报送气象行政规范性文件备案,应当提交气象行政规范性文件备案报告、正式文本(含起草说明),并同时提交该气象行政规范性文件的合法性审核意见。

备案报告应注明文件名称、文号、发文日期和发布方式,并加盖制定单位印章。

第二十四条 接受备案的气象主管机构(以下简称备案机构)应当依照本办法第十五条的规定,对报送备案的气象行政规范性文件进行审查。

第二十五条 备案机构发现气象行政规范性文件与法律、法规、规章和上级行政规范性文件相抵触,或者超越法定权限、违反制定程序的,应当及时通知气象主管机构停止执行、限期纠正;必要时,备案机构依照职权直接予以撤销或者改变。

气象主管机构收到备案机构的书面审查意见后,应当在十五个工作日内书面回复处理结果。对审查意见有异议的,可以申请复核。备案机构应当在收到复核申请之日起十五个工作日内书面回复意见。

第二十六条 地方各级气象主管机构不按照规定报送备案的,由备案机构通知限期改正。

地方各级气象主管机构拖延不报送备案,或者对备案机构的审查意见不予纠正的,由备案机构给予通报批评;情节严重或者造成严重不良后果的,对直接负责的主管人员和其他直接责任人员依法追究责任。

第二十七条　公民、法人或者其他组织对气象行政规范性文件有异议的,可以向气象主管机构、备案机构提出书面审查建议。

气象主管机构、备案机构应当在收到公民、法人或者其他组织提出书面审查建议之日起六十日内研究处理,并书面答复当事人;情况复杂的,经机构负责人批准,可以适当延长办理期限,但延长期限不得超过三十日,并应当告知当事人延期理由。法律、行政法规另有规定的,从其规定。

第二十八条　公民、法人和其他组织在申请行政复议时一并提出对有关气象行政规范性文件的审查申请,或者行政复议机构在审查具体行政行为时认为其依据的气象行政规范性文件不合法的,依照《中华人民共和国行政复议法》的有关规定执行。

第二十九条　气象主管机构应当适时组织对气象行政规范性文件的实施情况进行评估。认为气象行政规范性文件不应继续执行的,应当及时修改或者废止。

载明有效期的气象行政规范性文件,气象主管机构认为需要继续执行的,应当按照本办法规定重新公布,并自公布之日起重新计算有效期。

第三十条　气象主管机构应当按照国家有关规定及时组织清理本机构制定的气象行政规范性文件;法律、法规另有规定的,从其规定。

气象行政规范性文件主要内容或者主要措施不符合法律、法规、规章和上级行政规范性文件规定的,气象主管机构应当废止。

气象行政规范性文件部分内容与现行有效的法律、法规、规章和上级行政规范性文件规定不符,但该文件又有必要继续执行的,气象主管机构应当进行修改。

第三十一条　气象行政规范性文件进行清理后,气象主管机构应当及时向社会公布继续有效、废止和失效的气象行政规范性文件目录。

第四章 附 则

第三十二条 地方政府规章对行政规范性文件制定和监督管理另有规定的，可以参照执行。

第三十三条 本办法自2021年1月1日起施行。2011年9月30日公布的中国气象局第23号令《气象规范性文件管理办法》同时废止。

政策性文件

中国气象局关于推进气象业务技术体制重点改革的意见

(气发〔2020〕1号)
2020年1月9日

为贯彻落实习近平总书记重要指示精神,推动气象事业高质量发展,提高气象服务保障能力,中国气象局就推进气象业务技术体制重点改革提出如下意见。

一、推进气象业务技术体制重点改革的重要意义

学习贯彻习近平总书记重要指示、李克强总理批示和胡春华副总理讲话精神是气象部门当前和今后一个时期的重要政治任务。气象工作关系生命安全、生产发展、生活富裕、生态良好,既是新时期气象工作的根本遵循,也是大力推进业务技术体制改革的方向。落实监测精密、预报精准、服务精细,充分发挥气象防灾减灾第一道防线作用,必须坚持创新、协调、绿色、开放、共享的新发展理念,适应和应对以大数据云计算为特征的新一轮信息技术革命和产业变革带来的机遇和挑战,全面增强气象监测实力、预报实力、服务实力。加快建成气象强国,面向国家重大战略、面向人民生产生活、面向世界科技前沿,必须坚持问题导向与目标导向相结合,把优化以大数据为中心的新型业务技术架构作为优先任务,把强化拓展市县级基层气象服务作为根本措施,把提升气象业务发展运行的管理效益作为重要保障,构建支撑气象事业高质量发展的气象业务技术体制,推动气象业务服务提质增效。

二、基本原则和主要目标

(一)基本原则

坚持党的领导,统筹推进。始终把坚持和加强党的领导贯穿到改革工作全过程,确保党和国家重大决策部署、重大战略推进、重大工作安排得到贯彻落实。注重业务技术体制改革的系统性、整体性、协同性,加强顶层设计,注重一体推动、一体落实。

坚持需求引领,问题导向。以满足国家重大战略需求、满足人民群众日益增长的美好生活需要为根本出发点和落脚点,把解决制约气象业务服务发展的关键问题作为切入点和着力点,找准突破口,增强针对性,提高改革的质量和效益。

坚持解放思想,创新驱动。对标国际先进水平,破除传统思维的桎梏和现有模式的束缚,以现代信息技术推动气象技术体制的发展变革和气象业务体制转型升级,以改革创新的新突破构建气象业务服务发展新格局。

坚持集约发展,优化协同。推进同级业务横向整合集约、多级业务纵向优化布局,建立集约化发展分工责任制,完善适应集约化发展的业务管理和考核体系,构建无重叠、集约化业务格局,推进气象业务直连互通、协同高效。

坚持重点突破,先立后破。聚焦关键、突出重点,着重把握好气象数据这一关键突破口,着重优化部门内部各项业务之间的关系,着重调整业务的结构、布局和流程。改革要在保障现行气象业务服务稳定运行的前提下,积极试点,稳妥推进,确保各项业务平稳衔接。

(二)主要目标

到2022年,按照"强基础、调结构、优管理"的改革总要求,有序推进气象数据集约、资源整合、布局集约、流程再造,建成技术有突破提升、布局更统筹集约、流程更高效畅通、机制更开放融合的现代气象业务技术体制，构建研究型业务新业态，进一步提高气象业务满足国家重大发展战略保障和经济社会发展需求的能力，为实现气象业务高质量发展奠定坚实基础。

—— 构建以气象大数据云平台为"云"、气象业务系统为"端"的"云+端"的气象技术体制。实现数据管理、加工处理、应用服务的高度集约，实现各项业务和系统之间有效衔接和有机互动。

—— 构建以大数据为中心的统筹集约的新型气象业务体制。优化国家、省、市、县四级业务服务布局分工和流程，实现业务流程的数据直传、产品直算、服务直通、全程监控。

—— 组建国家气象大数据中心。强化数据业务职能，加强对气象数据的统一归口管理，厘清各单位数据管理及共享的职责边界，推进建设统一的地球系统大数据资源，形成开放合作、协同创新的气象业务发展生态。

—— 优化市县业务服务布局。围绕防灾减灾、乡村振兴、生态文明建设等国家重大战略的气象服务新需求，推动市县气象防灾减灾和生态气象业务服务新发展。

—— 优化协同高效的业务服务管理职能。以"全局最优、整体最佳"为原则，建立以质量和效益为核心的综合业务考核评价体系，实现气象业务服务管理能力的显著提升。

三、确立基于大数据的技术体制

（三）构建"数算一体"的气象大数据云平台

在国、省两级建成构架一致、互联互通的气象大数据云平台，统筹气象大数据资源全集管理，为气象部门内外应用提供统一、高效的访问服务，提供全网统一、高质量、高时效、专业化、快捷性的地球环境数据供给。集成观测、预报、服务全流程的业务产品算法，强化算法向数据靠拢，提供大数据挖掘应用开发和运行环境，提供所有产品统一在线计算、加工的"数算一体"平台化服务。建立基于大数据云平台的开放合作机制,推进新一代信息技术在气象业务中的深入应用,发展智能感知、智能识别、智慧服务的气象观测、预报、服务技术。

(四)推进气象业务系统与气象大数据云平台的深度融合

加快建立"云+端"的业务模式新格局,逐步实现业务系统之间、业务系统和云平台之间协同高效,达到统一数据环境、统一数据存储、统一服务接口、统一资源管理。有序疏存量,分类分阶段推进已建、在建业务应用系统技术"云化"改造,开展重要算法迁移,融入气象大数据云平台。严格控增量,加强对新建系统的规范化管理,新建业务系统必须集约建设,严禁自建独立数据库系统。合理调配资源,依托气象大数据云平台为各业务按需匹配、调度"云"资源,包括分布式计算、GPU加速计算、高性能并行计算等计算资源和分布式数据库、对象存储、高速缓存等存储资源。

(五)构建全网统一的气象大数据资源

建立统一的气象数据标准规范体系。收集和整合气象观测数据、基础产品、预报产品、服务产品等气象业务基础数据,全球数据、行业数据、社会观测数据、互联网数据等行业社会数据,以及气象管理数据、业务运行数据、监控数据等管理运行数据,构建统一高效气象大数据资源全集。以此为基础,通过开放共享和延伸,逐步拓展建立地球系统大数据集。完善数据资源统一管理,确保国家、省、市、县使用同一套数据,实现一次采集获取、全网同步共享。

四、建立以大数据为中心的业务体制

(六)优化调整国家级、省级业务布局

实行"一个中心、两级部署"的业务体制,国家气象大数据中心提供统一技术支持和标准要求,集约存储全部数据,省级分中心集约存储本区域数据,两级中心分工协作,协同运行,数据充分共享、及时交换,各级业务按需供给。

优化调整国家级业务布局,理顺卫星、雷达、雷电、风廓线等数据产品及实况产品加工、存储、应用、服务业务流程;结合各单位实际需求,统筹开展全球及互联网数据收集获取工作;统筹推进气象业务系统、信息基础设施、观测仪器设备等运行状态的综合监控;统筹各单位通用信息支撑系统、信息基础设施资源开发运维工作,其他单位原则上不再承担数据存储、通用信息支撑系统建设和信息基础设施建设运维工作;推动通用技术及设备运维社会化服务。

优化调整省级业务布局,理顺气象数据存储管理、加工处理、质量控制、共享服务、分析挖掘以及融合应用的职责分工和业务流程,整合相关业务单位职能分工,推进综合观测技术保障和信息网络维护的社会化服务。

(七)构建直连直通、循环闭合的业务流程

归并整合各业务领域中离散化、自循环业务流程,通过将数据、算法集成到大数据云平台,使数据流通环节减至最少、业务流程最优。推进观测站网及全球数据到国家级气象大数据中心的数据直传,统一开展数据质控评估和产品加工。推进产品直算,基础产品、预报预测、服务产品算法集成到气象大数据云平台,直接计算生成和存储。推进服务直通,各类产品直接通过气象大数据云平台开展应用及服务。推进各类数据全流程、全生命周期自动化监控、人工可控。系统梳理风险点,形成业务化的风险处置能力。

(八)推动国、省两级业务统筹集约、合理分工

统筹同级业务单位数据业务,对重复建设任务、工作职责进行整合。优化各层级业务,以技术研发和产品制作向国家级和省级集约、产品应用和气象服务向市级和县级下沉为原则,调整国家、省、市、县四级业务布局。

国家级重点强化业务技术引领作用,牵头承担智能化、精准化、专业化业务技术体系和基础平台建设,明确为农服务、生态服务及基础数据加工处理等业务职责,加强观测实况、生态遥感、智能网格预报及应用服务等产品研发,加强对下业务指导。省级承

上启下,牵头建设省－市－县一体化业务技术体系,结合本地天气特点、气候生态条件和服务需求,强化对国家级产品应用、本地化产品研发,开展预报服务业务,指导市、县级拓展气象服务。

五、组建气象大数据中心

(九)组建国家气象大数据中心

强化国家级数据业务职能,统一归口部门内外数据收集管理,明确观测数据、基础产品、实况产品、多源融合与再分析等产品加工处理业务职责分工。面向全国气象部门业务建设和科研开发需求,统一国家级和省级数据环境,统一开展气象数据存储管理和应用服务。按照协同、优化、高效的原则,完善以大数据为中心的组织架构。加强统筹集约的投入机制,加大向云平台、数据业务和新技术应用的资金投入力度,提高投资效益,加强监督管理。通过培养、引进、聘用等手段,建立一支熟悉气象科技与计算技术的复合型科技人才团队。强化对省级分中心的业务支持、业务指导和管理。

六、优化市县气象业务服务布局

(十)继续强化以防灾减灾为重点的气象预警预报服务业务

细化市县预警预报业务要求和业务流程,强化面向相关部门、基层政府和应急责任人的预警服务,提升以服务为导向的预报能力。市级主要开展灾害性天气监测、短临、短期预报预警服务,提供对县级业务服务的技术和产品支持,统筹市县声讯、网络、影视等公众气象服务。县级负责本级决策服务,在省或市级指导下,开展责任区灾害性天气监测和短临、短期预报预警服务。

(十一)着力加强因地制宜的生态与气候服务业务

强化市级生态与气候业务服务职能,市级在省级指导下,根据本地需求,开展精细化气候服务、生态气象服务、农业气象服务、人工影响天气服务、环境气象服务。县级在市级统筹和指导下,承担本地气象业务服务基础信息收集,利用上级指导产品,因地制宜开展气候、生态、农业、环境等专业气象观测和专项气象服务,开展人工影响天气作业以及上级部署的其他服务。在市县级推进遥感应用体系建设,开展遥感产品应用服务,协助开展产品真实性检验,并承担地基真实性检验台站建设。

(十二)优化以自动化为基础的新型观测业务

实现以自动化为主体的数据采集业务,优化观测业务布局,推进业务流程再造。市县级要按照质量管理体系要求开展运行,加强对观测业务运行的评估、认证和改进,确保观测系统高效稳定运行。建立省级支撑、市级主导、市县一体的装备保障业务体系,市级负责主要装备网络的维护保障,县级负责各类基础数据的获取、综合观测系统的运行维护、观测设备的巡视、装备网络日常维护。积极推进气象装备和信息网络的社会化保障。

(十三)建立面向业务和服务需求的基层研究型业务

以面向当地经济社会发展、满足气象业务服务需求为导向,推动市县级建立风格多样、各具特色的研究型业务。加强观测产品、基于影响和基于风险的预报预警产品、生态气候服务产品、服务指标等方面的开发和应用,加强智能网格预报的检验。促进科技成果转化和业务应用有机统一、协同发展。以省级为主体,组建"市级牵头、县级参与、省级支持"的开发应用团队,建立相应管理机制和运行机制,提高市县级业务服务水平。加大人才培养力度,推动基层业务人员转型发展,创新基层人才考核评价激励机制。

七、提升气象业务服务管理水平和效率

(十四)调整业务管理职能

建立健全业务发展统一协调的工作机制。国家级和省级强化数据管理职能,统一气象数据采集获取、传输存储、加工处理、质量控制、共享服务、终端应用以及融合应用的一体化管理职责。统筹生态文明建设气象保障服务管理职能,做好生态文明建设等气象相关服务领域的职能对接。优化市县业务服务机构,强化面向生

态文明的气象业务服务职责。调整独立设置气象站的运行方式，优化人员和编制管理，建立全国气象部门事业编制调剂制度，健全编制动态调整机制。依据按职能分类设岗原则，围绕服务重点领域，调整市县业务岗位配置。

（十五）加强业务考核的统筹管理

聚焦核心业务，制定中国气象局业务考核事项清单和动态调整机制，科学、集约、合理设定考核事项和指标。突出业务考核重点，着重气象灾害风险预警、高影响天气、灾害性天气和气象服务保障生态文明建设考核。减少考核事项，压缩考核频次，对不再适应业务发展的考核指标取消或调整为业务评估，充分利用信息系统和平台收集数据作为考核依据，减少不必要的台账。加大差异化考核，对国家级、省级业务和市县级业务实施分层次考核，考虑各单位地区经济社会发展水平、天气气候条件、承担重点任务、外部环境不同设置个性化考核事项和指标。

（十六）完善数据管理政策

建立健全以大数据为主线的整体性业务管理规章制度体系，制定气象数据管理办法，明确数据管理、服务和系统建设机制，确保数据收集、交换、存储、共享的统一归口管理。建立鼓励社会观测信息收集的政策环境和数据知识产权保护政策。制定数据成果知识产权及利用规范，建立数据开放共享制度，明确部门内部数据生产单位的数据汇交责任，激励科研、业务单位研制高质量数据产品并及时汇交，增强政府部门、行业和社会化观测等数据的交换能力。加强气象数据安全管理，建设数据全生命周期的实名制、可追踪的安全管理机制。

（十七）强化标准的导向作用

以标准促进关键核心技术的业务化、产业化，在业务服务的立项、实施和验收等环节中将转化形成相关标准化成果列入考核指标。打通业务服务产出标准绿色通道，促进项目成果融入气象标准制修订计划。继续推进部门业务规定或规范转化为标准,强化标准在气象基础业务中的"硬约束"地位。制定完善气候业务、卫星遥感与生态气象业务、农业气象业务、人工影响天气业务、环境气象业务等业务服务领域的规范要求。

八、保障措施

(十八)加强党的领导,落实责任主体

各级气象部门党组(党委)要充分发挥领导核心作用,着力增强改革系统性、整体性、协同性,扎实推进气象业务技术体制重点改革。各改革任务牵头单位要制定具体实施方案,明确责任人、路线图、时间表,加快各项任务实施。改革推进中要及时研究解决改革中可能出现的问题,重大情况及时向党组(党委)报告。改革办要加强统筹协调,对业务技术体制改革的工作落实、责任落实情况进行专项督导,确保各项重点改革任务不偏离、不落空。强化主要领导推进改革的第一责任,对落实不到位、不担当、敷衍塞责、延误改革的,要严肃问责。

(十九)坚持试点先行,分步稳妥推进

在国家级和省级分别开展业务技术体制重点改革专项试点和全面试点,鼓励大胆探索、先行先试。通过试点总结规律、凝聚共识、积累经验、创造条件,充分发挥试点的示范带动作用。注重国家级、省级、市级、县级不同层级单位在改革重点上的侧重,做到统筹协调、整体推进、因地制宜。坚持稳中求进、先立后破,在新的业务技术体系尚未完全建立的情况下,继续保持原有业务技术体系,在保障各项业务服务平稳衔接的基础上稳妥推进、有序过渡。

(二十)加强规划统筹,完善政策保障

强化规划引领和统一管理,未列入气象发展规划,未经中国气象局批准,各单位一律不准开展数据存储、通用信息系统建设和信息基础设施建设,从源头避免"数据烟囱"的产生。做好与各级地方政府大数据平台和信息化建设项目的衔接,促进数据的互联互通和共享交换。多渠道、全方位积极争取国家、地方各类项目支持,加大资金投入力度,对制约业务技术发展的关键环节和技术瓶颈开展集中攻关。加大资金投入和政策支持,保障和鼓励改革试点单位推进落实。改进考核方式,实施差异化考核,更好地发挥考核评价对业务技术体制改革的激励导向作用。

(二十一)发挥党建保障作用,营造良好改革氛围

在推进改革过程中,积极发挥各级党组织的战斗堡垒作用和党员先锋模范作用,切实做到党建和改革同谋划、同部署、同落实,保证各项改革任务有序推进。以政治建设统领改革,以主题教育提高改革的思想自觉、政治自觉、行动自觉,积极开展有利于推进改革的活动,调动干部职工的积极性,加强干部职工的教育管理监督,努力营造改革良好氛围。

气象标准化管理规定

(气发〔2020〕23 号)
2020 年 1 月 18 日

第一章 总 则

第一条 为了规范和加强气象标准化工作,提升气象标准化对气象事业高质量发展的支撑保障作用,根据《中华人民共和国标准化法》《中华人民共和国气象法》等有关法律法规,制定本规定。

第二条 气象标准的制定、实施及其监督管理适用本规定。

本规定所称气象标准是指气象领域的国家标准、行业标准、地方标准、团体标准和企业标准。其中,国家标准分为强制性标准、推荐性标准,行业标准、地方标准是推荐性标准。

第三条 气象标准化工作应当坚持以下原则:

(一)统一管理,分工负责;
(二)需求引领,创新驱动;
(三)注重实效,突出重点;
(四)多元参与,开放合作。

第四条 气象标准化是国家标准化体系和气象事业发展的重要组成部分。各级人民政府标准化行政主管部门和气象主管机构应当加大对气象标准化工作的支持和投入,鼓励企业、社会团体和教育、科研机构等组织和个人按照气象标准化规划和标准体系的要求,开展或参与气象标准化工作。

第五条 积极推动参与世界气象组织(WMO)、国际标准化组织(ISO)、国际电工委员会(IEC)等国际组织的标准化活动,开展标准化对外合作与交流,参与制定国际标准,结合我国气象事业发展的实际需求采用国际标准和国外先进标准。

鼓励和支持气象相关企事业单位和社会团体参与国际标准化活动。

第六条 积极推进军民通用气象标准体系的构建,推动军民气象标准化信息、人才、技术等资源共享。

第二章 组织与分工

第七条 在国务院标准化行政主管部门的统一管理、协调与监督下,国务院气象主管机构分工管理气象标准化工作,主要职责如下:

(一)贯彻执行国家标准化法律、法规和方针、政策,制定气象标准化管理的规章制度;

(二)组织制定、实施气象标准化战略、发展规划和工作计划,组织建立气象标准体系;

(三)负责气象领域强制性国家标准的项目提出、组织起草、征求意见、技术审查和复审;

(四)组织拟定气象领域推荐性国家标准;

(五)负责气象行业标准的立项、编号、批准发布、出版、备案等工作;

(六)组织开展气象标准的宣传、贯彻、培训和实施监督;

(七)承担气象标准化的国际交流与合作;

（八）受国务院标准化行政主管部门委托，管理气象领域全国专业标准化技术委员会，对其工作进行业务指导和监督检查；提出组建或调整气象领域全国专业标准化技术委员会和分技术委员会的申请；组建和管理气象行业标准化技术委员会；

（九）指导省、自治区、直辖市气象主管机构组织开展气象标准化工作；

（十）引导和监督气象领域团体标准的制定和实施。

第八条　省、自治区、直辖市人民政府标准化行政主管部门统一管理本行政区域内的气象标准化工作，主要职责如下：

（一）负责气象领域地方标准的统一立项、审查、编号、批准发布、备案、复审；

（二）负责管理地方气象标准化技术委员会；

（三）依据法定职责对气象领域团体标准和企业标准的制定进行指导和监督，对团体标准和企业标准的实施进行监督检查。

设区的市级人民政府标准化行政主管部门根据本行政区域的特殊需要，经所在地省、自治区、直辖市人民政府标准化行政主管部门批准，可以制定本行政区域的气象领域地方标准。

第九条　省、自治区、直辖市气象主管机构分工管理本行政区域内的气象标准化工作，主要职责如下：

（一）贯彻执行国家标准化工作的法律、法规和方针、政策以及气象标准化管理的规章制度，制定实施的具体办法；

（二）组织制定和实施地方气象标准化工作规划和年度计划；

（三）组织气象标准项目的申报；

（四）组织拟定气象领域地方标准，配合相关标准化技术委员会协调、督促完成所承担的国家标准、行业标准的制修订；

（五）负责向国务院气象主管机构报送已发布的气象领域地方标准的档案材料；

（六）组织开展气象标准的宣传、贯彻、培训和实施监督；

（七）指导下级气象主管机构开展气象标准化工作；

（八）根据气象标准化事业发展需要，向标准化行政主管部门申请组建地方气象标准化技术委员会；

（九）受委托指导和管理地方气象标准化技术委员会；

（十）引导和监督气象领域团体标准的制定和实施。

第十条 气象领域全国专业标准化技术委员会、分技术委员会以及行业标准化技术委员会（以下简称标委会）的职责如下：

（一）提出气象标准化工作的政策和措施建议；

（二）编制气象领域国家标准和行业标准体系，根据社会各方的需求，提出气象领域国家标准和行业标准项目建议；

（三）组织开展气象领域国家标准、行业标准的起草、征求意见、技术审查、复审及外文版的翻译和审查工作；

（四）组织开展气象领域国家标准、行业标准的宣贯和培训工作；

（五）受国务院标准化行政主管部门、国务院气象主管机构的委托，承担气象领域国家标准、行业标准的解释工作；

（六）开展气象领域国家标准、行业标准实施情况的评估、研究分析；

（七）组织开展气象领域国内外标准一致性比对分析，跟踪、研究气象领域国际标准化的发展趋势和工作动态；

（八）每年至少召开一次全体委员工作会议，总结上年度工作，安排下年度计划，通报经费使用情况等；

（九）每年向国务院标准化行政主管部门和国务院气象主管机构报送年度工作报告，并抄送秘书处承担单位；

（十）按照《标准档案管理办法》的要求管理标准档案，归档并管理日常工作的文件材料，保管期限不得少于5年；

（十一）承担国务院标准化行政主管部门、国务院气象主管机构交办的其他工作。

气象领域全国专业标准化技术委员会管理下设的分技术委员会,分技术委员会应当定期向全国专业标准化技术委员会报告工作。

第十一条 各标委会设秘书处,负责标委会的日常工作。秘书处承担单位受有关主管部门委托,指导和管理秘书处的工作,主要职责如下:

(一)将秘书处工作纳入本单位工作计划,为秘书处开展工作提供必要的专用经费和办公条件;

(二)为秘书处配备专职工作人员,并督促履行工作职责;

(三)将秘书处工作经费纳入本单位财务统一管理,单独核算,专款专用。

第十二条 国家级气象标准化技术支撑机构的主要职责如下:

(一)负责跟踪、分析国内外气象标准化动态和发展趋势,开展气象标准化基础研究、标委会评估和标准应用效益评估等;

(二)负责气象领域国家标准和行业标准报批前复核;

(三)负责气象领域地方标准报告信息的接收、核对和共享;

(四)承担气象标准化相关培训的体系设计并按计划组织实施;

(五)负责气象标准化信息平台的建设、维护。

第三章　标准制定

第十三条 对下列气象领域需要统一的技术要求,应当制定标准:

(一)气象术语、符号、代号、分类编码等通用要求;

(二)气象灾害监测、预警,风险管理,应急与灾情调查、收集、评估等要求,以及雷电防护和安全监管等要求;

(三)气候变化监测、预估、影响评估,气候可行性论证,以及气候资源开发利用和保护等要求;

(四)气象观测仪器装备及其计量检定、观测方法和产品、观测系统、观测规范、业务技术保障等要求;

(五)气象信息基础设施、信息资源、信息应用、信息安全等要求;

(六)天气气候的监测、预报,气候影响评价,以及业务质量管理等要求;

(七)气象服务产品与供给、服务质量与效果评价等要求;

(八)人工影响天气作业单位、从业人员、装备设施、业务技术、作业操作、安全监管等要求;

(九)大气成分观测、预报、预警、服务,以及仪器等要求;

(十)气象卫星地面应用系统运行控制、辐射校正、遥感应用、业务技术保障,以及空间天气监测、预报、预警、服务、效应和仪器等要求;

(十一)农业气象观测、预报、服务、评价、试验研究,农业气象灾害监测、预警、评估,以及农业气候资源评价、区划等要求;

(十二)生态气象监测、预报、预警、评估,以及保障服务等要求;

(十三)其他需要统一的要求。

第十四条 气象灾害防御、人工影响天气作业、气象探测环境保护等领域涉及保障人身健康和生命财产安全、国家安全、生态环境安全以及满足经济社会管理基本需要的技术要求,应当制定强制性国家标准。

第十五条 气象领域推荐性国家标准、行业标准、地方标准是政府主导制定的公益类标准。团体标准和企业标准根据市场需求自主制定。

对气象领域涉及跨部门、跨行业的基础通用或与强制性国家标准配套的技术要求,可以制定推荐性国家标准。

对没有推荐性国家标准又需要在气象行业内统一的技术要求,可以制定行业标准。

对气象领域国家标准、行业标准未作规定又确有必要在省、自治区、直辖市及设区的市范围内统一的技术要求,可以制定地方标准。

鼓励和支持依法成立的气象相关社会团体,制定没有国家标准、行业标准、地方标准要求的团体标准,供本团体成员约定采用或供社会自愿采用。

鼓励和支持气象相关企业制定严于国家标准、行业标准、地方标准要求的企业标准,在企业内部使用。

第十六条 气象领域国家标准、行业标准、地方标准制修订实行年度计划项目管理。

制修订年度计划项目经批准后一般不做调整。因特殊原因确需调整的,由项目承担单位提出并报归口标委会。国家标准项目按有关程序和要求报送国务院标准化行政主管部门批准后执行,行业标准项目报送国务院气象主管机构批准后执行,地方标准项目按有关程序和要求报送批准立项的人民政府标准化行政主管部门批准后执行。

标准计划项目调整申请未被批准的,仍按照原计划执行。

第十七条 气象领域行业标准、地方标准发布后,应当按有关程序和要求报送国务院标准化行政主管部门备案。

气象领域地方标准备案后由国务院标准化行政主管部门向国务院气象主管机构通报;省、自治区、直辖市气象主管机构应当及时向国务院气象主管机构报送气象领域地方标准的有关信息。

鼓励气象相关社会团体向国务院气象主管机构报送团体标准的有关信息。

第十八条 制定气象标准的工作环节包括:预研究、立项、起草标准草案、征求意见、审查、批准、出版、复审。

制定气象标准的具体管理细则按照国家有关规定和本规定，由国务院气象主管机构另行制定。

第四章 标准实施与监督

第十九条 各级人民政府标准化行政主管部门、各级气象主管机构、各标委会应当积极开展气象标准的宣传、贯彻和培训活动，并支持和鼓励气象相关企事业单位和社会团体普及标准化知识，促进气象标准的实施应用。

第二十条 气象领域强制性国家标准必须执行。鼓励采用气象领域推荐性标准。被法律、法规、规章或强制性国家标准引用的气象领域推荐性标准，也必须执行。

第二十一条 从事气象业务、服务、科研及管理等活动，应当遵循标准。气象行业准入、监督抽查、质量评价等面向社会和行业的管理应当以标准为依据。

禁止利用标准实施妨碍商品、服务自由流通等排除、限制市场竞争的行为。

第二十二条 国务院标准化行政主管部门和国务院气象主管机构、设区的市级以上地方人民政府标准化行政主管部门应当建立气象标准实施信息反馈、评估和复审机制，提高气象标准质量和应用效益。

第二十三条 各级人民政府标准化行政主管部门和各级气象主管机构按照法定职责，分工合作，加强对气象标准实施的监督检查，畅通投诉举报渠道。

第二十四条 各级人民政府标准化行政主管部门和各级气象主管机构应当积极推动并支持气象社会管理和公共气象服务综合标准化试点工作的开展，加强对试点单位和试点工作的过程管理和指导,推动气象标准的实施和气象标准化品牌的培育。

第二十五条 各级人民政府标准化行政主管部门和各级气象主管机构应当积极推进气象标准化工作的信息化建设,加强气象标准化信息资源整合和共享,推动气象标准文本向社会公开,扩大气象标准的影响,强化气象标准化服务的能力。

气象领域强制性国家标准文本应当免费向社会公开。推动推荐性标准文本免费向社会公开。鼓励气象相关社会团体、企业通过标准信息公共服务平台和气象标准化信息平台向社会公开团体标准、企业标准。

第五章 保障机制

第二十六条 气象标准化工作应当纳入年度工作计划和目标管理,气象标准化工作经费应当纳入年度经费预算。各省、自治区、直辖市对所承担的气象领域国家标准和行业标准制修订项目匹配一定的经费。鼓励社会资金投入气象标准化工作。

第二十七条 加强气象标准化人才培养,建立具有气象特色的标准化人才队伍培训课程体系,并纳入气象教育培训计划。鼓励气象相关人员参与权威机构举办的标准化交流和培训活动。

第二十八条 气象标准及相关研究成果属于科技成果,应当作为专业技术职称评审、专业技术岗位晋升以及首席岗位、关键技术岗位、科技骨干等选聘的依据。对于技术水平高并取得显著成效的标准,应当纳入气象科技成果奖励范围。

第二十九条 支持和鼓励有关主管部门、社会团体和企事业单位对在气象标准化工作中做出显著成绩的单位、个人和项目按有关规定进行表彰奖励。

第三十条 加强标准与气象业务、服务、科技及工程项目的互动融合,以项目实施带动关键急需标准的研制,推进项目创新成果向标准的转化,提升气象标准的适用性和科技含量。

第三十一条 建立气象领域国家标准、行业标准项目承担单位和负责人信用管理机制,对于无正当理由导致项目终止或执行进度滞后的,将相关单位和个人纳入不良信用记录,给予通报并限制项目申报。

第六章 附 则

第三十二条 本规定自印发之日起实施,原规定同时废止。本规定由国务院气象主管机构和国务院标准化行政主管部门负责解释。

中国气象局创新发展专项管理办法(试行)

(气发〔2020〕33号)
2020年3月5日

第一章 总 则

第一条 为落实创新驱动发展战略,强化气象创新发展,支撑气象现代化建设,促进研究型业务建设,中国气象局统筹部门相关经费资源,设立创新发展专项,制定本办法。

第二条 创新发展专项面向国家战略要求和气象现代化需求,以持续提升气象服务保障能力为宗旨,着力解决气象业务服务中的关键核心和区域共性技术问题,重点支持国家科技计划难以涵盖的气象业务技术创新发展,统筹兼顾基础性、前瞻性、培育性任务需求,推动成果转化,促进人才培养。

第三条 创新发展专项经费主要依托中央部门预算,鼓励多元化资金投入,任务承担单位可结合实际安排配套资金支持。

第四条 创新发展专项以任务方式管理,设立指令性任务、竞争性任务和人才支持性任务,根据需要可下设适量的子任务。

第五条 创新发展专项组织实施原则:

（一）明确目标，突出重点。以落实中国气象局各类发展规划、计划和重大任务部署为统领，专项任务要有明确的绩效目标，聚焦关键问题，突出创新重点和成果应用，与国家科技计划项目任务合理衔接、避免重复。

（二）统筹部署，协同推进。充分发挥相关职能司、承担单位在任务确定、经费安排、实施与监督、绩效评价等方面的作用，强化需求牵引、目标导向和协同联动。根据不同任务类型特点，一般采取定向委托和公开遴选等方式确定承担单位和协作单位。

（三）明确职责，规范管理。管理各方权责明确、各负其责，实行决策、实施、咨询与监督相互独立又协调衔接的管理机制。根据实际需求，合理安排经费预算。严格执行国家财务制度，规范使用专项经费。

（四）简政放权，突出绩效。发挥专项实施主体作用，赋予任务团队充分自主权。简化过程管理，注重关键节点目标考核和实施效果评价，基于评价结果实施绩效激励，激发创新活力。

第六条　创新发展专项在中国气象局统一领导下，由科技与气候变化司、计划财务司牵头，会同相关职能司组织实施。专项任务承担单位应为中国气象局各直属事业单位和省级气象部门单位，气象系统外单位可作为协作单位参与任务实施。

第二章　职责分工

第七条　科技与气候变化司负责创新发展专项的总体规划、组织与协调管理，其主要职责是：

（一）会同计划财务司制修订管理办法；

（二）会同相关职能司研究制订年度工作计划，组织遴选年度专项任务建议；

（三）会同相关职能司组织签订专项任务书，总体协调任务组

织实施和综合绩效评价;

(四)会同计划财务司协调落实绩效激励经费;

(五)组建咨询专家组,支撑专项实施与管理;

(六)认定登记专项成果,按规定加强管理。

第八条 计划财务司负责创新发展专项资金的统筹配置与协调管理,其主要职责是:

(一)做好部门相关资金的统筹安排和优化配置;

(二)提出专项经费预算、执行等管理要求;

(三)审核和批复专项任务总预算及年度预算;

(四)组织开展专项经费执行督查检查与监管等。

第九条 人事司负责创新发展专项相关的人才培养和激励举措的统筹协调与政策把关,其主要职责是:

(一)负责人才支持性任务的组织实施;

(二)做好绩效工资政策的指导和组织实施。

第十条 业务职能司根据业务职能分工负责本领域任务的组织实施,其主要职责是:

(一)负责提出本领域年度专项任务及其承担单位和经费建议;

(二)对本领域专项任务书进行审核把关;

(三)指导本领域专项任务实施,推进成果业务应用和推广;

(四)组织开展本领域专项任务关键节点目标考核和绩效评价。

第十一条 承担单位是专项任务实施责任主体,对专项任务实施效果和经费使用管理负责,其主要职责是:

(一)研究提出拟承担专项任务及其经费和团队建议;

(二)按要求组织编制专项任务书(含经费预算);

(三)依据任务书组织实施专项任务、落实配套资金;

(四)建立并落实专项任务实施、经费使用内控制度和绩效激励机制；

（五）加强专项任务实施过程督导和成果应用推广；

（六）按要求做好专项任务总结及配合关键节点目标考核和绩效评价等。

第十二条 咨询专家组主要发挥技术指导和决策咨询作用，其主要职责是：

（一）为年度专项任务遴选提供咨询意见；

（二）为专项任务实施提供技术指导；

（三）承担专项任务关键节点目标考核和绩效评价。

第三章 组织实施

第十三条 指令性任务主要针对业务需求迫切、应用目标明确的关键核心技术创新发展设立，一般以定向委托方式选择优势明显的单位承担。竞争性任务主要针对区域共性技术研发以及基础性、前瞻性、培育性研发需求设立，以公开竞争方式遴选承担单位，遴选标准重点考虑负责人及团队的创新能力。人才支持性任务主要用于支持青年气象英才、西部和东北优秀气象人才围绕业务需求开展研发。

第十四条 科技与气候变化司会同相关职能司，围绕气象重大战略和相关规划计划的落实，根据"自上而下"与"自下而上"相结合的原则，于每年3月底前研究提出下一年度专项任务布局和组织方式建议，纳入部门年度综合预算编制工作总体思路报局审定。

第十五条 根据审定后的年度专项任务布局和组织方式，各相关职能司按照职能分工，组织各单位编制专项任务申报文本，按照中国气象局项目库的申报要求和时间节点，完成专项任务入库。

第十六条 科技与气候变化司和计划财务司会同相关职能

司,发挥咨询专家组作用,对专项任务实施内容、绩效目标和经费预算进行评议和审核,形成拟支持任务清单按程序报批。

第十七条 任务立项后,科技与气候变化司会同各职能司与承担单位签订任务书。任务书以"二上"阶段项目库中的项目文本为依据,突出绩效管理,明确考核目标。承担单位应按照任务书确定的绩效目标,按进度高质量组织完成创新任务。

第十八条 创新发展专项实行目标管理,执行期一般不超过2年,执行期间可根据需要对绩效目标进行优化调整,任务的中央财政预算原则上不予调增。

第四章 资金管理

第十九条 创新发展专项资金依据来源渠道遵循相应管理规定。中央财政资金严格按照中央财政预算管理要求进行编报、管理和执行,其他来源资金按照国家有关财务会计制度和相关资金提供方的具体使用管理要求统筹安排和使用。结余资金应按照相关管理办法上缴国库或转入其他结余。

(一)中央财政资金采用前补助方式支持,主要用于专项任务的直接支出;

(二)任务承担单位和协作单位可结合本单位实际安排配套资金支持,用于专项任务支出的辅助补充支出和团队人员绩效支出,其中用于人员绩效支出部分经费比例不超过任务中央财政预算的20%;

(三)中国气象局根据任务完成综合绩效评价情况,择优给予绩效激励。

第二十条 创新发展专项资金实行分级管理、分级负责。

(一)计划财务司对专项所需资金统筹予以安排,对专项资金执行情况进行监督检查;

(二)科技与气候变化司会同相关职能司组织专项任务预算申报,配合计划财务司开展对专项资金的监督检查,依据任务绩效评价情况提出预算调整意见;

(三)承担单位和协作单位根据任务相关性、配置适当性和经济合理性的原则编列支出预算,对所承担任务资金进行日常管理和监督。

第五章 绩效评价

第二十一条 专项任务的绩效监控和年度绩效评价工作按照中央部门预算绩效运行监控管理的有关要求组织实施。

第二十二条 精简过程检查,以年度绩效评价结果作为项目动态调整的依据,一般不再开展过程检查,避免重复检查、多头检查。

第二十三条 任务执行期满,实施一次性综合绩效评价验收,不再单独组织技术验收、财务验收。科技与气候变化司、计划财务司会同相关职能司,按照任务书的约定,于任务执行期满后 6 个月内组织开展综合绩效评价,考核任务绩效目标完成情况和资金管理使用情况,按照优秀、合格、不合格 3 个档次给出评价结果,其中优秀档次的任务比例原则上不超过 30%。评价结果以适当形式进行通报。

第二十四条 综合绩效评价突出代表性成果和任务实施效果,重点评价解决气象业务发展需求中关键技术问题的效能、支撑技术和产品开发的效果、成果应用和业务准入情况及其在支撑引领气象业务服务发展中发挥的作用等。不将"头衔""帽子""论文数量""获得奖励"等作为评价指标。

第二十五条 综合绩效评价优秀的任务,中国气象局对任务团队给予一次性绩效激励。绩效激励的安排遵循国家和中国气象局人才激励政策的有关规定,金额最多不超过该任务中央财政预算的15%,适当向指令性任务团队和西部、东北等欠发达地区任务团队倾斜。

第二十六条 承担单位和协作单位应建立健全绩效激励资金内部管理办法,合规合理使用,分配安排应与人员在专项任务工作中的实际贡献挂钩。绩效激励计入当年本单位绩效工资总量,不纳入总量基数。

第二十七条 综合绩效评价不合格的任务,取消任务负责人后续三年内承担创新发展专项任务的资格。

第六章 成果管理

第二十八条 任务形成的知识产权归属、使用和转移,按照国家有关法律、法规和政策执行。使用中央财政资金形成的固定资产,按照国家有关规定管理和使用。

第二十九条 依法取得知识产权的单位应当积极推动任务成果在气象部门的应用和推广,鼓励和促进成果面向社会的技术交易和转化应用,落实支持成果转化的人员激励政策。参与单位应在协调推动任务成果应用示范和转移转化方面给予支持。

第三十条 对涉及国家秘密的任务及取得的成果,按有关规定进行密级评定、确认和保密管理。

第三十一条 科技与气候变化司负责加强气象科技管理信息系统建设,做好创新发展专项有关信息的汇总与集中管理,并按规定加强信息公开。

第七章 监督检查

第三十二条 监督检查工作由计划财务司、科技与气候变化司会同相关职能司结合工作实际组织开展,形成监督检查意见,及时向相关单位反馈,明确工作要求。监督检查工作不干涉正常的任务实施,不增加任务承担单位的额外负担。

第三十三条 监督检查内容主要包括但不限于以下方面:

(一)任务承担单位法人责任制落实情况、任务执行情况及资金的管理使用情况;

(二)参与专项任务咨询评审和监督工作的专家履职尽责情况;

(三)任务团队成员在任务申报、实施和资金管理使用中的科研诚信和履职尽责情况。

第三十四条 做好信息公开,主动接受舆论监督,听取意见,推动改进相关工作。承担单位应当在单位内部公开任务资金使用、成员绩效分配以及创新成果情况等信息,加强内部监督。

第三十五条 及时严肃处理违规行为,并实行逐级问责和责任倒查,处理结果以适当方式公布,并纳入诚信记录。违法违纪情况及时移交司法机关和纪检部门。

第八章 附 则

第三十六条 本办法由科技与气候变化司、计划财务司负责解释。

第三十七条 本办法自发布之日起施行。

地面气象应急观测管理办法

(中气函〔2020〕42号)
2020年3月18日

为适应地面气象观测自动化改革业务运行需要,规范地面气象应急观测工作,保障地面气象观测自动化后预报、服务业务需求,特制定本办法。

一、启动条件

地面气象应急观测分按指令启动和自动启动两种方式。

（一）指令启动

出现如下情况之一时,由中国气象局或省(区、市)气象局根据需要下达指令启动地面气象应急观测：

1. 气象灾害应急响应需要；
2. 中国气象局宣布进入特别工作状态时；
3. 重大灾害性天气过程预报服务需要；
4. 重大活动气象保障服务需要；
5. 专项气象服务或科研需要；
6. 其他经批准需要开展的。

（二）自动启动

遇有强对流天气,本区域内已发布预警信号提及可能出现龙卷、冰雹时,台站应随时做好应急观测准备。当台站出现时,按照

《地面气象观测规范》和相关技术规定开展观测,并编发重要天气报。

其他应急观测项目及自动启动条件,由各省(区、市)气象局根据本地实际确定。

二、观测组织

(一)中国气象局下发指令的组织

地面气象应急观测一般由国家气象中心提出,中国气象局综合观测司组织。

因重大专项服务需要或重大科研需要开展的地面气象应急观测,由承担单位与相关省(区、市)气象局协调后,可向中国气象局综合观测司提出申请。

(二)省(区、市)气象局下发指令的组织

地面气象应急观测一般由省(区、市)气象台提出,省级观测业务主管部门负责组织。

因专项气象服务或科研需要开展的地面气象应急观测,由承担单位与相关地市(州)气象局协调后,可向省级观测业务主管部门提出申请。

三、观测站点

国家气候观象台、国家基准气候站、国家基本气象站和国家气象观测站(原国家一般气象站)。

四、观测项目和时次

地面气象应急观测的项目一般为总云量、云高、露、霜、结冰、雨凇、雾凇、积雪、电线积冰、雪深、最大冰雹的最大直径和最大平均重量等未实现仪器自动观测的项目,特殊需要时可临时增加其他观测项目。

观测时次由应急观测指令规定。

五、观测记录与资料传输要求

地面气象应急观测的总云量、云高、露、霜、结冰、雨凇、雾凇、积雪、电线积冰、雪深、最大冰雹的最大直径和最大平均重量等及临时增加的其他观测项目应采取人工观测方式,按照《地面气象观测规范》和相关技术规定进行。应急观测的观测数据录入地面综合观测业务软件,按照业务规定传输至省级和国家级气象信息中心,再提供至相关业务服务单位使用。

六、观测指令发布和实施

(一)申请

申请开展地面气象应急观测时,需填报地面气象应急观测申请表(见附录1),说明应急观测的理由、站点、观测要素、起止时间和时次,由本单位负责人审核签署意见后报观测业务主管部门。

申请应急观测要充分考虑到通信传输、台站准备等因素,一般应在首个应急观测时次24小时前提出申请。

(二)发布

观测业务主管部门接到地面气象应急观测申请后,报请负责人审核同意后,在2小时内发布"地面气象应急观测指令"(见附录2)。相关单位观测业务主管部门收到指令后应予以确认。

(三)执行

相关单位接到指令后应立即部署并组织台站做好应急观测准备工作。

开展应急观测的台站,需按照地面气象观测业务相关技术规定和应急观测指令要求,做好应急观测工作。

国家级和省级气象信息中心应及时做好应急观测资料的传输监控、收集处理和共享服务等工作。

国家级和省级气象探测中心应及时做好应急观测期间的气象观测装备的运行保障和储备物资供应等工作。

(四)解除

应急观测指令中明确结束时间的,在最后一次应急观测结束后自动解除应急观测;应急指令中未明确结束时间或需要提前结束观测的,由应急观测指令发布单位发布应急观测解除指令(见附录3)。相关单位收到指令后应予以确认。

自动启动的应急观测待天气过程结束后自动解除。

七、报告制度

地面气象应急观测结束后,应急观测申请单位应向观测业务主管部门报送应急观测效益评估报告,对应急观测资料的使用情况、服务效益、资料质量和改进建议等进行总结评估。

应急观测效益评估报告应在地面气象应急观测结束后10日内报送。

八、其他

各台站均应保持必要的应急观测能力,加强业务人员的学习和培训,定期维护相关仪器设备。

因专项服务或科研需要进行的地面气象应急观测,须在启动应急观测前商请相关单位同意并承担有关设备维护、人力等支撑保障费用。

各省(区、市)气象局也可根据本办法,结合本省实际情况制定省级应急观测管理办法。

本办法自2020年4月1日起执行,《关于调整地面气象观测业务相关规定的通知》(气测函〔2012〕26号)中的《地面气象应急加密观测管理办法(试行)》同时废止,其他与本办法不一致的以本办法为准。

附录:1. 地面气象应急观测申请表(略)

2. 地面气象应急观测指令(略)

3. 地面气象应急观测解除指令(略)

中国气象局网络安全管理办法
（试行）

(气发〔2020〕41号)
2020年4月7日

第一章 总 则

第一条 为贯彻《中华人民共和国网络安全法》,落实网络安全工作责任制,进一步完善气象部门网络安全管理体系,提高网络安全保护能力,保障气象部门网络安全,制定本办法。

第二条 本办法适用于气象部门非涉密系统的网络安全管理。

第二章 组织管理

第三条 气象部门网络安全遵循国家网络安全法律法规和技术标准,坚持依法管理,按照"明确责任、提高能力、加强监控、主动防御、确保安全"方针,构建气象部门网络安全防线。

第四条 预报与网络司(以下简称预报司)是中国气象局网络安全管理职能部门,负责制定气象部门网络安全管理政策,统筹协调、部署气象部门网络安全工作,监督检查气象部门网络安全工作执行情况。

第五条 国家、省级气象信息中心是网络安全运行与技术监管单位,负责网络安全防御体系技术设计;负责新建项目规划设计的网络安全审查;负责通用性、基础性网络安全防护系统运行;负责网络安全态势监测和网络安全预警信息发布;负责气象业务应用、网站等系统上线运行安全风险评估;牵头重大网络安全事件应急处置;为其他单位提供网络安全技术指导和咨询建议。

第六条 国家级直属单位和省、地、县级气象部门(以下简称运行管理单位)负责本单位网络安全工作的组织落实、能力建设、监督检查、问题整改和应急处置。运行管理单位领导班子主要负责人是本单位网络安全第一责任人,主管网络安全的领导班子成员是直接责任人。

第七条 按照"谁主管谁负责,谁建设谁负责,谁运行谁负责,谁使用谁负责"的原则,运行管理单位落实网络安全责任,建立健全覆盖各系统的网络安全责任制,指定网络安全管理职能部门(县级气象部门指定专人),确定每个系统的网络安全责任人。

第八条 按照网络安全等级保护(以下简称等级保护)制度规定和国家标准,建立健全基础信息网络、云计算平台/系统、大数据应用/平台/资源、物联网(IoT)、工业控制系统和采用移动互联技术的系统等(以下简称等级保护对象)及场地环境和运维人员等网络安全管理制度。重点加强信息基础设施资源池、大数据云平台和气象观测、预报、服务、政务、培训等系统的网络安全管理制度。

第三章　规划建设管理

第九条 气象部门所有等级保护对象均应按照《中华人民共和国网络安全法》,遵循"同步规划、同步建设、同步运行"的原则,遵照国家等级保护标准进行设计、定级、建设、备案、测评和运维管理。其中,气象观测系统应根据组成部分性质,按国家等级保护标准中的信息系统、物联网或工业控制系统等相关要求开展等级保护工作。

第十条 等级保护对象建设单位负责在建设阶段同步落实等级保护制度。在项目设计阶段按照国家等级保护标准,合理确定所建等级保护对象的等级保护级别,确定与等级保护级别对应的网络安全方案,落实相关建设经费,按等级保护标准开展建设。

未确定新建等级保护对象的等级保护级别,或网络安全等级保护建设方案不完善的,不予立项。新建信息系统项目网络安全预算低于项目总预算5%的,原则上不予立项。

第十一条 新建等级保护对象在试运行阶段,其建设单位负责向公安机关备案,并开展等级保护测评和网络安全风险评估。等级保护测评达不到定级标准要求的系统,必须通过整改达到相应要求,否则不能通过业务验收和竣工验收。定级备案结果报预报司。

第十二条 在全国范围安装部署的等级保护对象由其建设单位统一定级并向公安部备案,各分系统由负责其运行的单位按统一定级级别向当地公安机关或相关部门备案,备案时不得自行更改分系统的等级保护级别和定级对象内容。

第十三条 等级保护对象拟确定为国家关键信息基础设施,或国家关键信息基础设施拟调整、变更的,由所属司局级运行管理单位按照国家规定初步确定后报预报司;预报司按照国家规定组织评审并上报公安部门。省级运行管理单位按地方要求确定的省级关键信息基础设施,报预报司备案。

第十四条 涉及等级保护第三级及以上级别等级保护对象定级或级别调整的,由该等级保护对象所属司局级运行管理单位报预报司。预报司组织专家评审,对通过专家评审的出具同意定级或同意调整文件,作为所属司局级运行管理单位向公安部门备案或备案调整的依据。

第四章　运行管理

第十五条　运行管理单位应贯彻落实网络安全法律法规,落实网络安全保护责任,按等级保护制度要求做好等级保护对象的运行管理,保障等级保护对象的网络安全。

第十六条　运行管理单位应加强机房场地网络安全管理,为等级保护对象提供安全的运行场所,包括但不限于:

(一)机房场地应达到所承载等级保护最高级别等级保护对象的网络安全要求,其不间断电源、油机发电机等系统在需要时应能够正常工作。

(二)建立外部人员进入机房审批制度。机房应配置电子门禁系统和监控系统,控制外部人员进入,记录其行为。

第十七条　建立健全网络管控制度。对气象网络系统实行分区分域管理,严格控制跨区跨域通信,加强应用内容控制,包括但不限于:

(一)加强局域网络与气象广域网、行业专线、电子政务外网、国际专线和互联网的网络边界安全管控。关闭网络上的威胁端口。严格禁止非气象部门的单位、组织或个人连接到局域网络中访问气象应用及数据资源。

(二)严格管控互联网出口,国家级互联网出口由国家气象信息中心统一集约建设和运行,各单位不得自建互联网出口。省级互联网出口由省级气象信息中心统一集约建设和运行。地、县级气象部门不得自建互联网出口,应在保障安全的前提下通过省级或地方电子政务外网互联网出口访问互联网。

(三)互联网与局域网络之间必须安装防火墙等网络安全控制

设备。控制设备由国家气象信息中心或省级气象信息中心统一管理。互联网对外服务区对互联网开放的服务端口,采用白名单方式实施严格访问控制。

（四）远程访问局域网络资源的虚拟专用网（VPN）仅供气象部门员工使用,必须且仅能由控制局域网与互联网连接的网络安全设备提供。虚拟专用网系统应采用包括密码技术的至少两种鉴别技术对用户每次登录进行身份标识和鉴别,身份鉴别信息具有复杂度要求并定期更换,应具备登录连接超时自动退出等措施。国家气象信息中心或省级气象信息中心负责虚拟专用网系统的技术管控,并负责对使用虚拟专用网的用户终端进行网络安全检查,确保终端安全并监控、记录用户行为。用户按国家法律法规使用。

（五）除由国家气象信息中心或省级气象信息中心正式设置的虚拟专用网外,禁止任何形式的由互联网以及互联网对外服务区主动进入局域网络的网络访问,禁止通过互联网以及互联网对外服务区对局域网络计算机进行远程控制、桌面共享、数据传输等的应用。

（六）严格禁止在局域网络内设立访问局域网络或互联网的无线网络访问设备。访问互联网的无线访问设备应与局域网络物理隔离或接入互联网对外服务区,并按国家法律法规采取网络安全管控措施。国家级无线网络访问系统由国家气象信息中心统一集约建设,各单位不得自建无线网络访问系统。

第十八条 加强用户终端管理,保障用户终端安全,包括但不限于：

（一）关闭主机上不必要的端口、共享访问及远程桌面连接。

（二）全面部署上网行为监控管理系统,统一部署计算机防病毒系统,实现所有用户计算机、服务器和信息基础设施资源池中虚拟机的全覆盖,国家级由国家气象信息中心统一管理,省级由省级气象信息中心统一管理。

（三）严格执行内网、专网系统的补丁升级和漏洞修复措施。定期对重要数据进行备份。

（四）积极使用自主可控的国产正版操作系统、办公软件和防病毒软件。

（五）及时更新或升级用户终端的操作系统等系统软件，确保得到安全补丁支持。

第十九条 禁止在各运行管理单位的计算机上使用非本单位的移动存储介质。各运行管理单位的移动存储介质在本单位计算机上使用时，应采取有效的技术措施先检测其安全情况，确认安全后方可使用。

第二十条 加强联网标识、感应、控制设备及摄像头等物联网设备管理，强化运行状态监测，及时修复安全漏洞，防止设备被利用实施分布式拒绝服务攻击。

第二十一条 加强用户管理。具备用户身份识别、访问授权、权限控制和行为记录能力。加强离职人员使用的业务及应用系统账户管理，及时更改密码或注销账户。各应用系统账户采用实名制。尽量减少公用账户开设，必须开设的公用账户应确定其责任人。

第二十二条 加强信息系统的口令管理，强制使用强安全口令并定期更换，采取技术手段杜绝默认口令、弱口令、通用口令和长期不变口令，加强对暴力破解口令的技术防范措施。使用国家密码管理主管部门认证核准的密码技术和产品，落实国家密码应用政策要求，加强国产商用密码技术和产品应用。

第二十三条 采取有效措施加强气象数据和公民个人信息安全管理，包括但不限于：

（一）梳理内部网络与互联网上各信息系统中采集、存储（含缓存）、传输、使用、提供、销毁等环节的气象数据和公民个人信息等数据，形成数据资产清单并及时更新。数据资产清单每年报预报司备案。

（二）严格数据访问授权，建立覆盖数据生命周期的用户实名制数据访问管控机制和数据追踪技术手段。加强对数据环境中数据访问和气象业务应用系统中数据使用的日志记录与日常审计，排查、解决数据泄露安全隐患。

（三）采取数据分类、备份、加密等措施，保障数据安全。加强互联网出口监控，及时发现并阻断数据异常流出。存储气象数据和大量公民个人信息的数据库接入互联网应采取严格安全防范措施。

（四）关键信息基础设施运行中收集和产生的重要数据应在境内存储，因业务需要确需向境外提供的，应按照国家有关规定进行安全评估后根据评估结果提供。

（五）依法收集公民个人信息，不得收集与气象业务、服务无关的公民个人信息。采取技术手段和其他必要措施，保障收集的公民个人信息安全。不得泄露、篡改、毁损收集的公民个人信息。未经被收集者同意，不得向他人提供公民个人信息。

第二十四条 国家、省级气象部门只能采购通过国家云计算服务安全评估的云计算服务。使用互联网云计算服务的信息系统，由负责该系统运行的单位按网络安全管理要求加强管理并承担其网络安全管理责任。

第二十五条 加强电子邮件系统管理。自建或租用电子邮件系统应具备安全防护和安全威胁清洗措施，用户密码符合管理要求。关闭邮件自动转发功能。及时清理非在职人员邮箱。

第二十六条 严格管控系统建设、开发和运维等文档。不得在公共云中存储相关文档。确保文档中包含的 IP 地址、网络连接、系统配置、用户口令、程序源码等技术细节不对外泄露。

第二十七条 严格控制网络安全态势感知等系统获取、存储的数据，确保其仅在气象部门网络范围内存储和使用。

第二十八条　运行管理单位应对已上线运行但三个月内未使用的等级保护对象采取断网、停机等下线措施,再次上线使用前应当开展漏洞修补、病毒库更新等工作。

第二十九条　运行管理单位的等级保护对象不再使用时,应按等级保护规定做好剩余信息保护,并妥善处理其存储的数据。

第三十条　运行管理单位要与系统开发、运维等单位和个人按照等级保护等规定签订网络安全服务协议,明确外部人员的安全责任与义务,规定所获取内部数据等资源的使用与扩散范围。

第三十一条　建立健全外部人员承担的系统开发及系统维护管理制度,加强人员背景审核,加强外部人员使用气象信息系统和数据等资源的权限管理与日志存留。

第三十二条　外部运维人员现场接入局域网络,应对其计算机进行安全检查,确保其满足网络安全要求后方能接入,接入过程中需派人全程陪同监督使用。

第五章　网站和气象服务手段管理

第三十三条　落实网站安全责任制,确定每个网站的网络安全责任人。切实增强网站的网络安全防护能力。将网站运行情况、内容变更和网络安全情况纳入实时业务监控。移动应用软件服务端按网站管理。

第三十四条　网站要获得网站公安备案号、电信与信息服务业务经营许可证(ICP)号、等级保护备案号等,事业单位网站要加挂"事业单位网站"标识。不具有行政管理职能的事业单位网站禁止使用"gov.cn"域名。

第三十五条　网站新栏目、新功能上线之前必须由建设单位或委托第三方网络安全服务机构进行安全测评。根据测评结果完成问题整改,并达到相应网络安全要求后方可上线。

第三十六条　建立覆盖气象服务产品制作、审核、发布等全工作流程的网络安全管理制度。建立健全电话、手机短信、广播、影视、对外网站、移动应用软件、大喇叭和显示屏等对外服务手段信息发布和内容审核制度,明确审核的程序和责任,确保发布内容的合法性、真实性、准确性和安全性。

第三十七条　通过电话、手机短信、广播电台、电视台、网站、移动终端等开展气象服务的,应明确与电信运营商、广播电台、电视台、内容分发及网络服务提供商等的网络安全责任,做到节目(内容)提供与安全发布(播出)界限清晰,责任明确。

第三十八条　为公共广播电台、电视台制作提供广播和影视气象节目的,应建立节目移交审核登记制度,确保播出内容安全。

第三十九条　广播、影视直播节目需具备必要的延时手段和应急措施,强化对节目的监控,监督参与直播的人员遵守直播管理制度和技术设备操作规范。

第四十条　大喇叭和显示屏等必须采用密码技术具备身份认证等技术手段,避免使用远程和无线方式管理,坚决屏蔽非法内容,确保播出或显示内容正确。对公共区域的LED屏幕和大喇叭,要明确专人负责,承担安全责任。

第四十一条　利用电话、手机短信、广播、影视、对外网站、移动应用软件、大喇叭、显示屏等开展非汉语类气象服务时,需配备具备该语言能力、能够胜任相应语言节目制作、审核等工作的专业人员。

第六章　监控、预警、通报和应急

第四十二条　将等级保护对象的网络安全情况统一纳入24小时值班监控。

第四十三条　建立常态化网络安全信息汇集与分析研判机

制,综合本单位网络安全运行情况及接收的网络安全信息通报,及时研判、发布、报送网络安全监测预警信息。在安全可控的前提下,鼓励利用社会力量提升气象部门网络安全监测预警能力。

第四十四条　建立健全国家、省、地和县级网络安全信息通报机制,明确通报机制负责人和通报联络员,明确职责任务、信息报送流程,及时报送、传达网络安全风险和监测预警信息,有针对性地及时组织开展检查、整改工作。

第四十五条　制定完善各级网络安全事件应急预案和各等级保护对象的应急预案,建立应急技术队伍,明确网络安全应急流程,切实提高应急预案的可行性和可操作性。

第四十六条　制定网络安全应急演练方案,每年至少开展一次网络安全应急演练。

第四十七条　按照等级保护工作要求,做好重要数据备份,建立重要信息系统应急备份机制,推动应急备份系统建设。

第七章　经费保障和宣传培训

第四十八条　各运行管理单位要加大网络安全相关人力、财力、物力的支持和保障力度,将网络安全经费纳入年度预算。统筹安排专项经费开展网络安全建设和保障工作,新建信息系统项目网络安全预算不低于项目总预算的5%。

第四十九条　加强网络安全宣传与人才培养。积极参与国家网络安全宣传周活动,并在其他时间每年至少组织1~2次网络安全宣传活动。各运行管理单位要采取多种方式加强网络安全培训,实现网络安全培训全员化、常态化,新入职员工培训和领导干部培训需安排网络安全内容。同时,各运行管理单位要强化网络安全人才培养,提高网络安全人才专业技能。

第八章　监督考核和表彰

第五十条　预报司组织开展中国气象局年度网络安全检查，一般采用现场检查、在线扫描和攻防演练等形式。各运行管理单位定期对等级保护对象进行网络安全自查，发现问题及时整改。

第五十一条　预报司负责将网络安全工作纳入各运行管理单位的工作目标并开展考核，各运行管理单位将网络安全工作纳入年度重点工作任务并开展考核。

第五十二条　各运行管理单位应建立网络安全责任制检查考核制度，完善健全考核机制，重点对等级保护制度落实、关键信息基础设施保护、网络安全攻防演练结果、网络安全事故等情况开展考核，考核结果送干部主管部门，作为对领导班子和有关领导干部综合考核评价的重要内容。

第五十三条　在网络安全建设、技术应用、运维保障、应急处置和信息通报等方面做出突出贡献或工作业绩优秀的技术人员，优先推荐为年度全国优秀气象信息技术人员。

第九章　责任追究

第五十四条　对违反或未能正确履行本办法第九至第十一条和第四至第六章规定，视情节和产生的后果，依据有关规定追究当事人、网络安全负责人直至主要负责人责任；协调监管不力的，还应追究网络安全管理职能部门负责人责任。

第五十五条　有下列情形之一的，对责任单位、责任人进行提醒，责令整改：

（一）未按"同步规划、同步建设、同步运行"原则，未遵照国家等级保护标准，对等级保护对象进行设计、定级、建设、备案、测评和运维管理的。

（二）未落实网络管控、分区分域管理要求，或允许非气象部门的单位、组织或个人连接到气象局域网络，或私自接入互联网，或在局域网络内设立访问局域网络或互联网的无线网络访问设备的。

（三）允许外单位移动存储介质在本单位计算机上使用的。

（四）未按本办法要求对用户进行实名制管理，或存在默认口令、弱口令、通用口令和长期不变口令的。

（五）未按本办法要求加强重要数据和公民个人信息安全管理的。

（六）未按本办法要求加强网站和气象服务手段管理的。

（七）未按本办法要求与系统开发、运维等单位和个人签订网络安全服务协议，或外部人员安全管理制度不健全的。

（八）等级保护对象存在安全隐患和漏洞，未按期整改，可能导致门户网站或其他对外网站及对外服务手段等页面或信息被篡改、重要数据或公民个人信息被窃取或泄露、对关键信息基础设施运行安全造成威胁等，未造成实质性损失、危害或不良影响的。

第五十六条 有下列情形之一的，对责任单位领导班子主要负责人或主管网络安全的领导班子成员进行警示约谈：

（一）等级保护第三级及以上级别等级保护对象存在安全隐患和漏洞，未造成实质性损失、危害或不良影响的。

（二）其他级别等级保护对象存在安全隐患和漏洞，造成一般性损失、危害或不良影响的。

（三）门户网站受到攻击未及时处置，导致网站瘫痪或违法有害信息扩散，且未按要求上报的。

（四）其他对外网站、对外服务手段等存在安全隐患和漏洞，导致被攻击篡改，未造成实质性损失、危害或不良影响的。

（五）等级保护第三级及以上级别等级保护对象存在安全隐患

和漏洞,导致重要数据或公民个人信息被窃取、泄露、篡改或损毁,造成一般性损失、危害或不良影响的。

(六)关键信息基础设施存在安全隐患和漏洞,对关键信息基础设施运行安全造成严重威胁的。

(七)发生其他网络安全事件未及时处置或未按要求上报的。

(八)责令整改事项未按期整改,或年内责令整改事项反复发生的。

第五十七条 有下列情形之一的,对责任单位和相关责任人进行通报批评:

(一)等级保护第三级及以上级别等级保护对象存在安全隐患和漏洞,造成一般性损失、危害或不良影响的。

(二)其他级别等级保护对象存在安全隐患和漏洞,造成严重损失、危害或不良影响的。

(三)门户网站受到攻击未及时处置和上报,瘫痪时间小于6小时的。

(四)其他对外网站、对外服务手段等被攻击篡改,且未及时组织处置和上报,造成一般性损失、危害或不良影响的。

(五)等级保护第三级及以上级别等级保护对象存在安全隐患和漏洞,导致重要数据或公民个人信息被窃取、泄露、篡改或损毁,造成严重损失、危害或不良影响的。

(六)关键信息基础设施遭受网络安全攻击,未及时处置导致无法正常运行的,造成一般性损失、危害或不良影响的。

(七)发生其他网络安全事件未及时处置或未按要求上报的,造成一般性损失、危害或不良影响的。

(八)警示约谈事项未按期整改,或年内警示约谈事项反复发生的。

第五十八条 有下列情形之一的,除对责任单位和相关责任人进行通报批评外,视情节,由相关部门按照干部管理权限和有关

规定,给予相关责任人组织处理或纪律处分:

(一)等级保护第三级及以上级别等级保护对象存在安全隐患和漏洞,造成严重损失、危害或不良影响的。

(二)门户网站受到攻击瘫痪6小时以上,或其他对外网站、对外服务手段等被攻击篡改,且未及时组织处置和上报,导致反动言论或谣言等违法有害信息大面积扩散的。

(三)等级保护第三级及以上级别等级保护对象存在安全隐患和漏洞,导致大量重要数据或大面积公民个人信息被泄露、篡改或损毁,造成严重损失、危害或不良影响的。

(四)关键信息基础设施遭受网络安全攻击,未及时处置导致大面积影响人民群众工作、生活,或者造成重大经济损失,或者造成严重不良社会影响的。

(五)封锁、瞒报网络安全事件情况,拒不配合有关部门依法开展调查、处置工作,或者对有关部门通报的问题和风险隐患不及时整改并造成严重后果的。

(六)阻碍国家有关机关依法维护国家安全、侦察犯罪以及防范、调查恐怖活动,或者拒不提供支持和保障的。

(七)发生其他网络安全事件未及时处置或未按要求上报的,造成严重损失、危害或不良影响的。

(八)通报批评事项未按期整改,或年内通报批评事项反复发生的。

第五十九条 实施责任追究应实事求是,分清集体责任和个人责任。追究集体责任时,领导班子主要负责人和主管网络安全的领导班子成员承担主要领导责任,参与相关工作决策的领导班子其他成员承担重要领导责任。

第六十条 违反《中华人民共和国网络安全法》的,依法追究责任。

第十章 附 则

  第六十一条 各省(区、市)气象局可根据本办法制定本单位网络安全实施细则。
  第六十二条 本办法由预报与网络司负责解释。
  第六十三条 本办法自发布之日起施行。

中国气象局国家气候标志评价工作管理办法(试行)

(气发〔2020〕48号)
2020年4月30日

第一章 总 则

第一条 为促进气候资源开发利用,更好地服务国家生态文明建设和经济社会发展,依据《中华人民共和国气象法》第三十三条第二款的有关规定,以及《国务院办公厅关于促进全域旅游发展的指导意见》等相关法规文件,制定本办法。

第二条 国家气候标志是指根据调查和评价,在全国范围具有特色的优质气候资源的统称。国家气候标志评价是指对一定地域范围内具有开发利用价值的气候资源进行监测和评估,并根据相关标准规范,对在生态、旅游、农业、健康等领域有显著积极影响的优质气候资源授予特定称号的气象服务工作。

第三条 气象部门要根据地方经济社会发展需要,积极组织开展国家气候标志的评价工作。

第四条 国家气候标志评价坚持科学性、公益性和公开、公正、公平的原则。

第二章　组织与分工

第五条　中国气象局负责指导气候资源开发利用和保护，指导开展国家气候标志评价工作。

第六条　中国气象局成立国家气候标志评价工作领导小组（以下简称"领导小组"），加强对国家气候标志评价工作的指导和协调；中国气象局应急减灾与公共服务司（以下简称"减灾司"）负责国家气候标志评价工作的组织管理。

第七条　中国气象局相关单位可按照职责提出申请，在获得授权后，承办国家气候标志评价工作。

第八条　各省（区、市）气象局所属有关单位配合做好本辖区国家气候标志的初审及相关技术支持工作。

第三章　评价工作的授权

第九条　中国气象局直属单位可根据职责，向减灾司申请作为评价工作承办单位开展国家气候标志的评价工作。

第十条　开展国家气候标志评价工作需满足以下条件：
（1）与国家发展战略相契合；
（2）需求迫切，具有良好的发展前景；
（3）技术相对成熟，有较明确的技术指标和标准规范；
（4）具备承担该项工作的技术、人才基础条件；
（5）有较为完善的评价工作实施细则。

第十一条　开展国家气候标志评价工作需向减灾司提交如下材料：
（1）开展国家气候标志评价工作的申请书，包括申请评价的项目类别、需求分析、技术和人才基础条件等内容；

(2)拟开展的国家气候标志评价工作的技术指标、标准规范等；

(3)拟开展的国家气候标志评价工作的实施细则。

第十二条 减灾司组织召开审查会，对相关申报材料进行审查，出具是否同意开展的意见。对于同意开展的，授权相关单位实施。

第十三条 获得授权的评价工作承办单位要严格按照审批通过的国家气候标志类别以及相关的技术标准规范和工作实施细则开展评价工作，如需修改调整，须报减灾司同意后实施。

第四章 评价工作流程

第十四条 发布通知。评价工作承办单位制订年度活动计划并报减灾司，经审查同意后，按计划发布通知。

第十五条 申报。由申报单位根据自身条件，按要求将申报书提交给所在省(区、市)气象局指定的所属技术服务单位(以下简称"受理单位")进行初审。申报书内容主要包括申报评价的项目类别、申报理由、申报条件等。

第十六条 初审。受理单位在收到申报书后，应联合评价工作承办单位在10个工作日内完成初审，并将初审意见反馈给申报单位。初审合格的，受理单位须同时告知申报单位开展技术评估工作的要求。

第十七条 技术评估。申报单位按照要求，委托满足条件的单位开展技术评估，形成技术评估报告，并通过受理单位提交至评价工作承办单位。

技术评估单位应当具备以下条件：

(1)具备开展气候和生态评估的能力；

(2)具有合法来源的较长时间序列的气候和生态观测数据；

(3)具有气候、生态等相关专业的人才队伍。

评价工作承办单位不能接受申报单位委托,开展由本单位承办的国家气候标志评价类别的技术评估工作。

第十八条 评审。评价工作承办单位可直接组织或委托第三方组织召开专家评审会,依据申报材料、技术评估报告等进行评审,出具评审结论。

第十九条 公示和发布。评审通过后,对达到评价标准的,评价工作承办单位应在10个工作日之内对评审结论予以公示。公示无异议的,由评价工作承办单位授予国家气候标志称号,报减灾司备案。

第二十条 复查。评价工作承办单位要定期组织对授予国家气候标志称号的单位开展复查,对指标达不到规范标准的,责令限期整改,整改后仍不达标的,予以撤销并公告,报减灾司备案。

第五章 管理和监督

第二十一条 国家气候标志称号授予不收取费用,评审等相关工作费用的收支要严格按照有关规定执行,并纳入预决算管理。财务、审计部门负责经费收支的监督,若发现违规行为,责令评价工作承办单位按照要求整改,整改仍达不到要求的,经减灾司组织审议后,终止其相关评价工作,并撤回授权。

第二十二条 减灾司负责对国家气候标志的评审、公示等重点环节和过程进行监督,若发现违反本办法或其他违规行为的,责令评价工作承办单位按照规定要求及时整改,整改仍达不到要求的,经审议后终止其相关评价工作,并撤回授权。

第二十三条 减灾司每两年对评价工作承办单位的工作情况进行一次评估检查,检查不合格的,责令评价工作承办单位按照要求进行整改,整改期间暂停开展相关评价工作;整改后仍不合格的,经审议后终止其相关评价工作,并撤回授权。

第六章 附 则

第二十四条 本办法由减灾司负责解释。

第二十五条 本办法自文件印发之日起施行。

气象观测站新建迁移和撤销管理规定

(气发〔2020〕50号)
2020年5月9日

第一章 总 则

第一条 为进一步规范气象观测站的新建、迁移和撤销管理工作,确保气象观测资料的代表性、准确性、连续性和可比较性,根据《中华人民共和国气象法》《气象设施和气象探测环境保护条例》等法律法规、标准和中国气象局有关业务技术规定,制定本规定。

第二条 本规定所指气象观测站遵循《气象观测站分类及命名规则》(气发〔2018〕35号),分为国家和省两个管理层级,包括大气本底站、气候观象台、基准气候站、基本气象站、(常规)气象观测站、应用气象观测站、综合气象观测试验基地、综合气象观测专项试验外场、高空气象观测站、天气雷达站、飞机(飞艇)气象观测基地、空间天气观测站、气象卫星地面站、卫星遥感校验站。

第三条 本规定所称新建、迁移、撤销分别是指:
新建是指建设新的气象观测站。
迁移是指将气象观测站的观测场所、探测设施及配套的附属和基础设施等从现址迁移到新址的活动。

撤销是指撤销气象观测站。

第四条 本规定适用于新建、迁移和撤销气象观测站的审批。

因国家重点工程建设或者城市(镇)总体规划变化,确实无法避免影响气象探测环境,且无法采取补救措施,需要迁移气象观测站的,办理迁移审批按照《气象台站迁建行政许可管理办法》(中国气象局令第30号)执行,其中验收的技术要求和启用的办理按照本规定执行。

因国家或省(区、市)综合气象观测站网整体调整而新建、迁移和撤销气象观测站的,由中国气象局或省(区、市)气象局统一组织审批。

第五条 申请新建、迁移气象观测站,应具备下列条件:

(一)拟选站址须经国家级或省级业务技术部门审核,且符合相关技术要求,占地面积满足观测场、探测设施、业务用房和附属用房的布局要求,并预留必要的业务发展空间;

(二)已落实建设经费;

(三)经省(区、市)气象局审核,建设内容与规模满足气象事业发展需要,符合现代气象业务与服务要求;

(四)当地县级或以上人民政府已完成或承诺编制气象探测环境保护专项规划并纳入当地城市(镇)控制性详细规划,对气象探测环境给予长期保护。

第六条 申请撤销气象观测站,应符合下列条件:

(一)失去气象业务和服务价值;

(二)有人员编制的应确定撤销气象台站的人员安置方案;

(三)申请撤销国家级管理的气象观测站,当地县级或以上人民政府应明确表示同意。

第二章 申　请

第七条　申请新建、迁移和撤销国家级管理的气象观测站,由省(区、市)气象局提出申请,对于迁移国家级管理的(常规)气象观测站,由市(地、州、盟)气象局提出申请。

申请新建、迁移和撤销省级管理的气象观测站,由气象观测站所在地的市(地、州、盟)气象局提出申请。

第八条　申请新建、迁移国家级管理的气象观测站,应提交申请文件(格式详见附件1)和站址选址报告书(格式详见附件2)。

申请材料须真实、准确、完整,主要内容包括:站址选址情况;专家论证意见;使用土地落实情况;建设经费落实情况;气象探测环境保护情况;涉及无线电频率的,具有无线电测试资质单位出具的《电磁环境测试报告》;涉及空域安全的,具有评估报告。

申请撤销国家级管理的气象观测站,应提交申请文件、人员安置方案和地方人民政府意见。

申请新建、迁移和撤销省级管理的气象观测站,提交材料的要求由省(区、市)气象局参照相关附件制定。

第三章　审查与批复

第九条　新建、迁移和撤销气象观测站,由申请单位的上一级气象主管机构审批。

迁移国家级管理的(常规)气象观测站,由审批单位报中国气象局备案。

第十条　申请新建、迁移气象观测站,由审批单位组织技术审查、现场核查。

申请撤销国家级管理的气象观测站,由中国气象局观测业务主管职能司组织技术审查,视情况组织现场核查。申请撤销省级管理的气象观测站,由气象观测站所在地的省(区、市)气象局组织技术审查,视情况组织现场核查。

第十一条 技术审查可由受委托的业务单位承担。业务单位在收到技术审查任务后应在 20 个工作日内(不含现场踏勘)完成,并向审批单位提交技术审查意见(格式详见附件 3)。

第十二条 审批单位依据申请材料、现场核查报告、专家论证意见、技术审查意见等,作出批复决定。

第十三条 批复同意新建、迁移气象观测站后,应在批复之日起 3 年内完成建设和业务验收。未按期完成建设工作,应重新申请报批。

第四章 建设与实施

第十四条 迁移国家级管理的气象观测站,遵循"先建后迁"的原则。在批复同意前,一般不得在新建、迁移的拟选站址建设办公楼、业务楼。

第十五条 申请新建、迁移国家级管理的气象观测站,在审批单位批复同意后,应在规定时限内按照规划和布局设计完成建设,办理不动产权证,编制气象探测环境保护专项规划并颁布实施。

新址内部建筑物布局应符合气象设施和气象探测环境保护要求。

第十六条 现址仪器设备需要搬迁到新址的,为避免对业务运行造成影响,搬迁实施前建设单位应制定仪器设备搬迁、观测业务应急方案等,报审批单位观测业务主管职能部门备案。

第十七条 观测仪器设备和业务系统在新址安装调试完成后,建设单位应按建设标准和技术要求及时组织现场测试或业务试运行。新建仪器设备须开展试运行,试运行的时间不得少于 1

个月,各项技术参数稳定后开展观测业务。搬迁仪器设备须开展现场测试,现场测试通过后开展观测业务。

第五章　验收与启用

第十八条　新建、迁移气象观测站的申请单位,在新址的观测仪器设备及业务系统试运行合格或现场测试通过后,向审批单位申请业务验收。

申请业务验收时,应提交《业务验收申请表》(附件4)。

第十九条　中国气象局观测业务主管职能司、省(区、市)气象局可委托相关单位完成业务验收。

第二十条　新址业务验收的主要内容包括:

(一)新址气象探测环境是否与申请时一致或更优;

(二)建设内容、规模和建筑物布局与申报材料是否一致;

(三)观测仪器设备及设施是否符合要求并能正常运行;

(四)供水、供电、交通、通信等配套工程及其他附属基础设施是否能满足业务需求;

(五)是否完成不动产权证办理;

(六)是否完成《气象设施和气象探测环境保护专项规划》编制并颁布实施;

(七)新址观测场或仪器设备的经度、纬度和海拔高度等地理信息是否符合站点信息测量要求。

第二十一条　新址业务验收采用现场验收方式进行。验收过程中应将专家组验收有关情况和意见填写至《气象观测站新址验收表》(附件5,验收标准详见附件6)并提交审批单位。

第二十二条　新址建设完成并业务验收通过方可申请启用。国家级管理的气象观测站由省(区、市)气象局向中国气象局观测业务主管职能司申请新址启用,省级管理的气象观测站由市(地、州、盟)气象局向省(区、市)气象局申请新址启用(具体要求详见附件7)。

中国气象局观测业务主管职能司在每年11月30日之前受理下一年度国家级管理的气象观测站新址启用申请。省级管理的气象观测站新址启用申请时间由省(区、市)气象局制定。

第二十三条 国家气候观象台、国家基准气候站、国家基本气象站、国家气象观测站的新址启用时间为业务验收合格的次年1月1日。其他气象观测站新址的正式启用时间遵从相关业务规定。

第六章 对比观测

第二十四条 迁移国家气候观象台、国家基准气候站、国家基本气象站、国家气象观测站,须在新址和原址之间进行至少1年连续无间断的对比观测。对比观测通常在批复迁移后进行,自次年1月1日开始。

对比观测必须在新址和原址观测场内进行。对比观测的仪器设备为自动气象站,对比观测要素为气压、空气温度、空气湿度、风向、风速、降水、地温。

因遭受严重自然灾害原址无法正常开展观测业务的,经审批单位同意后可不进行对比观测。

第二十五条 站址迁移对比观测资料的管理包括分析报送、审查归档两个阶段。

(一)分析报送由省(区、市)气象局负责。在完成对比观测的次年3月31日前,完成新址、原址对比观测资料的审查和分析,形成《站址迁移对比分析报告》,并将经过审查的《站址迁移对比分析报告》和对比观测期间所有资料作为气象档案永久保存,并报送国家级气象信息业务单位(具体要求详见附件8);

（二）审查归档由国家级气象信息业务单位和国家级气象探测业务单位负责。省（区、市）气象局要根据审查意见进行修改完善。国家级气象信息业务单位应在每年 6 月 30 日前，将资料分析报送和审查归档等情况报送中国气象局资料业务主管职能司。

第二十六条　申请迁移国家级管理的气象观测站，在新址启用和对比观测完成之前，必须严格保护原址的气象探测环境。新址启用并完成对比观测后，方可改变原址用途。

第七章　附　则

第二十七条　凡违反本规定，隐瞒不报、申报不实或越权审批的，追究有关人员的责任。

第二十八条　本规定由中国气象局观测业务主管职能司负责解释。

第二十九条　本规定自 2020 年 6 月 1 日起施行。

原《国家级地面气象观测站迁建撤暂行规定》（气发〔2012〕93 号）、《天气雷达站迁移暂行规定》（气测函〔2013〕254 号）、《观测司关于做好新迁建国家级地面气象观测站验收有关工作的通知》（气测函〔2014〕114 号）同时废止。

此前其他文件或规章相关内容凡与本规定不一致的，均以本规定为准。

其他未尽事宜，参照本规定执行。

附件：1. 申请文件（略）

　　　2. 站址选址报告书（略）

　　　3. 技术审查意见（略）

　　　4. 业务验收申请表（略）

　　　5. 气象观测站新址验收表（略）

6. 新建迁移气象观测站站址业务验收标准与方法（略）
7. 气象观测站启用新址申报材料要求（略）
8. 站址迁移对比分析报告（略）

气象部门机关公务用车管理办法

(气发〔2020〕58号)
2020年6月17日

第一章 总 则

第一条 为进一步规范气象部门机关公务用车管理,有效保障公务活动,促进党风廉政建设和节约型机关建设,巩固公务用车制度改革成果,根据《党政机关厉行节约反对浪费条例》(中发〔2013〕13号)、《党政机关公务用车管理办法》(中办发〔2017〕71号)和《中央国家机关所属垂直管理机构派出机构公务用车管理办法(试行)》(国管资〔2019〕372号)等有关规定,结合气象部门实际,制定本办法。

第二条 本办法适用于中国气象局机关和各省(区、市)、计划单列市气象局机关。各直属单位参照本办法执行。

第三条 本办法所称公务用车,是指用于定向保障公务活动的机动车辆,包括主要负责人用车、机要通信用车、应急保障用车、特种专业技术用车、离退休干部服务用车和其他经审批配备的公务用车。

主要负责人用车是指车改后各省(区、市)、计划单列市气象局主要负责人选择的以保留公务用车方式保障公务出行的机动车辆。

机要通信用车是指用于传递、运送机要文件和涉密载体的机动车辆。

应急保障用车是指用于处理突发事件、抢险救灾或者其他紧急公务的机动车辆。

特种专业技术用车是指固定搭载专业技术设备、用于执行特殊工作任务的机动车辆。

离退休干部服务用车是指用于为离退休干部服务的机动车辆。

其他公务用车是指车改后经审批保留的上述用车之外的车辆。

第四条 公务用车管理遵循统一管理、定向保障、经济适用、节能环保的原则,实行统一制度规范、分级分类管理。

中国气象局办公室负责整体组织协调、制度修订、编制管理、车辆更新、监督检查等工作;计财司负责车辆更新预算批复、车辆资产数据统计等工作;各省(区、市)、计划单列市气象局负责本单位公务用车的日常管理、相关数据填报及所属三四级单位公务用车的监督检查。

第二章 编制和标准管理

第五条 公务用车实行编制管理,车辆编制根据机构设置、人员编制和工作需要等因素,由中国气象局公务用车制度改革工作组办公室审核并报国管局批准、备案。已完成车改的单位车辆编制数量为车改批复保留的公车数量。

第六条 各单位因新设立或者人员编制、工作职责增加,确需核增车辆编制的,可向中国气象局办公室提出申请,经中国气象局办公室商相关部门，上报国管局批准。

　　第七条　配备及更新公务用车标准：机要通信用车配备价格12万元以内、排气量1.6升（含）以下的轿车或者其他小型客车。应急保障用车和其他按照规定配备的公务用车配备价格18万元以内、排气量1.8升（含）以下的轿车或者其他小型客车，确因情况特殊，经严格审批后，可适当配备价格25万元以内、排气量3.0升（含）以下的其他小型客车、中型客车或者价格45万元以内的大型客车。新能源轿车配备价格在18万元以内。特种专业技术用车配备按照保障工作需要、厉行节约的原则确定。

第三章　使用管理

　　第八条　各单位公务出行应当坚持社会化、向社会购买服务的方向；公务用车运行费应严格按照"三公"经费的预算执行，不得超预算和无预算列支，不得转嫁、隐匿公务用车运行费。

　　第九条　加强公务用车使用管理，严格按照有关规定使用公务用车，严禁公车私用、私车公养，不得既领取公务交通补贴又违规使用公务用车。越野车不得作为领导干部固定用车。

　　第十条　健全公务用车使用管理制度，严格执行，加强监督，降低运行成本。

　　（一）各单位综合管理部门对公务用车进行集中统一管理，统一调度。公务用车使用实行派车单制度，用车人、用车时间、事由、地点、里程等信息应准确登记；

　　（二）实行公务用车保险、维修、加油政府集中采购和定点保险、定点维修、"一车一卡"加油制度，健全公务用车油耗、运行费用单车核算和年度绩效评价制度；

　　（三）严格执行回单位或指定地点停放制度，节假日期间除特殊工作需要外，应当封存停驶；

(四)严格公务用车使用范围,未经批准不得在使用过程中随意变更行驶线路。除专职驾驶员外,其他人员未经批准不得驾驶公务用车;

(五)减少公务用车长途行驶。外事接待、会议和集体活动用车主要通过社会租赁方式解决。车辆租赁按照简约适度原则并据实签订合同;

(六)建立完善应急保障用车、机要通信用车等公务用车的使用管理细则,详细规定使用范围、审批流程及派车单等相关内容。

第十一条 加强交通安全管理,定期对驾驶员开展交通法规及文明行车等的宣传教育,压减一般交通事故和交通违法行为,杜绝重大交通责任事故,及时了解驾驶员的思想状况和健康状况,消除交通安全隐患。

第十二条 推行公务用车信息化管理,提高管理效能并在一定范围内进行公示。按属地化原则统一公务用车标识。

第四章 车辆管理

第十三条 建立公务用车管理台账,加强证照档案的保存和管理。

(一)车辆基本信息档案。建立一车一档,将车辆号牌、购置时间、车型等原始信息、年检情况、年度里程、历次车辆维修与保养情况、维修与保养地点、车况性能等实时登记;

(二)车辆运行费用档案。按月或季度对车辆行驶里程、油耗、过路过桥、保险、维修等费用进行登记,定期分析,有效控制各类费用;

(三)车辆运行台账。对车辆出行时间、地点、行驶里程进行登记。

第十四条 公务用车更新和处置。公务用车使用年限超过8

年的可以更新,达到更新年限仍能继续使用的,应当继续使用。严格执行处置一辆、更新一辆的原则。

在京单位更新车辆须向中国气象局办公室提出申请,经审核后,按照财务管理有关规定及旧车处置要求取得相关文件,由中国气象局办公室向国管局报批后,凭用车指标批复按照政府采购有关规定购置车辆。

京外单位更新车辆须向中国气象局办公室提出申请,经审批后,按照财务管理有关规定及属地公务用车管理相关政策要求办理车辆处置、注册登记和购置等手续,其中,确因工作需要超出规定标准配车或者配置越野车(含SUV)的,由中国气象局办公室核定后报国管局备案。

配备更新公务用车涉及预算管理、资产管理相关事宜的,应当按照有关规定办理。

第十五条　加强公务用车统计数据分析,按要求编制本单位及所属三四级单位年度公务用车管理情况统计报告。

第五章　监督问责

第十六条　严格执行公务用车配备使用管理各项规定,有下列情形之一的,依纪依法追究相关人员责任:

(一)未经批准,超编制、超标准配备公务用车的;

(二)违反规定将公务用车登记在下属单位、企业或者个人名下的;

(三)公车私用、私车公养,或者既领取公务交通补贴又违规使用公务用车的;

(四)换用、借用、占用下属单位或者其他单位和个人的车辆,或者擅自接受企事业单位和个人赠送车辆的;

(五)挪用或者固定给个人使用执法执勤、机要通信等公务用车的；

（六）为公务用车增加高档配置或者豪华内饰的；

（七）在车辆维修等费用中虚列名目或者夹带其他费用，为非本单位车辆报销运行维护费用的；

（八）违规处置公务用车的；

（九）有其他违反公务用车配备使用管理规定行为的。

第六章　附　则

第十七条　本办法由中国气象局办公室负责解释，并根据国家新的规定及时修订完善。

第十八条　各省（区、市）、计划单列市气象局、各直属单位应当根据本办法，结合自身实际，并参考地方政府相关规定，制定公务用车管理细则。

第十九条　本办法自公布之日起执行，原《气象部门机关公务用车管理办法》（气发〔2018〕33号）同时废止。

气象数据管理办法(试行)

(气发〔2020〕92号)
2020年10月10日

第一章 总 则

第一条 为进一步规范气象数据管理,加强气象数据资源整合,保障气象数据安全,促进气象数据开发利用,维护国家安全和社会公共利益,依据《中华人民共和国气象法》《中华人民共和国网络安全法》《中共中央 国务院关于构建更加完善的要素市场化配置体制机制的意见》《政务信息资源共享管理暂行办法》《科学数据管理办法》等,制定本办法。

第二条 气象部门组织开展的气象数据收集汇交、加工处理、保存使用、共享服务、安全监管等工作适用本办法。

第三条 本办法所称气象数据,是指通过观测监测、考察调查、收集交换、科学研究、试验开发、生产分析、授权管理等方式,获得的大气和空间天气科学技术领域的数字、文字、符号、图片和视音频等。

第四条 气象数据按照产生方式分为两类:

(一)原始数据,是指在观测监测、考察调查、科学研究、试验开

发过程中得到的原始记录,以及格式改变、质量控制、数据插补、单位换算、量度变换、统计计算、汇编整编等得到的气象数据;

(二)产品数据,是指原始数据经过反演、格点化、融合、分析同化、模拟计算、可视化等处理,得到的反演产品、融合产品、再分析产品。

第五条 气象数据管理遵循统筹管理、集约建设、统一出口、有序供给、充分利用、安全可控原则,提高气象数据质量和配置效率,保障气象数据依法有序流动,激发气象数据应用活力,促进气象数据高水平利用。

第六条 气象部门依法履行职责过程中获取的原始数据属于国有气象资源,其所有权归国家所有,气象部门依法依规对其进行管理和使用。

各级气象部门开展的气象数据相关活动应当遵守国家有关法律法规及气象部门规章,不得利用气象数据从事危害国家安全、社会公共利益和他人合法权益的违法违规活动。

第二章 职责与分工

第七条 中国气象局预报与网络司(以下简称预报司)是全国气象数据工作的职能管理部门,负责制定全国气象数据管理政策和标准规范,负责全国气象数据工作的规划实施、组织协调、监督审查和考核评价。

第八条 省(区、市)气象局负责落实全国气象数据管理政策和标准规范,负责本行政区域内气象数据工作规划实施、组织协调、监督审查和考核评价。具体承担本省气象数据工作的职能管理部门(以下简称省数据管理部门)由省(区、市)气象局确定。

第九条 国家气象信息中心统一负责全球、全国气象数据的收集、分类编目、存储管理、归档保存等工作;负责气象部门气象数据管理平台(以下简称数据平台)的设计、建设、运行、监控;向部门内单位和工作人员提供气象数据;在向政府、行业部门以及部门外从事公益性、非营利性活动的用户提供气象数据服务时,要确保气象数据服务合法合规。

各国家级直属单位负责做好本单位职责范围内气象数据的生产加工、准入退出、产权保护、整合汇交、安全保障等工作;有必要开展气象产品数据服务时,要合法合规。

第十条 省级气象信息中心统一负责本行政区域内气象数据的收集汇交、分类编目、存储管理、归档保存等工作;协助做好数据平台的建设、运行、监控;向部门内单位和工作人员提供气象数据;在向政府、行业部门以及部门外从事公益性活动的用户提供气象数据服务时,要确保气象数据服务合法合规。

省(区、市)气象局所属各单位负责做好本单位职责范围内气象数据的加工生产、准入退出、产权保护、整合汇交、安全保障等工作;有必要开展气象产品数据服务时,要合法合规。

第三章 收集与汇交

第十一条 气象数据收集汇交工作实行目录制管理,各级气象部门通过气象业务内网、数据平台、电子政务网和互联网等开展气象数据收集汇交工作,加强气象数据资源整合。

第十二条 国家级直属单位、省(区、市)气象局应当及时在数据平台中登记、编制、更新、维护气象数据资源目录,按规定期限和频率汇交气象数据。

其中,国家级直属单位直接汇交到国家级气象信息中心,省级及以下气象部门首先汇交到本省(区、市)气象信息中心,再由本省(区、市)气象信息中心汇交到国家级气象信息中心。

第十三条 国家级直属单位、省(区、市)气象部门应当登记汇交以下气象数据：

（一）在气象探测活动中获得的原始数据；

（二）在气象业务技术工作中形成的产品数据；

（三）利用气象部门公共资源收集、使用财政性预算资金获取、通过数据交换等方式获得的部门外和国外气象数据；

（四）财政性预算资金资助的各级工程项目、科技计划、专项、基金等形成的气象数据；

（五）依托中国气象局气象观测站、野外科学试验基地等形成的气象数据；

（六）按照国家和中国气象局有关规定应当汇交的其他气象数据。

第十四条 国家级、省级气象信息中心应当及时整理维护各级气象部门编制更新的气象数据资源目录，做好基于气象数据资源目录的气象数据汇交监督、保障和分析评价工作，并向预报司和省数据管理部门备案。

第十五条 各级气象部门的业务建设与科研项目所产生的气象数据应当登记汇交，未完成登记汇交不得验收。

项目验收后产生的气象数据也应当汇交。

第十六条 各级气象部门应当积极支持发展社会气象观测和志愿者气象观测，鼓励其他单位、机构、组织和个人向气象部门登记汇交产权清晰、准确完整、有应用价值的气象数据。

国家级、省级气象信息中心应当建立健全部门外气象数据的收集汇交机制，明确数据收集汇交的程序、方式和基本要求，为数据提供安全保障，从气象数据使用、服务收益和用户信用评价等方面采取激励措施。

第十七条 气象部门通过财政性预算资金获得的气象数据归气象部门共同使用，产生的收益，按照国家有关规定执行。

对于其他单位、机构、组织或个人向气象部门汇交的气象数据,按照其汇交数据时的协议条件使用。

第四章 保存与使用

第十八条 中国气象局按照以数据为中心的"云＋端"业务技术体制,对气象数据进行集约存储管理。

国家级、省级气象信息中心应当对收集和管理的气象数据进行整理加工、质量控制,分类分级存储在数据平台,及时整理更新气象数据资源清单。

各级气象部门要充分使用数据平台中的数据开展业务和科研工作,其中,业务工作依托数据平台的业务环境开展,科研开发工作在数据平台的中试环境中进行,不得另行建设独立的数据平台或数据库存储气象数据。

第十九条 产品数据进入业务应用前,研制单位应当按中国气象局有关规定申请并通过业务准入。

国家级、省级气象信息中心优先保障通过业务准入的产品数据业务化运行所需的数据、存储、计算资源。

第二十条 各级气象部门应当根据工作需求获取和使用数据平台管理的气象数据。另有协议约定的,遵其约定。

任何单位和个人,未经允许,不得将所获取的气象数据以转发、转让、出售等方式对外披露,或用于气象业务、科研开发以外的其他用途。

第二十一条 气象部门及其工作人员需向气象信息中心实名申请开通数据使用账户,并签订使用协议后,方可使用气象数据。

数据使用账户由气象信息中心管理。其中,国家级气象信息中心负责管理中国气象局内设机构、国家级直属单位的数据使用账户,省级气象信息中心负责管理本行政区域内气象部门的数据使用账户。

第二十二条　数据使用账户包括业务账户和个人账户,业务账户在数据平台的业务环境中使用,个人账户在数据平台的中试环境中使用。

(一)业务账户是支撑应用系统业务运行的专用账户,不得用于其他系统、其他用途。业务账户由各单位(一般为处级,县级气象局除外)申请开通,每个通过业务化评审的应用系统最多可开通一个业务账户,账户的直接责任人由申请单位确定,申请单位的主要负责人承担监管责任;

(二)气象部门工作人员根据工作需要,经所在单位审核同意后,实名申请开通个人账户。其中,气象部门正式职工开通个人账户的,本人为账户直接责任人,所在单位主要负责人承担监管责任;气象部门的访问学者、在读学生开通个人账户的,本人及其导师为账户直接责任人,导师所在单位主要负责人承担监管责任;外协开发人员开通个人账户的,本人及负责该开发任务的气象部门工作人员为账户直接责任人,该工作人员所在单位主要负责人承担监管责任。个人账户只能由申请人本人使用,不得转借他人。

第二十三条　发生下列情形之一时,直接责任人应当于5个工作日内,经所在单位审核后,向本级气象信息中心提出数据使用账户的变更或注销申请;直接责任人没有或者无法正常履责的,该申请由其所在单位主要负责人提出。气象信息中心应当在收到申请之日起3个工作日内完成审核和处置,并告知所在单位及相关责任人。

(一)业务应用系统变更或退出业务运行的;

(二)直接责任人更换的;

(三)数据使用账户存在安全风险的。

第二十四条　鼓励各级气象部门根据工作需求,联合部门内外有关单位、机构、组织和个人探索建立统一的数据标准规范,充分利用气象数据以及社会数据资源开展应用技术研究和产品数据开发,全面提升气象数据价值。

第二十五条 开展气象产品数据服务的单位应当建立气象数据成果评估认证机制,依据市场规则明确评估认证的标准、程序、方法和结果运用等内容,加强数据成果产权保护和安全保障,激励各类市场主体在不危害国家安全、社会公共利益、他人合法权益的前提下,自愿将其成果纳入气象数据评估认证管理。

其中,已通过业务准入的产品数据,视同通过气象数据成果评估认证,开展气象产品数据服务的单位应当在气象数据服务中明确标识并优先推广。

第五章 共享与服务

第二十六条 对于国家安全、公共安全、国防建设、防灾减灾等需要使用气象数据的,各级气象部门应当在确保数据安全和数据质量的前提下,优先通过提供产品数据和服务等方式充分保障。

第二十七条 对于各级政务部门履行行政管理职能时需要使用气象数据的,各级气象部门应当按照国务院《政务信息资源共享管理暂行办法》规定的方式和内容开展数据共享交换;超出规定范围的,应当以保障国家安全和数据安全为原则,与相关政务部门协商交换数据内容,签订数据交换共享协议,由本级气象信息中心按照协议开展数据交换共享工作。

第二十八条 对于其他单位、机构、组织和个人需要使用气象数据的,气象部门按照"依法开放、安全有序、高效公平"的原则实行目录制管理服务,确保气象数据安全和有序流动,提高气象数据质量、规范性和权威性,丰富产品数据内容。

(一)法律、法规、规章以及国家规定要求开放的,纳入目录;

(二)法律、法规、规章以及国家规定未明确规定的,确保安全后有序纳入目录;

(三)法律、法规、规章以及国家规定禁止开放的,不得纳入目录。

第二十九条 预报司根据目录管理服务原则,组织编制全国基本气象资料和产品共享目录,省(区、市)气象局在此基础上组织编制本地区补充目录。全国基本气象资料和产品共享目录及补充目录实行年度动态调整。

预报司、省数据管理部门负责组建本级共享目录安全审查专家委员会。全国基本气象资料和产品共享目录及补充目录公开发布前,应当通过本级共享目录安全审查专家委员会审查。

通过共享目录安全审查专家委员会审查的补充目录,应当报预报司备案。

第三十条 对于公益性、非营利的科学研究、教育培训、宣传科普、业务建设等需要使用气象数据的,由气象信息中心提供。可提供的气象数据包括:

(一)基本气象资料和产品共享目录及补充目录所列气象数据;

(二)全国下发的和通过本级业务准入的产品数据;

(三)根据部门外汇交数据时签订的协议,可以进行开放共享的气象数据。

第三十一条 对于经营性活动需要使用气象数据的,由开展气象产品数据服务的单位提供。可提供的气象数据包括:

(一)基本气象资料和产品共享目录及补充目录所列气象数据;

(二)纳入本级气象数据评估认证管理的产品数据。

第三十二条 在接受用户的数据申请时,气象信息中心和开展气象产品数据服务的单位应当要求用户提交所需气象数据的用途、类别、范围、数量以及是否涉外使用等内容的证明文件,提供真实准确的身份信息并及时更新。

第三十三条 国家级、省级气象信息中心和开展气象产品数据服务的单位向用户提供气象数据时，应当明确以下内容：

（一）遵守国家法律法规、规章制定以及公序良俗，不得使用气象数据从事危害国家安全、社会公共利益或他人合法权益的活动；

（二）不得用于协议或合同约定之外的其他用途，不得将获取的气象数据有偿或无偿转让第三方；

（三）遵守知识产权相关规定，在论文发表、专利申请、专著出版、软件著作权申请等工作中，注明使用和参考引用数据的相关信息，及时反馈数据使用情况、应用效益和意见建议。

第三十四条 中国气象局采用气象数字资源唯一标识符（以下简称标识符）技术对共享服务中使用的气象数据进行注册、解析、溯源管理，促进气象数据产权保护，推动气象数据有序流动和依法依规使用。

预报司负责全国范围内气象信息领域标识符工作的统筹管理，省数据管理部门负责本行政区内气象信息领域标识符工作的管理。

第三十五条 气象部门通过标识符管理平台实现标识符的注册解析和全网溯源，以及气象数据的安全审查。国家级气象信息中心负责标识符管理平台的建设、运行和维护。

国家级、省级气象信息中心和开展气象产品数据服务的单位、省（区、市）气象局向本办法第三十条、三十一条规定的用户提供气象数据时，应当先通过标识符管理平台申请并获取标识符后，方可向用户提供气象数据和对应的标识符。

预报司、省数据管理部门应当定期对标识符管理平台的标识符进行审核评估，根据结果对有关单位和个人进行相应处置。

未获取标识符的，不得开展气象数据共享和服务活动。

第三十六条 因特殊原因确需提供超出前款规定范围且非涉密气象数据的，国家级、省级气象信息中心或开展气象产品数据服务的单位应当提出初审意见,报本级数据管理部门审核;涉及原始数据的,报预报司审核。审核通过后,方可获取标识符,并提供使用。

第三十七条 基于标识符建立数据用户信用评价和监督机制,由第三方独立机构,定期评价数据用户使用气象数据有关情况,形成数据用户信用记录。

第三十八条 国家级、省级气象信息中心应当定期汇总分析气象部门各单位使用数据情况,编制和发布气象数据应用情况分析报告。

国家级、省级气象信息中心和开展气象产品数据服务的单位应当定期整理汇总本单位(本地区)气象数据共享和服务情况,由第三方独立机构定期编制和发布全国气象数据共享服务效益评估报告。

第六章 安全与监管

第三十九条 气象数据安全是网络安全的重要组成部分,各级气象部门应当将气象数据安全管理经费纳入年度预算,按照《中国气象局网络安全管理办法(试行)》有关规定,将气象数据安全工作纳入本部门(本地区)年度工作考核评价,重点对数据使用、共享与服务、安全审查等开展考核。考核结果作为对各级气象部门领导班子和有关领导干部综合考核评价的重要内容。

第四十条 中国气象局按照国家有关规定建立重要气象数据保护机制,对列入目录的气象数据进行重点保护。

预报司应当根据气象数据在经济、社会发展中的重要程度,以及一旦遭到篡改、破坏、泄露或者非法获取、非法利用,对国家安全、公共利益或者公民、组织合法权益造成的危害程度,确定中国气象局的重要气象数据保护目录;省(区、市)气象局应当在此基础上,结合本单位实际确定本地区的重要气象数据保护目录,报预报司审核和备案。

第四十一条 各级气象部门根据工作需要,向本级气象信息中心申请使用重要气象数据。重要气象数据保管和使用的安全责任人由申请单位确定,申请单位的主要负责人承担监管责任。

国家级、省级气象信息中心、重要气象数据使用单位应当对其数据活动定期开展风险评估,并向数据管理部门报送风险评估报告。其中,国家级直属单位向预报司报送,省(区、市)气象部门向本省数据管理部门报送。

风险评估报告应当包括本单位掌握的重要气象数据种类、数量,收集获取、存储管理、加工使用数据的情况,面临的数据风险及其应对措施。

第四十二条 中国气象局建立气象数据安全应急处置机制。各级气象部门应当制订数据安全防护计划和数据安全应急预案,当发现数据安全风险明显加大,或发生数据泄露、非授权下载拷贝、毁损丢失等安全事件时,有关部门应当启动应急预案,采取相应的应急处置措施,消除安全隐患,防止危害扩大,并及时向相关用户发布警示信息,应急处置工作结束后向数据管理部门报告。其中,国家级直属单位向预报司报告,省(区、市)气象部门向本省数据管理部门报告。

第四十三条 中国气象局建立气象数据安全审查制度。各级气象部门应当加强对气象数据收集、存储、加工、使用、共享服务等活动的风险监测,当发现数据安全风险或者发生的数据安全事件影响或者可能影响国家安全时,并及时向数据管理部门报告。数据管理部门应当依法、及时进行安全审查,作出安全审查决定并告知有关单位。其中,国家级直属单位向预报司报告,省(区、市)气象部门向本省数据管理部门报告。

第四十四条 国家级、省级气象信息中心应当按照有关标准规范,对气象部门通信网络、互联网出口、数据存储平台、应用系统、用户终端、USB端口等进行安全管理,监控记录数据下载、拷贝、传出等情况,及时发现并制止异常数据流出。

第四十五条 国家级、省级气象信息中心应当监控数据使用账户使用情况和评估数据账户安全风险,可以视情况及时采取询问提醒、调整账户权限、暂停账户使用、注销账户等应急处置措施,并定期将数据使用账户管理情况形成报告报本级数据管理部门。

第四十六条 国家级、省级气象信息中心和开展气象产品数据服务的单位应当建立覆盖数据生命周期的气象数据产权与安全保护机制,完善数据分级分类、数据产权标注、下载认证与授权、安全保密审查、权限控制、身份识别、行为监控与追溯、黑名单等管理措施;对融入数据平台的应用端,应当明确数据安全要求和责任,督促监督应用端管理者加强数据安全管理。

第四十七条 各级气象部门应当在重要时间节点、重大气象服务保障前定期开展数据安全自查,及时整改,消除安全隐患。发生下列任一情况,相关气象部门应当立即进行数据安全自查:

(一)发生数据安全事件后;

(二)收到转交线索或举报投诉的;

(三)被数据管理部门通报的;

(四)发现数据安全风险明显加大的;

(五)其他认为应当进行数据安全自查的情形。

第四十八条 预报司定期组织开展数据安全检查评估。存在数据安全风险隐患的单位,应当及时进行整改,直至符合有关法律、法规、部门规章和技术标准;涉及数据用户的,气象信息中心、开展气象数据服务的单位应当督促用户整改。

第四十九条 为履行维护国家安全、社会管理等职责需要,数据管理部门要求气象信息中心、开展气象产品数据服务的单位或者其他有关单位提供掌握的相关信息时,有关单位应当配合和提供完整、真实、可靠的信息。

第五十条 对违反本办法规定的行为,任何组织、机构和个人有权向气象部门举报投诉。中国气象局、省(区、市)气象局的官网、数据平台应当公布举报投诉的受理范围、渠道、处理时限等信息。

第七章 奖励与处罚

第五十一条 各级气象部门的工作人员在数据管理、数据保护、数据安全防护技术研发等工作中表现突出的,同等条件下在有关表彰奖励工作中可优先予以推荐。

第五十二条 各级气象部门工作人员违反本办法规定的,视情节和危害后果,由有管理权限的部门追究直接责任人、所在单位分管领导、所在单位主要负责人,直至监督管理单位工作人员责任。其中:

(一)对各级气象部门相关责任人追究责任但不涉及行政处分的,由数据管理部门依据本办法办理;

(二)涉及行政处分的,依照《行政机关公务员处分条例》《事业单位人员处分暂行规定》的有关规定办理;

(三)违反法律法规的,依法追究责任。

第五十三条 出现下列情形之一的,数据管理部门对直接责任人进行提醒并责令其整改;拒绝整改或者整改后仍未达标的,数据管理部门对负有责任的领导人员进行警示约谈;情节较重的,数据管理部门对责任单位、直接责任人进行通报批评,并给予限制使用业务资源、暂停或者注销数据使用账户、暂停或者停止相关业务等处理:

(一)未按照本办法要求汇交数据的;

(二)另行建设独立数据平台或数据库存储气象数据的;

（三）为未汇交数据的业务验收、项目验收提供便利条件的；

（四）未按照本办法要求实施数据使用账户管理的；

（五）弄虚作假，妨碍数据管理部门开展工作的；

（六）未响应收到的举报投诉的；

（七）未及时处置、报告数据安全事件的。

第五十四条 出现下列情形之一的，由相关部门按照干部管理权限和有关规定，视情节，给予相关责任人组织处理或纪律处分，对负有责任的领导人员和直接责任人进行通报批评；同时数据管理部门给予限制使用业务资源、暂停或者注销数据使用账户、暂停或者停止相关业务等处理：

（一）向未签订数据使用协议的用户提供气象数据的；

（二）伪造标识符的；

（三）提供和使用气象数据时，损害他人合法权益的；

（四）窃取气象数据的；

（五）泄露数据安全监控记录、用户使用数据记录、用户信用信息的；

（六）造成气象数据安全事件的。

第五十五条 出现下列情形之一的，视情节，由相关部门按照干部管理权限和有关规定，给予相关责任人组织处理或纪律处分；涉嫌犯罪的，移送司法机关依法追究刑事责任：

（一）危害国家安全、数据安全或者损害公共利益的；

（二）进行数据使用账户管理、数据用户申请审核、数据共享和服务、监督检查等工作时，索取或者收受他人财物或者谋取其他利益的。

第五十六条 出现下列情形之一的，国家级、省级气象信息中心、开展气象产品数据服务的单位对使用本单位提供的气象数据的用户进行提醒，责令其整改；拒绝整改或者整改后仍未达标的，视情节和危害后果，给予停止数据服务、暂时关停账户、注销账户、

列入黑名单;涉嫌犯罪的,移交司法机关依法追究刑事责任:

(一)使用气象数据时,损害国家安全、公共利益、他人合法权益的;

(二)以欺骗、贿赂等不正当手段获取,或者直接窃取气象数据的;

(三)未按照约定使用气象数据、标注说明气象数据来源的;

(四)擅自改变数据使用账户用途或转让第三方使用的;

(五)发生数据泄露、滥用事件,不能保障数据安全的;

(六)篡改、伪造气象数据或者标识符的。

第八章 附 则

第五十七条 国家级直属单位、省(区、市)气象局应当依据本办法,制定具体实施细则。

第五十八条 风云气象卫星数据管理工作,应当遵守《风云气象卫星数据管理办法(试行)》。

公众气象预报、灾害性天气警报和气象灾害预警信号等产品数据的提供与发布,按照《气象预报发布与传播管理办法》有关规定执行。

涉及国家秘密的气象数据的采集生产、加工整理、管理和使用,应当按照国家有关法律法规和中国气象局有关管理制度执行。

涉外气象数据管理工作,按照《涉外气象探测和资料管理办法》《涉外提供和使用气象资料审查管理规定》中的有关规定执行。

第五十九条 本办法由中国气象局预报与网络司负责解释。

第六十条 本办法自发布之日起施行。

气象部门国有资产配置管理办法

(气发〔2020〕97号)
2020年10月21日

第一章 总 则

第一条 为规范和加强气象部门国有资产配置(以下简称资产配置)管理,实现资产管理与预算管理相结合,提高资产配置的科学性,根据《中央行政事业单位国有资产配置管理办法》《中央行政事业单位资产配置计划管理暂行办法》等规定,结合气象部门实际,制定本办法。

第二条 本办法适用于纳入中央部门预算编制范围的气象部门各预算单位(以下简称各单位)。

第三条 本办法所称的资产配置是指各单位根据履行职能和事业发展需要、存量资产状况和财力情况等因素,通过调剂、租用、购置、建设、接受捐赠等方式配备资产的行为。

第四条 资产配置应当遵循资产功能、数量与单位职能相匹配,资产存量与增量相结合,厉行勤俭节约、讲求绩效和绿色环保的原则。

第五条 资产配置的资金来源包括财政拨款收入和其他各类

收入。

第六条 各单位通过租用、购置、建设等方式配置资产应当按规定编制年度新增资产配置计划及新增资产配置预算,按程序逐级审核报批。

纳入资产配置计划的资产类别,根据每年国家机关事务管理局(以下简称国管局)布置年度资产配置计划时明确的类别确定。纳入新增资产配置预算编制范围的资产类别,根据每年财政部布置年度部门预算时明确的类别确定。国家另有规定的从其规定。

第七条 各单位应当按照资产配置标准配置资产;暂时没有资产配置标准的,应当从严控制,避免浪费。

第二章 资产配置标准

第八条 资产配置标准是对各单位配置资产的品目、数量、价格、使用年限等指标的限额规定,是编报和审核新增资产配置预算、实施资产采购和监督检查的重要依据。

第九条 资产配置标准应当遵循保障履职需要、厉行节约和相对稳定的原则制定,并根据国家有关政策、社会经济发展水平、市场价格变化和技术进步等因素适时调整。

第十条 气象部门专用资产配置标准按照财政部会同中国气象局发布的配置标准执行。

第三章 资产配置方式

第十一条 各单位有以下情形之一,可以申请资产配置:

(一)现有资产无法满足履行职能需要的;
(二)资产处置后需要更新的;
(三)其他适用于资产配置的情形。

第十二条 资产配置主要包括调剂、租用、购置、建设、接受捐赠等方式。各单位在进行资产配置时,应当优先通过调剂方式解决。确实无法调剂的,应当本着控制成本、节约资金、方便使用的原则,对租用、购置、建设等方式进行综合分析和可行性论证,选择最优方式进行配置。

第十三条 调剂是指以无偿调入的方式配置资产的行为。资产配置能够通过调剂方式解决的,应当申请调剂。资产调剂由划出方单位根据国有资产处置管理有关规定执行。

第十四条 租用是指以一定费用取得资产使用权的方式配置资产的行为。资产租用应当遵循公开、公平、公正和市场化原则,遵守国家有关规定。各单位召开重大会议、举办大型活动及开展临时性工作等需要配置资产的,应当通过租用方式解决。

第十五条 购置是指以购买的方式配置资产的行为。对于资产处置后的更新申请,符合资产配置标准的,可优先予以安排;对于新增的资产购置申请,应当结合各单位资产存量和业务需要从严审核。

第十六条 建设是指以自建、自行研制等方式配置资产的行为。资产建设应当按照国家有关规定履行审批程序,重大事项应当经过可行性研究和集体决策。

第十七条 各单位通过接受捐赠的方式配置资产,应当符合《中华人民共和国公益事业捐赠法》的有关规定。

第四章 资产配置计划管理

第十八条 资产配置计划,是指各单位根据职能履行和事业发展需要,对保障公务活动所需的资产配置事项作出的年度安排,包括通用资产配置计划和专用资产配置计划。

中国气象局根据国管局的要求,每年第三季度结合气象部门管理实际布置下一年度资产配置计划编报工作,明确编报的内容和工作要求。

第十九条 资产配置计划管理应遵循原则性与灵活性相结合、计划与预算相结合的原则,实行统一规范、分级分类管理。

第二十条 中国气象局负责各二级预算单位的资产配置计划管理工作,各二级预算单位根据分级管理原则负责本级及所属单位资产配置计划管理工作。

第二十一条 通用资产配置计划报表应当包括以下内容:

(一)通用资产配置计划表。反映各类通用资产实有存量、拟处置数量、计划配置数量和金额、拟采购时间等情况;

(二)机构人员情况表。反映机构、人员和资产购置经费预算等情况;

(三)资产盘点情况报告。反映单位资产账实情况、资产处置情况和资产闲置等情况。

第二十二条 各单位应当在全面盘点资产的基础上,根据职能履行和事业发展需要,依据资产配置标准,综合考虑资产存量、增减变动和机构人员情况等因素,合理编制资产配置计划,做到数据准确、内容完整、报送及时。

第二十三条 中国气象局于次年第一季度前审核各二级预算单位资产配置计划并报送国管局。

第五章 资产配置预算申请、审核与批复

第二十四条 纳入财政部新增资产配置预算编制范围的资产配置,应当遵循"分级管理、逐级审核"的原则,按照气象部门预算管理规定的程序进行。

(一)单位申报。各单位应当根据业务需要、资产存量等情况以及资产配置标准,按要求编制新增资产配置相关预算,报上一级

预算单位进行审核。申报前,需开展如下工作:

1. 确认存量。各单位应根据行政事业单位资产管理信息系统核对现有资产情况,确认存量资产数据。

2. 严控增量。各单位应当根据资产配置计划编制新增资产配置预算。无配置标准的,要对资产配置的必要性、可行性进行充分论证,要详细说明资产配置的依据和理由。

(二)上级预算单位审核。上级预算单位应对下级预算单位存量资产信息的准确性、完整性以及资产配置需求的合理性、合规性进行审核,二级预算单位将审核结果报送中国气象局。审核时,严禁出现超配置标准、超编制配置或存在同类闲置资产仍申请新购等情况的发生;

(三)中国气象局审核。中国气象局根据有关规定对各二级预算单位报送的新增资产配置预算进行审核,并将新增资产配置预算报送财政部;

(四)中国气象局批复。财政部根据资产配置标准以及各单位的履职需要、资产存量与使用等情况,审核批复气象部门新增资产配置预算。中国气象局在收到财政部批复之日起15日内对二级预算单位的预算进行批复,并督促各二级预算单位及时批复下级单位预算。

第二十五条 各单位通过基本建设项目纳入新增资产配置预算编制范围的资产,应当申报新增资产配置预算。

第二十六条 各单位大型科研仪器设备配置的,要按照《中央级新购重大科研仪器设备查重评议管理办法》办理。

第六章 资产配置计划、预算执行与调整

第二十七条 各单位应当严格执行批复后的资产配置计划和新增资产配置预算。批复后的新增资产配置计划和预算,一般不

予调整。在执行中因新增内设机构和人员编制、承担专项工作等特殊原因确需调整的,应当按原报批程序批准后才能进行调整。

第二十八条　各单位因特殊原因需要追加新增资产配置预算的,应当在调整申请中说明追加资产的品目、数量、所需经费及其来源等理由。

第二十九条　各单位资产配置后应当按照资产管理规定及时验收、登记,建立资产卡片和资产账目,将资产的相关信息录入资产管理信息系统,并按照国有资产使用和处置管理等办法进行管理。

第三十条　各单位配置纳入政府采购范围的资产,应当按照政府采购有关法律法规及制度规定执行。

第七章　管理与监督

第三十一条　各单位应当加强资产配置管理和监督,建立健全监管机制,及时发现和纠正本单位资产配置管理中的各种违法、违规行为,提高资产配置效率。

第三十二条　中国气象局将对各二级预算单位新增资产配置预算、资产配置计划和资产管理情况进行考核,并将对各二级预算单位资产配置情况开展监督检查。存在以下情形的,财政部视情节轻重暂停或按一定比例核减其新增资产配置相关预算,中国气象局将对相关情况予以通报:

(一)未按规定报送资产配置计划以及资产配置预算的;
(二)报送虚假材料的;
(三)超标准配置资产的;
(四)超出新增资产配置计划以及资产配置预算配置资产的;
(五)存在闲置资产仍申请购置的。

第三十三条　各单位及其工作人员在资产配置过程中,存在违反本办法规定的行为,以及其他滥用职权、玩忽职守、徇私舞弊等违法违纪行为的,按照《中华人民共和国预算法》《中华人民共和国公务员法》《中华人民共和国监察法》《中华人民共和国财政违法行为处罚处分条例》等国家有关规定追究相应责任;涉嫌犯罪的,移送司法机关处理。

第八章 附 则

第三十四条 各单位资产配置管理情况应接受财政部、国管局及气象部门管理、监督机构的监督检查。

第三十五条 各单位办公设备、家具等通用资产配置标准按照财政部《中央行政事业单位通用办公设备配置家具配置标准》执行。

第三十六条 执行《民间非营利组织会计制度》的单位涉及国有资产配置的,参照本办法执行。执行企业财务和会计制度的单位涉及国有资产配置的,按企业国有资产管理的有关规定执行。

第三十七条 地方机构编制部门批准的地方气象事业机构,其资产配置管理按照当地有关部门规定执行。

第三十八条 各单位办公用房和业务用房配置管理按照国家有关规定执行。

第三十九条 公务用车的配置标准和管理按照《气象部门机关公务用车管理办法》执行。

第四十条 各单位可以根据本办法,结合本单位实际情况,制定资产配置管理细则。

第四十一条 涉及国家安全的国有资产配置,应当按照国家有关保密制度的规定,做好保密工作,防止失密泄密。

第四十二条 本办法由中国气象局计划财务司负责解释。

第四十三条 本办法自印发之日起施行。

高质量推进气象现代化建设行动计划(2021—2023年)

(气发〔2020〕101号)
2020年11月23日

为进一步学习贯彻党的十九届五中全会和习近平总书记关于气象工作的重要指示批示精神,加快推进气象现代化建设,特制定本行动计划。

一、总体要求

以习近平新时代中国特色社会主义思想和十九届五中全会精神为指导,以习近平总书记关于气象工作的指示批示为遵循,坚定不移贯彻创新、协调、绿色、开放、共享的新发展理念,紧扣气象服务国家服务人民和保障生命安全、生产发展、生活富裕、生态良好的新定位,瞄准加快建设气象强国,固根基、扬优势、补短板、强弱项,加快科技创新,进一步提升监测精密、预报精准、服务精细水平,筑牢气象防灾减灾第一道防线,推动建成适应需求、结构完善、功能先进、保障有力的现代气象业务体系,推动高水平高质量的气象现代化建设。

二、重点建设任务

(一)着力提高气象监测精密水平

通过加密地面观测站网密度、更新升级气象观测设备、弥补雷达观测盲区、提升气象卫星观测水平等措施,提升适应气象预报服务需求的综合气象观测能力,为预报精准、服务精细提供有力支撑,为推动气象事业高质量发展、加快建成气象强国夯实观测基础。

1. 加密地面观测站网

优化地面气象观测站网布局,优先补齐监测薄弱区域自动气象站的观测要素并结合服务需求提升密度。多渠道筹措经费,根据需要加快更新年代久、观测要素少、运行不稳定、数据质量差的省级地面气象观测站设备。升级国家级地面气象观测站设备,进一步提升地面气象观测自动化、智能化水平。全国超过50%自动气象站具备4要素以上观测能力,东中部省份80%以上自动气象站具备4要素以上观测能力,同时建立常态化设备更新机制。

2. 提升大气垂直观测能力

围绕预报需要,推动建立探测能力较强的风廓线雷达观测网,支撑数值模式性能改进及预报技巧提升。按照风廓线雷达布局指导意见,统筹中央和地方经费,东部灾害性天气频发省份按照平均站间距300公里的要求,新建以8公里探测高度为主的风廓线雷达,根据环境气象服务需要辅助加密建设3公里探测高度的风廓线雷达,并对运行不稳定、数据质量差的风廓线雷达进行大修升级。在全国大中型城市推广大城市试验成果,根据需要建设地基遥感大气垂直探测系统。研发北斗导航探空系统,逐步推进北斗体制探空系统升级换代。

3. 弥补雷达观测盲区

制定气象雷达专项规划,完善雷达型号布局,提高天气雷达覆盖率和技术性能,强化雷达数据共享。加快实施雷达工程,优先弥补重要流域、易灾偏远地区、灾害高影响地区的天气雷达观测盲区,增补S和X波段双偏振天气雷达,将部分C波段雷达升级至S波段雷达。全国天气雷达覆盖率(距地1公里高度)再提升约

5%。对运行不稳定、数据质量差的新一代天气雷达进行大修,同时根据业务需求实施双偏振升级。进一步完善新一代天气雷达观测业务规定,科学合理确定观测时间、观测模式,保证雷达稳定可靠运行,充分发挥建设效益。加强雷达布设规划阶段的跨部门协商,加强跨部门雷达数据共享及应用。

4. 强化气象卫星观测及应用

加强气象卫星工程组织管理,继续发展第二代风云业务卫星,有序推进风云三号03批、风云02批卫星研制和发射,同步推进风云四号微波探测星立项和研制,加强气象卫星地面系统建设,提升风云卫星资料精度,可见和近红外定标精度分别达3%和0.3 K,定位精度优于1个像元。强化风云卫星数据接收和资料应用的风险分析及防范应对,以用户为中心,不断提升卫星资料在各主要业务和数值模式同化资料中的占比。优化完善省级遥感综合应用体系建设,加强遥感数据在防灾减灾救灾和生态环境气象中的应用。强化风云卫星数据全球监测应用,落实风云气象卫星国际服务计划,完成服务提升、数据共享和推广服务的任务。

5. 拓展地球气候系统多圈层观测领域

深化多圈层观测的顶层规划设计,加强开放合作,拓展观测领域并实施研究型业务。制定国家大气本底站和国家气候观象台的国家级规划方案,滚动更新省级建设方案,按照指导意见在3个以上气候系统关键观测区和典型气候区增补本底站和观象台。拓展大气、海洋、陆地、生态、冰雪等多圈层及相互作用观测能力,覆盖60%以上的基本气候变量(ECVs)。组织开展地面臭氧、臭氧垂直廓线以及影响臭氧生消发展的相关要素观测,遴选部分探空站开展臭氧探空。联合加强青藏高原野外观测科学试验基地建设。

6. 发展应用气象观测能力

聚焦国家战略和气象服务急迫需求,强化重点行业服务气象观测站网建设。按照《生态系统气象观测站网布局指南》,优先在我国"两屏三带"、国家重点生态功能区、生态保护红线等重点区域布局应用气象观测站（生态），建立地空天生态系统气象观测体系。推动国家应用气象观测站（农业）自动化改造。加强部门合作，完善高速公路、铁路及重要港口等交通气象观测网布局方案并实施。在雷电易发地区新建、更新闪电定位仪，云地闪监测率达到80%以上。

7. 提升观测装备性能与观测系统运行能力

发展智能化气象观测技术和装备。发展智能化、小型化、低功耗、高可靠性的新型地面气象观测装备并充分运用人工智能等新技术应用于气象要素判识和遥感图像识别。发展高精度传感器和大气成分观测装备，突破自主可控的核心技术，逐步实现国产化。开展双偏振相控阵天气雷达示范建设，增强对气象目标的检测、跟踪、识别性能。发展协同观测技术，在重点区域实现三维空间气象多要素自适应组网观测。

提升观测系统运行能力。持续提升综合气象观测业务运行信息化水平，形成上下统一、集综合气象观测实时业务运行系统和基础观测信息、业务运行质量信息管理系统于一体的业务平台。加强各类观测业务装备全生命周期管理，推进观测装备运行实时监控和评估，开展观测装备运行风险分析及防范应对。不断完善气象观测质量管理体系，强化质量管理体系文件与业务技术规范规章的有效衔接和实时联动。加快推动向以自动化观测为重点的考核转变，更好地发挥考核评价的导向作用。

（二）着力提高气象预报精准水平

集约发展数值预报模式，发展省级快速更新循环模式及其融合应用系统，构建无缝隙网格预报产品体系。强化多源观测资料和快速更新同化预报产品的综合应用，提高灾害性天气监测预警的精细化、精准化水平。利用人工智能和深度学习等新技术，提升气象监测预报分析平台的智能化、自动化水平。建立贯穿全业务链条的检验评估体系。

8. 集约发展数值预报模式

编制《数值预报业务发展规划（2021—2025年）》，改进GRAPES全球模式并发展气候模式，研发天气气候一体化的地球系统模式。改进GRAPES全球资料同化技术，建成模式层顶为0.1百帕、分辨率为13公里的全球中期数值预报业务系统和25公里的全球中期集合预报系统。研制空间分辨率为全球30公里、垂直70层的海—陆—冰—气耦合气候预测模式业务系统（BCC-CPS）。研制具有我国自主知识产权的高效率、高精度、高可扩展性的下一代地球系统数值预报模式框架。开展数值预报模式背景场、初始场数据对国外模式产品依赖的风险分析，提早采取防范应对措施。

统筹发展高分辨率区域模式。统筹发展GRAPES区域模式和华北、华东、华南区域模式，形成水平分辨率为1～3公里，逐1小时或3小时滚动更新的区域模式系统。区域数值天气模式降水预报准确率评分提高至0.12，建成重点区域3公里对流尺度集合预报系统。气候模式完成东亚地区15公里，全国5公里，关键区域1～3公里的国家级区域气候预测系统预测试验。

发展专业数值预报模式。持续发展台风模式，预报时效不少于7天，24小时路径预报平均误差保持在70公里以内，台风强度24小时预报误差降至5.0米/秒以内。建成覆盖全国9公里分辨率的环境气象数值预报系统，尝试开展气溶胶同化应用。初步建立全球/区域海洋气象预报模式系统，提升海洋气象预报水平。

强化省级监测预报预警快速融合更新能力提升。在有条件或灾害性天气频发、保障服务任务重的省份，发展高分辨率快速更新循环模式及其融合应用系统，提供公里至次公里尺度，0～12小时逐10分钟更新的精细化监测预报预警产品，并建立相应的检验评估业务。

9. 构建无缝隙网格预报产品体系

持续改进实况业务产品。持续完善全球、中国区域监测产品加工业务,建成大气、陆地和海洋关键气象要素实况数据分析系统,持续改进精准、稳定、快速更新的多源数据融合实况业务产品,全球业务产品空间分辨率达到10公里、6小时更新,中国区域业务产品空间分辨率达到1公里、10分钟更新。

提高网格预报精准度。国家级智能网格预报实现中国区域0~10天空间分辨率1公里,0~24小时时间分辨率1小时、逐1小时更新,1~10天时间分辨率3小时;11~30天基本气象要素和重要天气过程网格预报每日2次更新,空间分辨率为5公里。省级智能网格预报0~10天实现空间分辨率1公里,0~24小时时间分辨率1小时、逐1小时更新,1~10天时间分辨率3小时,部分省及关键区域0~12小时逐10分钟更新。省级24小时智能网格晴雨预报准确率达到88%,最高、最低气温预报准确率分别达到82%、85%。全球智能网格客观预报实现基本气象要素预报时效10天,空间分辨率10公里、时间分辨率3小时。

提高网格气候预测精准度。加强多圈层气候基本要素和副高、季风等关键环流系统以及ENSO等主要气候现象的实时监测业务能力建设,实现全国气候资源逐日、月、季、年动态监测评估。开展11~30天水平分辨率50公里/30公里、逐候滚动更新的全国/区域气温、降水候平均网格预测。建立11~30天50公里分辨率、逐旬更新的强降温、强降水、夏季高温、台风等重要过程预测。加强华南前汛期、梅汛期、华北雨季等主要雨季进程以及春季第一场透雨、春季连阴雨等高影响过程的气候监测预测。逐日更新未来3~10天逐3小时、11~30天逐日的中期和延伸期气候资源预报。气候预测准确率综合指标达到77分。

10. 提高灾害性天气监测预警水平

按照《短时临近天气业务规定》划分的灾害性天气监测责任

区、警戒区、监视区,充分利用各类观测资料,实时监测各类灾害性天气,国家级精细到县,省级精细到乡(镇、街道),对强降水、冰雹、雷暴大风等强对流天气的监测实现逐6分钟滚动更新。国家级实现根据灾害性天气变化及时发布预警信息,进一步提高灾害性天气预警信号空间分辨率,省级精细到县,东部省份精细到乡(镇、街道),市级精细到县或乡(镇、街道),县级精细到乡(镇、街道)。国家级实现1天8次滚动下发12小时内逐1小时强对流天气客观预报产品。省级实现0~2小时逐10分钟滚动更新的客观临近天气预报预警,市、县两级气象台发布更加精细的灾害监测预警。空间分辨率国家级和省级精细到5公里,站点精细到区域骨干站,市、县级精细到乡(镇、街道)。国家级24小时台风路径预报误差减小到68公里,暴雨24小时预报TS评分达到0.21或相对EC模式提高10%以上。暴雨(雪)预警信号准确率达到90%,强对流预警信号时间提前量达到39分钟。国家级在公众媒体发布全国范围精细化到市(或县)的气象灾害综合监测和24小时滚动预报等级图,省级在公众媒体或网上发布精细化到县(或乡)的气象灾害综合监测和24小时滚动预报等级图。

11. 完善预报业务平台支撑功能

建设智能、集约、协同、开放的综合监测预报预警平台。充分应用人工智能和深度学习等先进技术,提升海量气象基础数据以及客观预报产品在灾害性天气预报分析中的支撑能力、灾害性天气监测预报预警制作与发布效率、历史灾害性天气个例在实时天气预报场景中的辅助作用、基于天气学检验的客观预报产品智能推荐能力。建设智能化天气监视预警平台,实现灾害性天气、高影响天气的初生监测识别和实时预警。完善灾害性天气短时临近预警主客观融合预报系统,满足高频次滚动更新的短时临近预报需求。省级基于国家级平台框架结构,结合本地天气特点,建立本地特色的综合监测与预报预警平台。

改进升级 CIPAS,增强全球陆地、海洋、大气环流、高影响极端气候事件等多尺度要素精细化气候监测功能。集成延伸期次季节要素精细化网格预报、灾害性天气过程事件预报、动力与统计相结合气候预测、多模式集成等气候预测功能。研发国家级和省级一体化预测产品制作与实时综合检验功能。发展气候信息多维可视化分析、自动识别、图文产品生成、产品智能推荐等核心技术,形成国家级、省级气候监测、诊断、预测信息快速获取、智能加工处理和集成显示的新一代气候预测业务系统。

12. 提高预报质量检验评估能力

继续完善区域高分辨率数值模式检验评估系统。建立实况业务全流程检验评估业务。发展全流程全要素检验评估业务,建立 0~24 小时逐 1 小时、1~10 天逐 3 小时更新的降水、气温、风、相对湿度等全要素的客观预报检验业务。优化预警信号检验评估业务,建立能够综合反映准确率和时间提前量的指标体系。加强"全流程检验评估程序库"的建设,建立各类网格产品精细化质量监控体系。建立 50 公里(国家级)和 30 公里(区域级)分辨率、逐候滚动更新的全国气温、降水延伸期客观预报检验业务。建立精细到县、逐旬更新的强降温、强降水、夏季高温、台风等重要过程预测检验业务。

(三)着力提高气象服务精细水平

充分发挥气象防灾减灾第一道防线作用。强化精细化监测预报产品以及云计算、大数据、人工智能等信息技术在气象服务中的应用,发展智慧气象服务,提升气象服务产品制作自动化、服务智能化、信息发布精准化水平。

13. 发展影响预报和灾害预警业务

大力发展气象影响预报业务。省级开展"+气象"专业气象服务专项行动,推动气象服务与气象敏感行业深度融合,推进气象信息无缝嵌入用户决策指挥调度平台,基于精细化智能网格预报和影响指标模型,建立健全气象对高影响行业影响阈值指标或影响定量评估模型,为用户提供所需的气象影响预报,融入地方社会治理大数据管理系统,提高气象服务产品的针对性和实用性,为用户决策提供更好支撑。

完善气象灾害风险预警服务业务。开展台风、暴雨、干旱、高温、低温、大风、冰雹、雪灾、雷电等气象灾害的风险普查和区划,建立包括致灾因子、孕灾环境和承灾体等在内的气象防灾减灾大数据平台。基于气象灾害监测阈值指标和风险评估模型,逐步建立气象灾害风险预警业务,发布精细到县的全国气象灾害风险预警指导产品。省级开展精细到乡镇(街道)和重点隐患的中小河流洪水、山洪和地质灾害气象风险预警服务,提高中小河流洪水、山洪和地质灾害气象风险预警业务的精细化水平。

14. 提高气象服务产品的加工能力

强化气象服务产品的自动化制作。基于智能网格预报和各类监测信息,建立气象服务产品智能加工制作业务平台,通过大数据融合分析、智能图表绘制等人机交互功能,力争实现主要气象服务产品的自动化制作和按需一键式发布。

探索基于场景的智慧气象服务。建立基于互联网的用户行为和需求分析系统,根据用户查阅习惯,智能推送相关的气象服务产品。发展交通、旅游、健康、户外、运动等气象服务,满足不同用户多元化气象服务需求。大力发展网络定制气象服务。积极探索利用网络机器人自动应答开展定制气象服务。

15. 构建全媒体、广覆盖气象服务信息分发体系

增强公共媒体气象服务信息传播力度。建立健全与公共媒体的信息共享和信息传播机制,国家级实现中央级媒体有气象服务节目和栏目。各地要实现当地政府主管的广播电视频道有天气预报节目,政府网站有气象信息服务专栏,政府"两微一端"等新媒体服务平台能及时发布气象服务信息和气象灾害预警信息,不断提高公众媒体气象服务质量,丰富内容,稳定并增加频次和时间。推进气

象灾害红色预警信息发布"绿色通道"建设,实现对受影响区域公众的全网手机短信发布。加强防灾减灾等气象知识的科学普及工作。

强化全媒体精细服务能力。发展新媒体气象服务,依托手机气象 APP 为用户提供基于任意位置的气象服务。依托网站和手机,为社会公众提供 24 小时内逐 1 小时的精细化气象服务。改进电视气象服务,电视媒体实现每 3 小时精细化预报产品的动画展示和气象灾害落区预报的应用展示。加强中国天气网、世界气象中心(北京)网建设,扩大用户访问下载数量,提高全球服务能力。

完善国家突发预警信息发布体系。开发建设新一代国家突发事件预警信息发布系统。完善预警信息发布机制,实现各级国家突发事件预警信息发布系统与相关部门信息发布渠道、社会媒体的无缝对接,推进县级突发事件预警信息发布系统与国家应急广播的对接联通,通过"自己发、部门转、社会媒体播"三个渠道共同发力,逐步实现预警信息到村到户到人。基于气象灾害落区预报和气象防灾减灾大数据挖掘,发展面向特定人群的精准靶向预警发布业务,不断提高预警信息发布针对性。

16. 深化重点行业气象服务

优化农业气象服务供给。切实做好保障粮食安全气象服务,开展全国大宗作物公里级农业气候区划和主要农业气象灾害风险区划,建立大宗作物面积及长势遥感监测业务,强化气象条件对农业生产的影响研究,研发农业气象灾害和关键农时精细化服务产品,开展主要农业病虫害气象服务和主要农业气象灾害监测、影响预报、风险预估和农产品的气候品质评价服务。

构建大交通气象服务格局。助力交通强国建设,基于公路应急管理运行需求,联合公安、交通等部门研发能见度、暴雨、大风和冰雪等交通高影响天气预警产品,面向全国推广应用恶劣天气交通预警处置气象服务试点成果。强化气象数据与铁路运营调度数据的融合分析,研发铁路沿线大风、降雨、降雪、雷电等铁路气象灾害监测预警产品。组建长江航运气象服务联盟,建立完善长江航运气象风险预警服务实时业务,提高智慧航运气象服务的自动化、精细化和个性化水平。

强化海洋气象服务能力建设。建立远洋导航气象业务服务体系,提供远洋船舶气象保障服务。开展覆盖中国近海以及西北太平洋、北印度洋的海上丝路高影响天气预报和风险预警服务。做好责任海区气象灾害预报预警服务。加强港口气象保障服务。

服务国家能源战略安全。面向全球和我国可再生能源发展,研究"一带一路"区域陆地风能和太阳能资源、海上风能资源精细化评估技术和发电重大基础设施气象灾害风险评估技术。开发风能、太阳能资源监测、评价和预报系统。建立东南亚地区风电、太阳能发电气象服务平台。支撑我国新能源企业"走出去"战略,探索建立新能源开发利用的全链条气象服务机制。

17. 强化生态环境气象保障服务

建立国家级与省级协同的生态气象业务服务体系。保障国家生态安全,面向国家重点生态保护和修复工程建设需求,提升青藏高原区生态保护与恢复、黄河流域生态保护修复及水土流失治理、洞庭湖和鄱阳湖污染治理、京津冀地区水源涵养区生态保护修复、西南地区石漠化防治、东北地区森林生态系统保护修复气象保障服务能力。国家级开发全国及重点生态功能区月、季、年及以上时间尺度气象条件和气象灾害对不同生态系统质量影响的监测评估产品,省级根据服务需求做好监测评估产品的应用服务。

强化重点区域环境气象服务。助力深入打好污染防治攻坚战,提升多源卫星遥感产品在大气环境监测业务服务中的应用能力,气溶胶光学厚度及颗粒物卫星遥感产品空间分辨率达到2公里、时间分辨率1小时。提升臭氧污染气象条件监测预报能力,实现国、省大气污染气象条件月、季预测业务化。提升京津冀、长三角、汾渭平原、珠三角等重点区域大气污染气象条件评估能力,推进市级环境气象服务试点。

加强森林草原生态保障服务。建立草原和森林生态系统重大病虫害发生气象风险监测预测预警模型和风险预警指标，开展森林、草原多时效、多尺度的病虫害气象风险预警业务。推进森林草原防灭火气象服务，国家级开发基于火险指数、可燃物特征的3公里分辨率的森林草原火险监测预报模型，建立国家级和省级协同的森林草原火灾气象保障服务系统，研发0～15天森林草原火险逐日预报产品，24小时内逐小时火险监测预警。以东北林区为试点，开展森林资源及林场信息调查，建立森林火险风险区划，完成森林火险预报预警模型本地化应用、检验和评估，开展森林火险预报预警和火灾现场气象保障服务。

18. 提升人工影响天气服务能力

提高人工影响天气作业效率。依托气象综合观测网构建"天—空—地"云水资源立体监测示范系统，加强多源观测的云降水信息挖掘和应用开发，推进三维云场、云水场等云水资源特征量的精密监测。建立完善云和作业条件预报系统、催化作业模拟系统，提高云降水参数预报的精细化程度和作业条件预报的准确率。根据需求建立具有区域特色的人工影响天气研究试验示范基地，开展人工影响天气研究试验和关键技术攻关。面向水源涵养、植被恢复、森林防火和水库增蓄等不同目标保障区，实施科学精准的生态修复型人工增雨（雪）常态化作业。

发展人工影响天气先进作业装备。加强人工影响天气购置和重要装备部件进口风险影响分析，做好防范应对。实施西北、中部等区域人工影响天气工程，引进高性能人工影响天气飞机，搭载云物理精细探测仪器和冷暖云播撒设备。研发机载自动播撒装置，开展高性能飞机增雨（雪）自适应催化作业试验。加快火箭高炮自动化改造，逐步实现远程智能控制，配备适用不同云系类型和催化剂类型的机载播撒装置，增强大范围云系的跨区域协同作业能力。

强化人工影响天气安全防控。牢固树立安全发展理念,应用物联网、生物识别、电子围栏等信息技术手段,配备一键报警、视频监控、智能终端等安全防控装置,提升作业站点的综合安全防护水平。积极利用军队和地方民用爆炸物品储运资源,努力提升弹药运输、储存专业化能力。推广高炮安全锁定装置、火箭发射控制器加密技术,提升现有装备安全防控能力。建设人工影响天气安全管理系统,推进录音电话与信息化平台相结合的空域报批系统。稳定人员队伍、加强基层队伍专业化建设。

(四)着力提高气象信息支撑水平

建成支撑"云+端"气象业务技术体制的关键共性技术平台——气象大数据云平台,推进资源整合、流程再造,减少中间环节,实现数据收集、存储、加工分析和应用服务高度集约,支撑"监测精密、预报精准、服务精细",促进观测、预报、服务业务高效协同,全面支撑气象业务高质量发展。

19. 强化计算、存储和网络基础支撑能力

增强国家级和省级信息中心基础设施计算能力和存储能力,集约承载观测、预报、服务等业务应用。国家级基础设施云平台计算规模提升至60000个CPU核,存储能力提升至130 PB。省级基础设施云平台计算规模提升至6000个CPU核,存储能力提升至2 PB。省级到市级带宽提升至100 Mbps,国家级至省级带宽提升至1000 Mbps,国家级主备中心之间带宽不少于2000 Mbps,满足气象业务高数据时效需求。国家级高性能计算能力达到30 PFlops,可用存储达到90 PB,满足数值预报业务发展对计算和存储资源的需求。根据高性能计算机的发展趋势,积极做好数值预报模式等移植的技术储备。

20. 持续提升数据管理关键共性技术平台能力

加强统一设计,建成国家级气象大数据云平台,管理数据全集,提升数据加工处理能力,集成各业务领域数据应用业务算法,

实现"数算一体",提供国、省、地、县四级应用。按照统一技术标准,完成省级气象大数据云平台部署,管理业务所需观测数据及数据产品,融合本省(区、市)及市、县应用算法,支撑省级及以下业务系统。国家级、省级云平台实现互联互通、数据同步,支持跨域数据访问,支撑气象业务系统"云化"改造、集约发展。构建综合气象业务实时监控运维平台,实现"全业务、全流程、全要素"的全局一体化监控运维,保障业务系统稳定可靠运行。

21. 构建支撑有力的气象数据业务体系

通过汇交、交换、购买等方式加强部门内数据收集、部门间数据交换、国际数据收集,不断丰富地球系统多圈层数据种类。加强气象数据信息交换国际风险影响分析及防范应对。加强数据质量控制,建立多级质量控制业务,提升全国气象数据质量水平。提高数据加工分析能力,发展多源资料融合与实况分析业务,构建卫星、雷达等资料长时间序列数据集,研制多圈层、长序列、标准化的地球气候系统基础数据集,分类建立面向应用场景的气象人工智能训练数据集和标准测试数据集,支撑人工智能在气象业务中的应用,形成技术先进、质量可靠、门类齐全的气象数据产品体系。国家级及各省(区、市)统一对外数据服务出口,明确数据权属界定、交易流通等标准和措施,确保提供权威、安全、可靠、高质量的对外数据服务,建设基于气象数据唯一标识符的对外数据服务追踪溯源系统。建立较为成熟的数据治理体系,基于气象大数据云平台,实施贯穿"需求规划—收集—处理—应用—服务"数据全生命周期的标准、质量、资源和安全等管理。

22. 推进气象业务应用系统集约发展

落实《气象信息系统集约化管理办法》,信息部门把好项目立项、验收的集约化评估技术关,计财部门把好项目审批的程序及要件审查关。各业务单位做好现有气象业务系统融入气象大数据云平台的"云化"改造,实现硬件集约、数据集约、统一监控,有序疏存量、严格控增量,消除本地独立数据库系统,新建业务系统不得自建独立数据管理系统。国家级、省级信息业务部门要树立互联网思维,强化服务意识,高质量支撑各单位气象业务系统的"云化"改造,实现"数据直传、产品直算、服务直通",实现观测、预报、服务基于气象大数据云平台的高效协同。

23. 强化数据安全管理,持续提高网络安全整体能力

建立健全气象数据全流程安全管理制度,通过数据管理分级、分类、分权限方式加强数据安全管理,全面落实《气象数据管理办法(试行)》。对内通过气象大数据云平台的监控留痕功能,实现对内部用户数据访问行为的全面监控,加强对统一出口数据流量监控分析,及时发现并制止异常数据流出。建立促进气象数据开放和数据资源有效流动的制度规范,明确数据安全责任,严格气象数据资源管理,建立用户分类制度,针对不同用户依法依规提供相应范围数据服务,确保数据安全。通过气象数据唯一标识符系统实现对全部门对外数据服务全程追踪溯源,确保数据权威。落实《中国气象局网络安全管理办法(试行)》,提高网络安全管理水平。开展网络安全顶层设计,构建全国气象部门一体化安全防护体系,探索融合互联网的气象网络安全整体技术架构。开展气象业务系统网络安全等级保护2.0标准合规性建设,及时完成网络安全等级保护定级、备案和测评、整改,加强关键信息基础设施网络安全能力建设。强化网络安全态势整体监控,提升网络安全整体防护水平和应急处置能力。

(五)着力提高气象科技创新水平

聚焦制约监测精密、预报精准、服务精细的科学问题和技术短板,强化科技创新,切实增强对气象监测预报服务的支撑能力。

24. 加强气象监测预报服务关键技术研发

加强综合观测重大装备和核心部件依赖进口风险影响分析和措施应对,加强观测装备和技术方法研发,实现观测技术自主可

控。改进观测数据质量控制和检验评估技术,提高实况分析技术水平和产品质量。完善气象过程及其影响的客观预报方法,优化高分辨率全球和区域数值模式、资料同化技术、概率预报技术和检验评估订正技术,发展天气一气候一体化数值预报模式。构建基于影响的气象灾害快速预警服务技术体系。加强中小尺度天气的监测预报预警技术研发,强化卫星、雷达和自动站资料融合应用,推进人工智能技术、模式后处理技术、模式产品释用技术的本地化开发应用,不断提高突发气象灾害精准水平。

25. 加强应对气候变化科技支撑

强化应对气候变化创新发展顶层设计与组织管理。加强全球和区域气候变化多圈层监测与归因和影响的机理研究,发展全球、区域大气、海洋和陆面再分析产品。发展包括生态环境和人类活动的多圈层耦合地球系统模式发展中国高分辨率精细化区域气候模式。推动气候变化预估、气候变化综合评估及面向重点行业与领域的影响评估和应用示范等技术进步。强化气候资源保护利用科技支撑,助力生态气象保障。深度参与IPCC未来评估进程,提高我国参与国际耦合模式比较计划(CMIP)模式的水平,强化我国参与联合国气候变化框架公约谈判、生物多样性保护等国际事务的支撑与决策咨询能力。

26. 优化科技创新体系布局

紧扣气象监测、预报和服务领域的科研需求,增加参与研发(R&D)活动人员力量,做大做强国家级科研院所,推进国家级业务单位科技创新平台建设,提高科技创新能力。强化省级科技创新体系建设,进一步增强省所科研属性。推进科研院所改革,扩大科研院所在学科布局、职称评审、成果转化等方面的科研自主权。完善中国气象局重点实验室和野外科学试验基地布局。发挥相关高校、科研院所等行业科技力量作用,共同推进大气科学学科建设,与合作高校共建科技合作平台,联合开展大型科学试验,围绕气象关键核心技术开展联合攻关。加强南京气象科技创新研究院、深圳气象科技创新研究院和许健民气象卫星创新中心等新型研发机构建设，支持产学研协同发展。

27. 优化科技研发组织管理

多渠道争取经费支持。推动气象重大科技研发需求纳入国家科技创新布局，依托国家重点研发计划项目加快气象关键核心技术攻关。与国家自然科学基金委员会共同设立气象联合基金，强化气象基础研究，提升源头创新能力。统筹整合气象部门科技研发资源，通过中国气象局创新发展专项集中支持监测预报服务业务急需的技术研发、改进、集成和应用。多渠道争取科技资源支持，国家级业务科研单位要牵头争取和组织实施国家科技计划项目，聚焦核心业务需求，加强灾害性天气机理研究和监测预报预警关键共性技术研发。省级研究机构要积极争取地方政府科研投入，注重已有先进业务系统和技术方法的本地化移植和释用，避免低效重复。完善修缮购置专项顶层设计和组织实施，充分发挥科研仪器的使用效益。

28. 强化科技成果转化应用

强化面向业务服务需求的科技成果产出，提高科技成果转化率。充分发挥科技成果中试基地在成果遴选、评价、二次开发、业务准入认证等方面的作用，促进科技成果加快转化为业务服务能力。完善科技成果业务化的跟踪评估机制。建立以创新质量和转化应用效益为导向的科技分类评价体系，制定气象科技成果评价办法，克服"唯论文、唯职称、唯学历、唯奖项、唯帽子"的不良倾向。制定气象科技成果转化工作方案，规范科技成果转化活动，通过各类奖励激励措施激发科研人员创新活力。

29. 加强科研作风学风建设

弘扬科学精神和工匠精神，加强科普工作，营造崇尚创新的氛围。继承发扬科学家精神，宣传气象科技战线的当代典型、身边榜样,引导广大气象科技工作者坚持正确科研价值取向。加强对突出贡献人才的奖励激励,提升爱岗敬业、献身科学的成就感和荣誉感。加强科研作风学风建设,坚决抵制学术不端、作风浮躁、急功近利、投机取巧等问题,营造风清气正的科研环境。

三、组织保障措施

(一)加强组织领导,健全工作机制

气象部门各级党组要提高政治站位,加强对气象现代化建设工作的领导,理顺组织协调机构,优化业务流程,完善工作制度,建立工作台账和任务清单,认真抓好各项任务的落实。相关职能司要及时完善相关管理制度和工作规定,组织做好业务流程更新和修订,做好与气象现代化建设指标工作推动的有机衔接,加强日常督查督办,确保各项任务"落"在具体,"实"见成效。

(二)强化规划引领,凝练工程项目

组织做好气象现代化发展纲要修订和"十四五"规划专题研究。提早动手,超前谋划,凝练重大工程项目,将主要任务内容纳入"十四五"及专项规划。各省(区、市)气象局要强化与地方政府和规划管理部门的衔接,围绕落实任务要求加大地方基本建设项目争取力度。

(三)加强资金统筹,聚焦重点发力

统筹山洪工程、雷达工程等重点工程项目资金,聚焦重点,精准发力,有的放矢,优先支持气象现代化建设重点工作任务,大力发展专业气象服务。细化项目建设方案,做好项目衔接,确保资金效益发挥最大化。统筹用好中央和地方建设资金,加大中央对中西部省份所属省级地面气象观测站的投资力度,鼓励东部省份争取地方投资建设所属省级地面气象观测站。围绕地方需求,争取地方政府项目、资金支持,以中央投资带动地方资金。

(四)加强人才培养,统筹编制资源

围绕新时代气象事业高质量发展需要,进一步提升气象人才队伍的学历层次,优化人才职称结构和专业结构,扎实实施重点人才计划,加大气象高层次人才和优秀青年后备人才培养。加强毕业生招录、人才引进和领导班子队伍建设工作,积极争取地方机构编制支持,统筹发挥国家和地方机构编制资源效益。

(五)健全标准体系,强化法治保障

积极争取地方立法资源、配合国家改革决策,做好相关法律法规的修订,完善气象法制体系,健全相应规范制度。切实履行气象行政管理职能,严格开展防雷和升放气球安全监管、探测环境与设施保护、预报发布、气象专用技术装备使用、气象资料共享管理等执法检查活动,创新气象行业管理,确保气象活动的依法、规范、有序开展。着力推进气象监测精密、预报精准、服务精细和保障生态文明环境建设等重点领域的基础性、关键性标准制修订,形成适应气象现代化发展要求的标准体系。强化标准化技术支撑体系建设和人才培养,提高标准化工作能力和水平。推动建立标准实施反馈和监督检查机制,提升标准的质量和效益。

中国气象局企业投资监督管理办法

(气发〔2020〕106号)
2020年11月29日

第一章 总 则

第一条 为建立完善以管资本为主的国有资产监管体制,规范中国气象局企业(以下简称企业)投资管理,防范投资风险,根据《中华人民共和国公司法》《中华人民共和国企业国有资产法》《中央企业投资监督管理办法》等法律法规,制定本办法。

第二条 本办法所称企业是指中国气象局直接管理的企业。本办法所称投资是指企业从事的固定资产投资与股权投资。本办法所称重大投资项目是指企业按照本企业章程及投资管理制度规定,由企业董事会或不设立董事会的企业党委会(以下简称董事会)研究决定的固定资产投资与股权投资项目。

第三条 本办法所称投资项目负面清单是指由企业结合实际制定的,并经中国气象局讨论决定的投资项目负面清单。本办法所称中国气象局进行程序性审核的投资项目是指投资项目负面清单中的特别监管类项目(含以气象信息方式对外进行股权投资的项目)。

第四条 中国气象局授权的企业监管机构(以下简称监管机构)负责对企业投资活动进行监督管理,对中国气象局进行程序性审核的投资项目提出审核意见,督促企业编报年度投资计划并对其实行备案管理,监督检查企业投资管理制度、年度投资计划的执行情况以及重大投资项目的决策和实施情况。

第五条 企业投资应当符合国家发展战略,体现出资人投资意愿,符合企业发展规划,坚持聚焦主业,提升企业核心竞争力,培育和发展战略性新兴产业,严格控制非主业投资,符合投资决策程序,遵循价值创造理念,提高投资回报水平,防止国有资产流失。企业投资规模应当与资产、经营规模相匹配,资产负债水平和实际筹资能力相适应。

第六条 企业是投资项目的决策主体、执行主体和责任主体,应当建立健全本企业投资管理制度,制定投资项目负面清单,科学编制年度投资计划,加强投资管理,负责投资项目论证,遵守投资决策程序,提高投资风险防控能力,履行投资信息报送义务和配合监督检查义务。

第二章 投资监管体系建设

第七条 企业投资管理制度应明确投资审批权限,建立严格的投资审查和决策程序。企业投资管理制度由董事会审议通过,应包括以下内容:

(一)投资应遵循的基本原则;
(二)投资管理流程、管理部门及相关职责;
(三)投资决策程序、决策机构及其职责;
(四)投资项目负面清单制度;
(五)投资风险管控制度;

（六）投资项目完成、中止、终止或退出制度；

（七）投资项目后评价制度；

（八）违规投资责任追究制度；

（九）对所属企业投资活动的授权、监督与管理制度。

第八条 监管机构应建立并优化投资管理信息系统，对企业年度投资计划、年度投资计划完成情况、重大投资项目实施情况等投资信息进行分析和管理。

第九条 相关内设机构应按职责加强工作协同，发挥企业改革管理、经营性国有资产管理、考核分配和干部管理、纪检、审计、巡视等相关监管合力，及时发现投资风险，减少投资损失。

第三章　投资事前管理

第十条 企业应当按照本企业发展战略和规划编制年度投资计划，并与企业年度财务预算相衔接，年度投资规模应与合理的资产负债水平相适应。

企业的投资活动应当纳入年度投资计划，未纳入年度投资计划的投资项目原则上不得投资，确需追加投资项目的应按程序调整年度投资计划。

第十一条 年度投资计划应当包括以下内容：

（一）投资主要方向和目的；

（二）投资规模及资产负债率水平；

（三）投资结构分析；

（四）投资资金来源；

（五）重大投资项目情况。

企业应当于每年3月31日前将经董事会审议通过的年度投资计划报监管机构。

第十二条 监管机构依据企业发展战略和规划、投资项目负面清单,对企业年度投资计划进行备案管理。对存在问题的年度投资计划,监管机构在收到相关材料后20个工作日内,向企业反馈意见。

第十三条 企业应当根据企业发展战略和规划,按照有关要求自主决策选择、确定投资项目,并做好项目融资、投资、管理、退出全过程的研究论证。对新投资项目,应当深入进行技术、市场、财务和法律等方面的可行性研究与论证,其中股权投资项目应开展必要的尽职调查,并按要求履行资产评估或估值程序。

第十四条 企业对重大投资项目投资决策前,必须开展投资可行性研究和论证工作,对于原则性、方向性问题等,必须按规定经党委研究讨论。可行性研究报告可以由企业自行编制或委托社会中介机构编制,但涉及中国气象局进行程序性审核的投资项目,必须委托社会中介机构编制。

可行性研究报告是投资决策的重要依据,应包括以下内容:

(一)拟投资项目概况,至少包括项目情况介绍,内外部经营环境分析。如有其他合资方的,应进行尽职调查并介绍合资方的相关情况;

(二)拟投资项目的可行性分析,至少包括项目本身以及对今后影响的可行性分析等。可行性分析应当计算并披露投资回收期、投资收益率等量化指标,且在投资回收期内逐年测算每年的投资收益,这些指标将作为项目后评价及考核的主要指标。同时还应写明项目资金的筹措方案;

(三)拟投资项目的法律可行性,必要时应聘请律师独立出具法律意见书;

(四)风险揭示及风险防控,可行性报告必须如实揭示项目投资后可能面临的风险(包括经济风险、法律风险等),并对上述风险提出切实有效的风险防控措施;

(五)结合具体项目,需要开展可行性分析的其他内容。

第十五条　涉及由中国气象局进行程序性审核的投资项目,企业应在履行完企业内部决策程序后、实施前向中国气象局报送以下材料:

(一)开展项目投资的报告;

(二)企业有关决策文件;

(三)投资项目可研报告、尽职调查等相关文件;

(四)投资项目风险防控报告;

(五)监管机构审核意见;

(六)其他必要的材料。

中国气象局依据相关法律、法规和国有资产监管规定进行程序性审核。

第十六条　企业应当明确投资决策机制,对投资决策实行统一管理,向下授权投资决策的企业管理层级原则上不超过两级(含企业本级)。各级投资决策机构对投资项目作出决策,应当形成决策文件,所有参与决策的人员均应在决策文件上签字背书,所发表意见应记录存档。

第四章　投资事中管理

第十七条　企业应当定期对实施、运营中的投资项目进行跟踪分析,针对外部环境和项目本身情况变化,及时进行再决策。如出现影响投资目的实现的重大不利变化时,应当研究启动中止、终止或退出机制。

第十八条　企业应当于每年7月15日前向监管机构报告上半年投资完成情况。投资完成情况报告主要包括固定资产投资、股权投资、重大投资项目完成情况,以及需要报告的其他事项等内容。

第五章　投资事后管理

第十九条　企业在年度投资完成后,应当编制年度投资完成情况报告,并于下一年 1 月 31 日前报送监管机构,监管机构分析、汇总后形成中国气象局企业年度投资完成情况报告。年度投资完成情况报告应当对照年度投资计划进行分析,包括但不限于以下内容:

(一)年度投资完成总体情况;

(二)年度投资效果分析;

(三)重大投资项目进展情况;

(四)年度投资后评价工作开展情况;

(五)年度投资存在的主要问题及建议。

第二十条　企业应当每年选择部分已完成的重大投资项目开展后评价,形成后评价专项报告。通过项目后评价,完善企业投资决策机制,提高项目成功率和投资收益,总结投资经验,为后续投资活动提供参考,提高投资管理水平。重大投资项目后评价专项报告及相关资料应及时报监管机构备案。

第二十一条　企业应当开展重大投资项目专项审计,审计的重点包括重大投资项目决策、投资方向、资金使用、投资收益、投资风险管理等方面。

第六章　投资风险管理

第二十二条　企业应当建立投资全过程风险管理体系,将投资风险管理作为企业实施全面风险管理、加强廉洁风险防控的重要内容。强化投资前期风险评估和风控方案制定,做好项目实施过程中的风险监控、预警和处置,防范投资后项目运营、整合风险,做好项目退出的时点与方式安排。股权类重大投资项目在投资决策前应当由独立第三方咨询机构出具投资项目风险评估报告。

第二十三条 监管机构指导督促企业加强投资风险管理,委托第三方咨询机构对企业风险管理体系进行评价,并将评价结果反馈企业。企业应按照评价结果对存在的问题及时进行整改,健全完善企业投资风险管理体系,提高企业抗风险能力。

第二十四条 企业对重大投资项目实施过程中可能出现下列异常情形的,应及时向监管机构报告:

(一)对投资额、资金来源及构成进行重大调整,致使企业负债过高,超出企业承受能力或影响企业正常发展的;

(二)股权结构发生重大变化,导致企业控制权发生转移的;

(三)投资合作方严重违约,损害国有出资人利益的;

(四)投资项目连续三年发生经营亏损的;

(五)需报告的其他重大事项。

第七章 附 则

第二十五条 企业违反本办法规定,未履行或未正确履行投资管理职责造成国有资产损失以及其他严重不良后果的,依照有关规定追究企业领导人员和直接责任人的责任;涉嫌违纪违法及犯罪的,移交有关部门依纪依规依法追究责任。

第二十六条 各省(区、市)气象局、计划单列市气象局参照本办法制定本单位企业投资监督管理办法。

第二十七条 本办法自2021年1月1日起施行。

全国气象部门机关档案管理规定

(气发〔2020〕110号)
2020年12月23日

第一章 总 则

第一条 为了加强全国气象部门机关档案的科学、规范管理,更好地为机关工作和气象事业发展服务,根据《中华人民共和国档案法》《机关档案工作条例》《机关档案管理规定》等法律法规,结合气象部门工作实际,制定本规定。

第二条 本规定所称机关档案是指全国气象部门各级机关在公务活动中形成的,对中国气象事业具有查考、利用和保存价值的各种文字、图表、声像等不同形式和载体的历史记录。

第三条 各级气象主管机构和中国气象局直属单位(以下统称各级机关)应当建立档案工作责任制,健全档案管理制度,加强档案宣传教育,依法开展档案工作。

第四条 各级机关应当加强对档案工作的组织领导,将档案工作纳入单位整体发展规划、工作计划和管理目标,落实档案工作所需经费,为档案保管保护、规范管理和开发利用提供保障。

第五条　气象机关档案工作实行统一领导、分级管理的原则。各级机关接受上级档案业务主管机构和同级地方档案行政管理部门的指导、监督和检查。

第六条　各级机关的全部档案应当集中、统一管理,确保档案的完整与安全,便于提供利用和开发。

第二章　机构人员和主要任务

第七条　各级机关应当明确分管档案工作的领导,在机关办公室或综合管理部门设立档案工作机构或岗位,负责协调处理、管理档案工作日常事务。

第八条　各级档案工作机构应当配备与本机关工作量相匹配的专兼职档案工作人员,由机关各内设机构文秘人员或指定人员具体承担机关文件材料的收集、整理和归档工作。

第九条　各级机关档案工作机构的主要任务:

(一)贯彻落实国家档案工作法律法规和各项方针政策,负责起草并监督执行本机关档案工作发展规划、计划,建立健全本机关档案工作规章制度;

(二)监督、指导本机关各种文件材料的形成、整理、归档以及对所属单位的档案工作;

(三)按时接收、统一管理机关档案并提供利用;

(四)负责档案信息化建设工作,推进数字档案室建设,做好档案开发;

(五)按规定做好档案移交和统计工作;

(六)组织开展档案宣传教育、业务培训和交流活动等。

第十条　各级机关档案工作机构人员应当为正式在编人员,且政治可靠、遵纪守法、忠于职守,具备胜任岗位的相关专业知识或经过专业上岗培训。省级机关档案工作机构应当设立专职岗位,且确保档案岗位人员相对稳定。

档案专业人员可按照国家有关规定参加专业技术职称评定。

第十一条 调离岗位或退休的,在离岗前办妥交接手续。涉密档案工作人员的调离应当按照有关法律法规及规定执行。

第三章　档案基础设施

第十二条 各级机关应当分别设置档案办公、整理、阅览用房和档案库房等,各类用房应当满足业务工作开展和事业发展的需要,应集中布置,自成一体。档案库房选址符合国家规范。

第十三条 档案库房应当配备符合国家规定的密集架、档案柜、防磁柜、底图柜等档案装具和业务工作所需物品。

第十四条 档案库房内不得设置其他用房和明火设施,不应堆放与库房无关的其他物品,保持库房标识清楚、摆放整齐。

第十五条 档案库房应当配备温湿度监测装置和消防系统;安装全封闭防盗门窗、遮光阻燃窗帘、防护栏等防护设施;有条件应设置智能门禁识别、红外报警、视频监控等安全防范系统。

基础设施的建设、配备应当满足档案信息化管理的需求。

第四章　档案收集、整理、归档

第十六条 气象部门机关档案包括:文书、科技(科研、基建、设备)、人事、会计等纸质和电子档案;照片、录音、录像等声像档案;业务数据、公务电子邮件、网页信息、社交媒体档案;印章、题词、奖杯、奖牌、证书、公务礼品等实物档案及其他档案。

第十七条 各级机关应当按照国家对各门类档案收集范围和保管期限的规定,编制本单位文件材料归档范围和档案保管期限表。中国气象局机关、省级气象主管机构文件材料归档范围和保管期限表经同级档案行政主管部门审查同意后施行；中国气象局直属单位文件材料归档范围和保管期限表经中国气象局审查同意后施行。

第十八条 各级机关按照归档范围及时收集应归档文件材料，归档文件材料应为原件，应当真实、准确、系统，组件合理、整理规范，记录载体和方式应当满足保管要求。

人事、会计文件材料归档从其专门规定。

第十九条 档案整理应当遵循文件材料的形成规律，保持文件之间的有机联系，区分不同价值，正确划定保管期限，便于保管和利用。保管期限分为永久和定期两种，定期分为30年、10年。

第二十条 机关档案整理实行谁主办、谁负责的原则，做好部门预立卷。文书档案、照片档案、录音档案、录像档案、实物档案以件（张）等为单位进行整理，其他档案以卷为保管单位整理，整理方法分别按照相应规范执行。

第二十一条 各机关档案经文秘或业务部门整理完毕后，应当在当年6月底前将上一年归档文件材料向本机关档案部门归档。交接双方根据归档移交目录清点核对，并履行交接手续。

任何部门和个人不得将应归档文件材料拒绝归档或据为己有。

第二十二条 机关文书档案实行纸质文件和电子文件双套制归档，归档文件材料应当签章完备，符合归档要求。

第二十三条 各机关应当按照国家规定定期向地方同级综合档案馆移交档案，并做好移交档案的密级变更或解密工作，提出划控与开放意见。

机关撤销或合并的，档案应当按照国家规定要求做好相应的代管和移交工作。

第五章 档案保管、鉴定、利用

第二十四条 各级机关应当根据档案载体的不同要求分别保管,制定档案管理应急预案并定期组织演练,以应对突发事件和自然灾害。

第二十五条 各级机关应当做好档案防火、防盗、防紫外线、防有害生物、防水、防潮、防尘、防高温、防污染等防护工作;定期检查维护库房设施设备;做好库房温湿度记录,保持库房整洁,发现问题及时处理,确保档案库房和实体档案的安全。

第二十六条 各级机关应当定期对达到保管期限的档案进行鉴定处置。档案鉴定由本机关档案工作机构组织,会同保密和业务主办部门组成鉴定小组共同进行,形成鉴定工作报告。经鉴定仍需继续保存的档案应当重新划定保管期限,对确无保存价值的档案做好销毁登记,按规定程序报请审核批准。

第二十七条 档案销毁清册由各机关档案工作机构编制。编制档案销毁清册,应当列明档案的档号、文号、责任者、文件题名、形成时间、应保管时间、已保管时间和销毁日期等内容。

第二十八条 销毁档案应当到指定场所,有两人负责监销,监销人在销毁前按照销毁清册所列内容进行清点核对,并在销毁清册上签字。销毁清册永久保存。

第二十九条 各级机关应当积极开展档案利用工作,推进档案信息开发工作,通过编制全宗介绍、组织沿革、大事记、基础数据汇编等编研成果,充分挖掘档案馆藏资源,有条件的单位要成立档案展览馆,发挥档案的历史价值。

第三十条 各级机关应当建立完善档案统计工作机制,定期开展本单位档案基本情况统计工作,完备统计台账。

档案借阅、复制严格按规定办理审批手续和利用效果登记。

第六章　档案信息化建设

第三十一条　各级机关应当加强档案信息化工作,将档案信息化工作纳入机关电子政务和信息化建设整体规划,以信息化为核心,促进档案管理现代化水平提升。

第三十二条　各级机关可按照数字档案馆(室)建设的相关标准,统筹开展档案数字化、电子文件归档与电子档案管理工作。建立档案数字化常态机制,档案数字化需符合真实性管理要求,数字化过程的元数据应当收集齐全,数字复制件应当保持原貌并纳入电子档案管理系统统一管理。

第三十三条　各级机关应当积极推进电子档案管理系统建设,系统基本功能和可选功能应当参照《数字档案室建设指南》《数字档案室建设评价办法》《电子文件管理系统通用功能要求》(GB/T29194)等相关要求执行。系统开发应当功能完善、适度前瞻,满足电子档案真实性、可靠性、完整性、可用性管理要求。

第三十四条　各级机关应当按照《电子文件归档与电子档案管理规范》(GB/T18894)开展电子文件归档和电子档案管理工作,制定完善相关制度。电子档案管理系统应当与机关办公自动化系统和其他业务系统有机衔接。

档案管理系统等级保护不得低于二级标准。

第三十五条　各级机关应当做好电子档案的离线备份,具有条件的,应当对电子档案进行近线备份和容灾备份。

第三十六条　电子档案和档案数字复制件需要销毁的,除在指定场所销毁离线存储介质外,还应当确保电子档案和档案数字复制件从系统中彻底删除。

第三十七条　各级机关应当做好档案数字化、电子文件归档与电子档案管理的安全保密工作,严防信息篡改、丢失和外泄。

涉密档案进行数字化、涉密电子文件归档与电子档案管理应当严格遵守保密规定。

第七章　奖励与处罚

第三十八条　有下列情形之一的,由各级机关档案主管部门或由本机关依据有关规定给予表彰奖励:
(一)在档案收集、整理、移交和开发利用方面做出显著成绩的;
(二)对档案保护和现代化管理方面做出显著成绩的;
(三)同违反档案法律、法规的行为做斗争,表现突出的。

第三十九条　有下列情形之一的,由各级机关档案主管部门或由本机关责令限期整改;情节严重的,对相关责任人员依法给予处分;构成犯罪的,依法追究刑事责任:
(一)将机关应归档文件材料据为己有、拒绝移交或不按规定、不按期移交档案部门,而造成档案损失的;
(二)篡改、损毁、丢失、伪造档案或者擅自销毁档案的;
(三)明知所保存的档案面临安全危险而不采取措施,造成档案损失的;
(四)档案工作人员、对档案工作负有领导责任的人员玩忽职守,造成档案损失的。

第八章　附　则

第四十条　本规定由中国气象局办公室负责解释。
第四十一条　本规定自印发之日起施行,原《气象部门机关档案管理办法》(气发〔2010〕173号)同时废止。

珍贵气象档案分级鉴定办法

(气办发〔2020〕35号)
2020年9月11日

第一章 总 则

第一条 为科学有效地管理、保护气象档案,规范具有永久保存价值的气象档案的分级鉴定工作,进一步开发和利用珍贵气象档案价值,依据国家档案行业法律法规及《珍贵气象档案管理办法(试行)》(气发〔2019〕47号)等档案管理相关规定,制定本办法。

第二条 本办法所称的分级鉴定是指按照分级方法和鉴定标准,从具有永久保存价值的气象档案中鉴别出珍贵气象档案,分为珍贵一级和珍贵二级档案。

鉴定为珍贵一级和珍贵二级的气象档案应按照《珍贵气象档案管理办法(试行)》进行管理。

第三条 本办法所称的国家级气象档案馆是指中国气象局气象档案馆;省级气象档案馆是指省级气象局气象档案馆。

第四条 本办法适用于各级气象档案馆保存的珍贵气象档案分级鉴定工作。

鼓励其他持有气象档案的组织和个人参照本办法向国家级或

省级气象档案馆申请珍贵气象档案级别鉴定,由受理的档案馆协助完成分级鉴定流程。

第五条　珍贵气象档案分级鉴定工作由中国气象局预报与网络司统一领导,实行国家级、省级分级管理。

第二章　职责分工

第六条　中国气象局预报与网络司负责全国珍贵气象档案分级鉴定工作的监督指导和统筹协调;组织制定珍贵气象档案分级鉴定相关制度、标准和规范;负责组织对国家级珍贵气象档案的分级鉴定和对省级提交珍贵气象档案的复核鉴定;负责建立珍贵气象档案分级鉴定专家库。

省级气象局气象业务档案管理部门负责组织和管理本行政区域内珍贵气象档案分级初审鉴定工作。

第七条　国家级气象档案馆负责本馆珍贵气象档案分级鉴定工作的具体实施;负责制定珍贵气象档案分级鉴定相关技术规范;负责审查省级气象局提交的珍贵一级气象档案复核鉴定申请材料;负责对省级气象档案馆档案分级鉴定工作进行技术指导。

省级气象档案馆负责本馆珍贵气象档案分级初审鉴定工作的具体实施,受理和指导本行政区域内其他组织和个人保管的珍贵气象档案分级鉴定工作。

第三章　分级方法

第八条　珍贵气象档案分级的鉴定原则包括:

(一)内容要素:档案内容具有永久保存和利用价值,与气象事业发展史上重大事件或重要时间节点相关联,档案责任者具有重要的社会地位和职能。

（二）高龄要素：形成时间久远，记录内容能够真实反映或再现当时实况，具有原始性、直接性和可靠性的气象档案。

（三）稀有要素：在全国或某一行政区域范围内独一无二的气象档案，包括载体特殊性和记录内容信息的稀缺性。

第九条 按照判定依据鉴定珍贵气象档案的等级，鉴定标准为：

（一）珍贵一级：能够反映我国气象事业发展历程，具有特别重要保存及利用价值，且意义重大的原始记录；载体形式或记录内容较为珍稀的气象档案。至少具备下列条件之一：

党和国家领导人关怀气象事业发展形成的历史记录档案；气象事业开拓者及社会各界知名人士参与气象工作形成的档案；

中国近代气象事业建立之前（1912年前），形成具有代表性或重要价值的气象观测原始记录、气象仪器或设备；

记录国内外特殊历史时期、重要历史节点、重大灾害性天气过程等的气象档案；

历史上与全球、全国气象有关的重要文献、原始记录和实物档案等；

其他记录内容或载体形式特殊的气象档案。

（二）珍贵二级：反映省级行政区域重要历史时期、重大事件、重要人物等与气象事业发展有直接关系的气象档案。至少具备下列条件之一：

省部级领导人、气象事业开拓者及社会各界知名人士参与气象事业活动形成的档案；

中国近代气象事业建立时期至1950年前形成的有代表性或重要价值的气象观测原始记录、气象仪器或设备；

记录省级行政区域各历史时期气象事业发展重大进程的气象档案；记录省级行政区域特殊历史时期、重要历史节点、重大灾害性天气过程等气象档案；

历史上与区域、省级气象有关的重要文献、原始记录和实物档案等；

观测时间序列长(超过 70 年)、观测数据完整性好(累积中断观测时间不得超过时间序列长度的 7%)、观测要素种类多(至少 5 种观测要素)的原始观测记录档案；

其他记录内容或载体形式特殊的气象档案。

第四章 鉴定程序

第十条 珍贵气象档案分级鉴定采取国家级和省级鉴定方式。

第十一条 省级珍贵气象档案分级初审鉴定流程：

(一)提交鉴定申请。省级气象档案馆对馆藏的或由其他组织和个人委托鉴定的具有永久保存价值的气象档案，向省级气象局气象业务档案管理处室提交申请并附《珍贵气象档案分级鉴定申请表》(附表 1)及相关说明文档。

(二)实施初审鉴定。省级气象局气象业务档案管理处室收到分级鉴定申请后，应适时组织气象档案馆成立鉴定专家组(七人及以上单数)开展初审鉴定。专家组应实地查看待鉴定档案现状，对档案情况的真实性、准确性进行质询，并对鉴定申请材料进行审核，经三分之二及以上专家表决通过后，形成初审鉴定意见(附表 2)。

初审鉴定意见应包括：对鉴定过程的说明；确定分级的依据和标准；专家组确认的珍贵气象档案级别等。

(三)形成初审鉴定结果。省级气象局气象业务档案管理处室参考鉴定专家组初审鉴定意见，形成档案初审鉴定结果，并上报省级气象局核准。

鉴定为珍贵二级的气象档案，由省级气象局将鉴定结果函报中国气象局预报与网络司备案,并向申报单位、组织或个人发布鉴定结果通知,颁发鉴定证书。

鉴定为珍贵一级的气象档案,由省级气象局气象业务档案管理处室组织省级气象档案馆填写《珍贵气象档案分级鉴定复核申请表》(附表3)及相关说明文档,并由省级气象局向中国气象局预报与网络司行文申请复核鉴定。

第十二条 国家级对省(区、市)气象局提交的珍贵一级气象档案申请进行复核鉴定的流程:

(一)接受复核鉴定申请。中国气象局预报与网络司收到省级复核鉴定申请后,应组织国家级气象档案馆对《珍贵气象档案分级鉴定复核申请表》(附表3)及相关说明文档进行审查,通过后方可进入复核鉴定流程。

(二)实施复核鉴定。中国气象局预报与网络司适时组织复核专家组(七人及以上单数)对初审鉴定结果进行复核,经三分之二及以上专家表决通过后,形成复核鉴定意见(附表2)。

复核鉴定意见应包括:对复核过程的说明;珍贵一级予以支持/不支持的理由;拟确定的珍贵气象档案级别等。

(三)形成复核鉴定结果。中国气象局预报与网络司参考复核鉴定专家组意见,形成档案复核鉴定结果(附表3),并向申报单位、组织或个人发布鉴定结果通知,颁发鉴定证书。

第十三条 国家级气象档案馆珍贵气象档案分级鉴定流程:

(一)提交鉴定申请。国家级气象档案馆对馆藏的或由其他组织和个人委托鉴定的具有永久保存价值的气象档案,由档案馆主管单位向中国气象局预报与网络司提交申请并附《珍贵气象档案分级鉴定申请表》(附表1)及相关说明文档。

(二)实施鉴定。中国气象局预报与网络司在收到分级鉴定申请后,适时组织鉴定专家组(七人及以上单数)开展鉴定。专家组应实地查看待鉴定档案现状,对档案情况的真实性、准确性进行质询,并对鉴定申请材料进行审核,经三分之二及以上专家表决通过后形成鉴定意见(附表2)。

鉴定意见应当包括:对鉴定过程的说明;确定分级的依据和标准;专家组确认的珍贵气象档案级别等。

(三)形成鉴定结果。中国气象局预报与网络司参考专家组鉴定意见,形成档案鉴定结果(附表3),并向申报单位、组织或个人发布鉴定结果通知,颁发鉴定证书。

第十四条 中国气象局预报与网络司和省级气象局根据分级鉴定标准(见第九条),可不定期组织专家组对珍贵气象档案级别进行复核鉴定,调整档案分级鉴定结果,并按照权限对珍贵气象档案鉴定证书进行同步调整。

第十五条 中国气象局预报与网络司应适时组织国家级气象档案馆开展珍贵一级和珍贵二级气象档案名录编制工作。

第五章 附 则

第十六条 本办法由中国气象局预报与网络司负责解释。
第十七条 本办法自印发之日起施行。

附表:1.珍贵气象档案分级鉴定申请表(略)
   2.珍贵气象档案分级鉴定专家组评审表(略)
   3.珍贵气象档案分级鉴定复核申请表(略)

地方性法规和地方政府规章

山西省气候资源开发利用和保护条例

(2012年9月28日山西省第十一届人民代表大会常务委员会第三十一次会议通过,根据2020年9月30日山西省第十三届人民代表大会常务委员会第二十次会议关于修改《山西省公民献血条例》等六部地方性法规的决定修正)

第一条 为了合理开发利用和保护气候资源,促进经济社会可持续发展,根据《中华人民共和国气象法》等法律、行政法规的规定,结合本省实际,制定本条例。

第二条 本条例所称气候资源,是指可以被人类生产和生活利用的太阳辐射、热量、风、云水和大气成分等能量和自然物质。

第三条 开发利用和保护气候资源应当坚持统筹规划、科学开发、合理利用、趋利避害的原则。

第四条 县级以上人民政府应当加强对气候资源开发利用和保护工作的领导,将气候资源开发利用和保护纳入本级国民经济和社会发展规划,制定扶持气候资源开发利用和保护的政策、措施,并将所需经费列入本级财政预算。

第五条 省气象主管机构负责本行政区域气候资源综合调

查、区划工作,组织气候资源监测、分析、评价和气候可行性论证,加强气候变化基础理论、评估模型的研究,为气候资源开发利用和保护项目的实施提供服务。

市、县级气象主管机构负责本行政区域气候资源监测、分析、评价和综合调查等工作,为气候资源开发利用和保护项目的实施提供服务。

县级以上人民政府其他有关部门应当在各自的职责范围内,做好气候资源开发利用和保护的相关工作。

第六条 县级以上科技主管部门应当加强对气候资源科研项目、科研成果推广应用的支持,促进气候资源开发利用和保护领域的自主创新与科技进步。

鼓励有条件的企业事业单位开展气候资源开发利用和保护方面的科学研究、技术应用。

第七条 省气象主管机构应当会同有关部门,根据本行政区域气候资源综合调查结果,开展气候资源评价工作,提出气候资源开发利用和保护的建议,编制气候资源区划。

第八条 县级以上人民政府应当组织气象等有关部门,根据本行政区域国民经济和社会发展规划以及本省气候资源区划,编制本行政区域气候资源开发利用和保护规划。

编制气候资源开发利用和保护规划时,应当组织专家进行论证,并征求社会有关方面意见。

第九条 气候资源开发利用和保护规划应当包括下列内容:

(一)规划编制的背景;

(二)指导思想、原则和目标;

(三)气候资源的特点及其分析评价;

(四)气候资源开发利用的方向和保护的重点;

(五)气候资源可持续利用的保障措施;

(六)其他应当列入的内容。

第十条 县级以上人民政府应当加强气候资源监测基础设施建设,组织开展气候资源普查工作,为气候资源开发利用和保护提供保障。

第十一条 省气象主管机构应当建立健全太阳辐射、热量、风、云水、大气成分监测站网,组织开展气候资源的多层次监测和可利用资源的评估,为建设气候资源开发利用项目提供技术服务。

第十二条 建设气候资源监测站应当按照国家有关规定报省气象主管机构审查同意。

气候资源监测和资料的收集、审核、处理以及资料的传输、储存应当遵守国家有关技术规范和保密规定。

气候资源监测和资料传输,应当使用国家气象主管机构认定的专用技术装备。

第十三条 省气象主管机构应当会同有关部门制定气候资源汇交资料的管理办法,实现监测资料共享。

从事气候资源监测的组织和个人,应当按照国家有关规定向当地气象主管机构汇交有关气候资源监测资料。

第十四条 县级以上人民政府应当依照气候资源开发利用和保护规划,有计划地组织太阳能、风能资源的开发利用工作。

县级以上气象主管机构应当为太阳能电站和风电场的勘查、选址、建设、运营等提供技术支持和服务。

第十五条 鼓励单位和个人安装和使用太阳能热水系统、太阳能供热采暖和制冷系统、太阳能光伏发电系统等太阳能利用系统。建设单位应当在建筑物的设计和施工中,为太阳能利用提供必要条件。

鼓励、支持风能资源丰富地区优先开发利用风能资源。

第十六条 列入国家可再生能源产业发展指导目录、公共基础设施项目企业所得税优惠目录等符合条件的太阳能、风能开发利用项目,享受国家规定的税收优惠政策;符合信贷条件的,享受国家规定的财政贴息优惠贷款政策。

第十七条 县级以上人民政府负责空中云水资源开发利用工作的领导和协调,加强人工影响天气机构、作业站(点)设施和装备的建设。

县级以上气象主管机构应当加强空中云水资源开发利用,适时组织实施人工增雨(雪)、防雹等作业。

第十八条 公共建筑和其他民用建筑应当配套设计、安装雨(雪)水回收利用设施。有条件的地区和单位应当兴建蓄水设施,拦蓄雨(雪)、洪(沥)水。

第十九条 城乡规划、建设项目和气候资源开发利用项目,应当与当地气候资源承载能力相适应,避免气候和生态环境恶化。

可能影响气候变化或者直接涉及公众气候环境权益的项目,应当举行气候环境影响听证会或者论证会。

第二十条 城市规划、国家重点建设工程、重大区域性经济开发项目和大型太阳能、风能等气候资源开发利用项目应当进行气候可行性论证。

气候可行性论证应当使用符合国家气象技术标准的气象资料。

第二十一条 气候可行性论证机构应当将气候可行性论证报告报送省气象主管机构。省气象主管机构应当自收到气候可行性论证报告之日起二十个工作日内,组织有关专家进行评审,并出具书面评审意见。

第二十二条 新建、扩建、改建建(构)筑物应当根据国家应对气候变化的要求,采取保护措施,减轻对气候环境的破坏,避免或者减轻热岛效应、风害、光污染和气体污染。

第二十三条 从事大气环境影响评价的单位进行工程建设项目大气环境影响评价时,使用的气象资料不符合国家气象技术标准的,由有关气象主管机构按照权限责令改正,给予警告,可以并处五千元以上五万元以下的罚款。

第二十四条 气象主管机构及其工作人员有下列行为之一的,对其直接负责的主管人员和其他直接责任人员依法给予处分;构成犯罪的,依法追究刑事责任:

(一)出具虚假书面评审意见的;

(二)未在规定期限内出具书面评审意见的;

(三)其他玩忽职守、滥用职权、徇私舞弊的。

第二十五条 本条例自2012年12月1日起施行。

哈尔滨市人工影响天气管理条例

（2003年10月31日哈尔滨市第十二届人民代表大会常务委员会第五次会议通过，2003年12月13日黑龙江省第十届人民代表大会常务委员会第六次会议批准，根据2020年6月30日哈尔滨市第十五届人民代表大会常务委员会第三十一次会议通过、2020年10月22日黑龙江省第十三届人民代表大会常务委员会第二十一次会议批准的《关于修改〈哈尔滨市劳动保障监察条例〉等二十一部地方性法规的决定》修正）

第一章 总 则

第一条 为了加强人工影响天气的管理，防御和减轻气象灾害，促进农业发展，根据《中华人民共和国气象法》《人工影响天气管理条例》等法律、法规，结合本市实际，制定本条例。

第二条 在本市行政区域内从事人工影响天气及相关活动，应当遵守本条例。

第三条 本条例所称人工影响天气，是指为避免或者减轻气象灾害，合理利用气候资源，在适当条件下通过科技手段对局部大气的物理、化学过程进行人工影响,实现增雨雪、防雹、消雨、消雾、防霜等目的的活动。

第四条 人工影响天气工作实行统一计划、科学管理、安全作业、注重效益的原则。

第五条 本条例由市气象主管机构组织实施。

开展人工影响天气作业的区(以下称区)、县(市)人工影响天气主管机构负责本辖区内人工影响天气的管理。

农业、财政等有关部门按照各自职责,做好人工影响天气的管理工作。

第六条 市和区、县(市)人民政府应当加强对人工影响天气工作的领导,协调有关部门解决人工影响天气工作中遇到的实际困难。

第七条 开展人工影响天气活动,应当制定工作计划。

人工影响天气工作计划由市气象主管机构和区、县(市)人工影响天气主管机构商同级农业、财政等有关部门编制,报本级人民政府批准后实施。

第八条 按照市和区、县(市)人民政府批准的人工影响天气工作计划开展的人工影响天气工作属于公益事业,所需经费应当纳入同级人民政府财政预算,专款专用。

前款经费包括作业站建设、设备和弹药购置、维护管理及作业人员工资、劳动保护和培训等费用。

对经费严重不足的区、县(市),市财政可以给予适当补贴。

第二章 作业站建设和作业人员管理

第九条 人工影响天气作业地点应当选择在气象灾害多发地带的上风方,距离居民区方圆500米以外,视野开阔,并且交通、通信方便。

第十条 人工影响天气作业地点,应当由市气象主管机构和区、县(市)人工影响天气主管机构根据当地气候特点、地理条件,按照《中华人民共和国民用航空法》《中华人民共和国飞行基本规则》的有关规定选址,并由市气象主管机构按照规定的程序报批。

经批准确定的作业地点,任何单位和个人不得擅自变更;特殊情况下需要变更的,应当重新报批。

第十一条 人工影响天气作业站应当建设发射平台、作业装备库、临时弹药库,并设有值班室、休息室,配备通信设备。

作业站应当修建围墙(围栏),保证安全。

第十二条 人工影响天气作业环境依法受到保护。

任何单位和个人不得在作业站周围500米以内建设妨碍人工影响天气作业的建筑物和其他设施;不得侵占人工影响天气作业场地,损毁人工影响天气作业设备、设施;不得占用、干扰人工影响天气作业通信频道。

第十三条 乡(镇)人民政府应当保持利用高射炮、火箭发射装置实施人工影响天气作业人员的相对稳定。

第十四条 作业人员应当具备下列技术能力:

(一)熟悉高射炮、火箭发射装置的结构、操作规程和安全使用要求,并能够正确使用;

(二)能够基本正确判断、识别目标云,进行合理、有效的作业;

(三)能够按照要求完成高射炮、火箭发射装置的保养、维护工作,排除一般故障。

第十五条 区、县(市)人工影响天气主管机构应当按照规定为作业人员配备必要的作业保护用品,并为作业人员办理作业期内的人身保险。

第三章　发射装置和弹药管理

第十六条　高射炮、火箭发射装置和炮弹、火箭弹应当存储在符合民用爆炸物品存储标准的专用库房。专用库房不够用的,市和区、县(市)人民政府应当提供资金建设。

存储炮弹、火箭弹的库房应当通风良好,并且配备防火设备。

高射炮、火箭发射装置不得与炮弹、火箭弹存放在同一库房,炮弹、火箭弹不得存放在同一库房。

第十七条　人工影响天气作业期内,在临时弹药库内存放的每门高射炮炮弹不得超过二百发,每部火箭发射装置的火箭弹不得超过五十发。

人工影响天气作业期结束后,剩余炮弹、火箭弹应当按照相关规定送符合民用爆炸物品存储标准的专用库房存储。

第十八条　人工影响天气作业期前,市气象主管机构应当组织对高射炮、火箭发射装置进行检修;检修合格的,方可使用。

第十九条　每次人工影响天气作业后,作业单位应当对高射炮、火箭发射装置进行保养,防止锈蚀。

每年人工影响天气作业结束后,作业单位应当对高射炮、火箭发射装置进行全面检修,并按照要求油封入库。

第二十条　高射炮、火箭发射装置、炮弹、火箭弹有下列情形之一的,应当报废:

(一)高射炮、火箭发射装置经维修仍达不到国家规定的技术标准和要求的;

(二)炮弹、火箭弹变形、过期、失效或者从 2 米以上高度掉落的;

(三)哑弹。

第二十一条　高射炮、火箭发射装置、炮弹、火箭弹需要报废的,由区、县(市)人工影响天气主管机构提出申请,经市气象主管机构组织专家鉴定确认后,按照规定统一处理。政府投资购置的,应当报同级国有资产管理部门备案。

第二十二条 跨区、县(市)调动高射炮、火箭发射装置的,应当由区、县(市)人工影响天气主管机构提出申请,经市气象主管机构批准。

第四章 作业管理

第二十三条 市气象主管机构和区、县(市)人工影响天气主管机构应当对人工影响天气作业进行指挥、管理和监督,保证作业安全。

第二十四条 在人工影响天气作业期内,作业人员应当坚守岗位,遵守各项管理制度,随时准备进行作业。

第二十五条 利用高射炮、火箭发射装置实施人工影响天气作业,区、县(市)人工影响天气主管机构应当向市气象主管机构提出作业请求,由市气象主管机构向飞行管制部门申请空域和作业时限;紧急情况下,区、县(市)人工影响天气主管机构可以直接向飞行管制部门申请空域和作业时限,并报市气象主管机构备案。

利用飞机实施人工影响天气作业,由市气象主管机构向省气象主管机构提出申请。

第二十六条 组织实施人工影响天气作业,应当具备下列条件:

(一)符合防灾、减灾的需要;

(二)有适宜的天气条件;

(三)有飞行管制部门批准使用的临时空域和作业时限;

(四)与飞行管制部门和市气象主管机构指挥中心保持通信畅通;

（五）有符合规定的指挥、作业人员；

（六）高射炮、火箭发射装置技术状态良好,炮弹、火箭弹符合技术标准；

（七）避开人口稠密区和重要设施；

（八）法律、法规规定的其他条件。

第二十七条　实施人工影响天气作业,应当使用符合国家强制性技术标准的作业设备,严格按照作业规范和操作规程进行。

第二十八条　作业单位在实施人工影响天气作业中,接到市气象主管机构停止使用空域的指令或者发射装置出现故障时,应当立即停止作业。

第二十九条　需要跨区、县(市)实施人工影响天气作业的,由市气象主管机构统一组织、指挥。

第三十条　人工影响天气作业后,区、县(市)人工影响天气主管机构应当及时进行安全检查和效果调查,如实登记作业时间、作业方位、耗弹数量、作业前后天气实况及作业效果等,并及时报市气象主管机构。

第三十一条　实施人工影响天气作业发生安全事故,应当及时向区、县(市)有关部门和市气象主管机构报告,由有关部门按照规定处理;对重大安全事故,市气象主管机构应当向市人民政府报告。

第五章　法律责任

第三十二条　实施人工影响天气作业使用不符合国家强制性技术标准的作业设备的,由市气象主管机构责令改正,给予警告,处一万元以上五万元以下罚款。

第三十三条　违反本条例规定实施人工影响天气作业给他人造成损失的,应当依法承担赔偿责任;构成犯罪的,依法追究刑事责任。

第三十四条 违反本条例规定实施人工影响天气作业造成安全事故的,由有关部门对作业单位主要负责人、直接责任人,依照有关规定予以处罚;构成犯罪的,依法追究刑事责任。

第三十五条 市气象主管机构和区、县(市)人工影响天气主管机构工作人员应当依法履行职责,不得玩忽职守、滥用职权。

违反本条前款规定的,依法给予处分。

第六章 附 则

第三十六条 法律、法规对人工影响天气管理有规定的,从其规定。

第三十七条 本条例自2004年2月1日起施行。1996年1月11日、1997年11月19日市人大常委会公布的《哈尔滨市人工防雹管理条例》和《关于修改〈哈尔滨市人工防雹管理条例〉的决定》同时废止。

浙江省气象条例

（2007年11月23日浙江省第十届人民代表大会常务委员会第三十五次会议通过，根据2017年9月30日浙江省第十二届人民代表大会常务委员会第四十四次会议《关于修改〈浙江省水土保持条例〉等七件地方性法规的决定》第一次修正，根据2020年11月27日浙江省第十三届人民代表大会常务委员会第二十五次会议《关于修改〈浙江省港口管理条例〉等七件地方性法规的决定》第二次修正）

第一章 总 则

第一条 为了发展气象事业，规范气象活动，准确及时发布气象预报，防御气象灾害，保护和合理利用气候资源，为经济建设、国防建设、社会发展和人民生活生产提供气象服务，根据《中华人民共和国气象法》等法律、行政法规的规定，结合本省实际，制定本条例。

第二条 在本省行政区域以及国家规定由本省管辖的海域（以下统称管辖区域）内从事气象探测、预报、服务和气象信息传播、气象灾害防御、气候资源开发利用、气象科学技术研究等活动，应当遵守本条例。

  第三条 气象事业是基础性社会公益事业。气象工作应当把公益性气象服务放在首位，加强气象灾害的监测、预警和气候变化的研究，提高全社会气象防灾减灾能力。

  第四条 县级以上人民政府应当加强对气象工作的领导，组织编制气象事业发展规划，并将其纳入国民经济和社会发展规划。

  加大气象事业资金投入。气象事业所需的基本支出以及设施建设、运行等专项经费，除中央财政拨付等以外的部分，列入县级以上人民政府本级财政预算。

  第五条 省气象主管机构负责全省的气象工作。设区的市、县（市、区）气象主管机构在上级气象主管机构和本级人民政府的领导下，负责本管辖区域内的气象工作。

  县级以上人民政府有关部门应当按照各自职责，协同气象主管机构做好气象工作。

  本省管辖区域内从事气象活动的单位和个人，应当接受县级以上气象主管机构的指导、监督和行业管理。

  第六条 鼓励和支持气象科学技术研究、气象科学知识普及，培养气象人才，推广先进的气象科学技术，保护气象科技成果，加强气象合作与交流，发展气象信息产业，提高气象工作水平。

  第七条 任何单位和个人不得违反国家规定向他人提供涉及国家秘密的气象资料，或者向境外组织和个人提供气象探测场所、气象资料。

第二章 气象信息发布与传播

  第八条 县级以上人民政府应当组织气象、水行政、生态环境、农业农村、自然资源、林业等部门，建立气象、水文、海洋、生态、环境等信息共享机制。

第九条 各级人民政府应当建立健全气象信息传播网络,扩大气象信息服务的覆盖面,提高公共气象服务的时效性。

第十条 公众气象预报和灾害性天气警报(包括气象灾害预警信号)实行统一发布制度。

县级以上气象主管机构所属气象台站按照职责,发布公众气象预报、灾害性天气警报。其他单位和个人不得向社会发布公众气象预报、灾害性天气警报。

第十一条 县级以上气象主管机构应当会同同级农业农村、交通运输、文化旅游、生态环境等部门建立专业气象信息采集、分析和预报系统,并由气象主管机构所属气象台站根据实际需要发布农业、交通、旅游、城市环境、火险等级等专业气象预报。

第十二条 各级广播、电视台站、政府门户网站和省、设区的市人民政府指定的报纸应当安排专门的时间或者版面,每天播发或者刊登公众气象预报。

广播、电视台站根据气象预报的时效要求、公众视听习惯确定气象预报节目固定播出时间。需要调整固定播出时间的,应当事先征得气象台站的同意;确因特殊情况需要临时改变播出时间的,应当事先通知气象台站,并告知公众。

第十三条 广播、电视、报纸、电信、互联网等媒体传播公众气象预报、灾害性天气警报,必须使用气象主管机构所属气象台站直接提供的适时气象信息或者由气象台站直接制作的气象预报节目,并标明发布时间和气象台站的名称。

广播、电视等媒体应当及时增播或者插播气象主管机构所属气象台站提供的补充、订正的气象信息,实时、滚动播发灾害性天气警报。

电信企业应当提供有效渠道,保障紧急异常天气信息的及时传播。

第十四条　广播、电视、报纸、电信、互联网等媒体传播公众气象预报等气象信息的,应当与有关气象主管机构所属气象台站签订协议,明确双方权利和义务。

通过传播气象信息获得的收益,应当提取一部分用于支持气象事业的发展。

第十五条　车站、港口、码头、商场、宾馆等公共场所传播气象信息的,信息内容应当适时、完整、准确,并标明信息来源。

第三章　气象灾害防御

第十六条　各级人民政府应当加强气象灾害防御工作,组织建设气象灾害监测、预警系统,开展气象灾害普查,制定并实施气象灾害防御规划和气象灾害防御应急预案,提高气象灾害防御能力。

第十七条　县级以上气象主管机构应当组织对重大灾害性天气的跨地区、跨部门的联合监测、预警工作,及时提出气象灾害防御措施,并对重大气象灾害作出评估,为本级人民政府组织防御气象灾害提供决策依据。

第十八条　易受气象灾害危害地区的社区、村庄以及车站、港口、码头、学校、医院等公共场所,应当建设完善灾害性天气警报信息的接收、播发设施,并保证设施的正常运转。

易受气象灾害危害的地区,乡镇人民政府、街道办事处应当确定人员,协助气象主管机构开展防灾知识宣传、灾害性天气警报信息传播、气象灾害报告和灾情调查等工作。

第十九条　当发生或者有迹象发生突发性灾害天气时,气象台站应当及时向突发公共事件应急管理机构报送相关信息,突发公共事件应急管理机构应当即时作出应急响应。

当发生化学危险品泄露、核泄漏等重大突发公共安全事件时,气象主管机构应当根据突发公共事件应急预案要求,启动相应的应急气象服务。

第二十条　按照国家和省规定必须安装的雷电灾害防护装置,应当与主体工程同时设计、同时施工、同时投入使用。

雷电灾害防护装置设计审核、竣工验收和检测档案应当纳入建设档案管理。

雷电灾害防护装置的设计审核、竣工验收、检测,防雷专业单位资质的认定和管理,按照国家和省有关规定执行。

第二十一条　县级以上气象主管机构应当加强对本管辖区域雷电分布规律的细化监测分析,并向社会公布监测分析结果。

第二十二条　因建(构)筑物和其他设施建设,增加周边雷击风险的,建设单位应当采取相应防护措施。

第二十三条　建(构)筑物安装的户外广告、太阳能热水器、信息接收装置等设施,应当符合安装技术规范,避免影响建(构)筑物雷电灾害防护装置的功能。

第二十四条　气象灾害的性质和等级由气象主管机构会同有关部门确定并公布,其他单位和个人不得确定或者公布。

诉讼、保险理赔等活动需要气象主管机构提供气象灾害证明材料或者气象灾害评估报告的,气象主管机构应当提供气象证明材料或者组织有关专家对气象灾害进行调查鉴定后提供气象灾害评估报告。

第四章　气象设施建设与保护

第二十五条　县级以上气象主管机构应当根据上级气象设施建设规划,按照合理布局、有效利用的原则,编制本管辖区域气象设施布局规划,报本级人民政府批准后实施。

第二十六条　下列气象设施建设项目,在项目报批前,应当征求省级以上气象主管机构的意见：

（一）新建气象探测、通信、预警、预报、联防等全省性布点项目；

（二）国家和省规定的其他项目。

第二十七条 任何组织和个人未经依法批准不得迁移气象台站。因重点工程建设和实施城市规划，确需迁移气象台站的，应当按照国家规定报经省级以上气象主管机构批准，并由建设单位承担全部迁建费用。

按照国家规定需要进行新旧站址气象对比观测的，在规定的对比观测期内，建设单位不得实施影响气象对比观测的工程建设活动。

第二十八条 县级以上气象主管机构所属气象台站应当加强气象设施的维护，确保气象设施完好。

气象设施因不可抗力遭受损坏时，当地人民政府应当采取紧急措施，组织力量修复，确保气象设施正常运行。

第二十九条 禁止侵占、损毁气象设施、场地以及干扰气象专用频道、信道等行为；禁止擅自移动气象设施。

第三十条 县级以上人民政府应当组织自然资源、气象等部门按照国家和地方有关标准划定气象探测环境保护范围，并纳入国土空间规划；对现有不符合规定标准的探测场地，应当予以改善或者重建。

第三十一条 在气象探测环境保护范围内，禁止从事下列危害气象探测环境的行为：

（一）设置超过规定高度的建(构)筑物；

（二）爆破、采石、取土、焚烧、开挖水体；

（三）种植超过规定高度的作物、树木；

（四）设置影响气象探测设施工作效能的高频电磁辐射装置；

（五）其他影响气象探测的行为。

第三十二条　在气象探测环境保护范围内新建、扩建、改建建设工程,建设单位在申请建设用地规划许可和建设工程规划许可前应当依法征得气象主管机构同意。

第五章　气候资源开发利用

第三十三条　县级以上人民政府应当组织气象主管机构等部门开展气候资源综合调查、区划工作,并对本管辖区域内气候资源开发利用的方向和保护的重点作出规划。

县级以上人民政府编制国民经济和社会发展规划以及城乡建设、生态建设、环境保护、能源发展等规划,进行产业结构调整和重大建设项目布局时,应当充分利用气候资源区划的成果。

第三十四条　省气象主管机构负责组织本省气候和大气成分监测、分析和评价,定期发布全省气候公报以及气候变化评估报告。

第三十五条　县级以上气象主管机构应当依法开展对城市规划、重大基础设施建设、重点领域或者区域发展建设规划和大型太阳能、风能等气候资源开发项目的气候可行性论证。气候可行性论证的项目范围以及要求,由省发展改革部门会同省气象主管机构确定。

有关部门在规划编制和项目立项中,应当统筹考虑气候可行性和气象灾害的风险性,避免和减少气象灾害、气候变化对重要设施和工程项目的影响。

第三十六条　气候资源开发利用应当遵循规模开发、综合利用的原则,鼓励和支持太阳能、风能等可再生能源的开发利用。

省气象主管机构应当组织建立太阳能、风能监测网,为太阳能电站和风电场的建设、运行提供监测、评估、预报等技术支持。

第三十七条　气候可行性论证、大气环境影响评价应当使用符合国家气象技术标准的气象资料。

第三十八条 人工影响天气工作计划由县级以上气象主管机构商有关部门制定,报本级人民政府批准。人工影响天气的作业地点,由气象主管机构会同有关航空管制部门确定。

从事人工影响天气作业的组织,应当符合省气象主管机构规定的条件。从事人工影响天气作业的人员应当经省气象主管机构培训合格,并持证上岗。

实施人工影响天气作业规范、操作规程和安全管理等按照国家规定执行。

第六章 法律责任

第三十九条 违反本条例规定的行为,法律、行政法规已有法律责任规定的,从其规定。

第四十条 违反本条例第十二条第二款规定,广播、电视台站播出公众气象预报,未经同意调整固定播出时间,或者临时改变播出时间未事先通知气象主管机构并告知公众的,由县级以上气象主管机构责令改正,给予警告。

第四十一条 违反本条例第二十条第二款规定,未将雷电灾害防护装置设计审核、竣工验收和检测档案纳入建设档案的,由县级以上气象主管机构责令改正;拒不改正的,处五百元以上五千元以下罚款。

第四十二条 违反本条例第二十七条第二款规定,建设单位在规定的对比观测期内从事影响气象对比观测的工程建设活动的,由县级以上气象主管机构责令其停止施工,限期恢复原状或者采取其他补救措施,可处五千元以上五万元以下罚款。

第四十三条 违反本条例第三十七条规定,气候可行性论证、大气环境影响评价使用的气象资料不符合国家气象技术标准的,由县级以上气象主管机构责令改正,给予警告,可处五千元以上五万元以下罚款。

第四十四条　从事雷电灾害防护装置设计、施工、检测的单位和个人,违反有关规范和标准的,按照国家和省规定处罚;情节严重的,对单位可由原发证机关吊销其资质。

第四十五条　气象主管机构以及有关行政机关有下列情形之一的,由有权机关按照管理权限对负有直接责任的主管人员和其他直接责任人员给予处分:

(一)未依法提供气象服务,造成严重后果的;

(二)未按规定的条件和程序实施行政许可的;

(三)违反法定的权限和程序实施行政处罚的;

(四)非技术原因造成重大漏报、错报公众气象预报或者灾害性天气警报的;

(五)丢失或者毁坏原始气象探测资料的;

(六)伪造气象资料的;

(七)有其他滥用职权、玩忽职守、徇私舞弊行为的。

第七章　附　　则

第四十六条　本条例自 2008 年 1 月 1 日起施行。浙江省人民政府发布的《浙江省实施〈中华人民共和国气象法〉办法》同时废止。

浙江省气象灾害防御条例

(2017年3月30日浙江省第十二届人民代表大会常务委员会第三十九次会议通过,根据2020年11月27日浙江省第十三届人民代表大会常务委员会第二十五次会议《关于修改〈浙江省港口管理条例〉等七件地方性法规的决定》修正)

第一章 总 则

第一条 为了加强气象灾害防御,避免、减轻气象灾害造成的损失,保障经济社会发展和人民生命财产安全,根据《中华人民共和国气象法》《气象灾害防御条例》和其他有关法律、行政法规,结合本省实际,制定本条例。

第二条 本条例适用于本省行政区域和本省管辖的其他海域内的气象灾害防御活动。

本条例所称气象灾害,是指台风、大风(龙卷风)、暴雨、暴雪、寒潮、低温、霜冻、道路结冰、冰雹、高温、干旱、雷电、大雾和霾等所造成的灾害。

水旱灾害、地质灾害、海洋灾害、森林火灾等因气象因素引发的衍生、次生灾害的防御工作,适用有关法律、法规的规定。

第三条 县级以上人民政府应当加强对气象灾害防御工作的领导,建立健全气象灾害防御工作的协调机制,将气象灾害的防御纳入本级国民经济和社会发展规划,所需经费列入本级财政预算。

县级以上气象主管机构负责灾害性天气的监测、预报、预警,气候可行性论证,气象灾害风险评估,人工影响天气等气象灾害防御的管理、服务和监督工作。

县级以上人民政府有关部门和供电、通信等单位应当按照各自职责,共同做好气象灾害防御工作。

第四条 乡镇人民政府、街道办事处应当按照本条例规定,做好气象灾害防御工作。

村(居)民委员会应当协助人民政府、有关部门做好气象灾害防御知识宣传、气象灾害应急演练、气象灾害预警信息传递等工作。

乡镇人民政府、街道办事处确定的气象工作协理员和村(居)民委员会确定的气象工作信息员,协助开展气象灾害防御知识宣传、防灾避险明白卡发放、气象监测与传播设施维护、气象灾害预警信息传递、应急联络、灾情收集和报告等工作。

第五条 公民应当学习气象灾害防御知识,关注气象灾害风险,增强气象灾害防御意识和自救互救能力。

广播、电视、报纸、网络等媒体应当开展气象灾害防御知识的公益宣传。

鼓励社会组织和志愿者队伍等社会力量参与气象灾害防御知识宣传、气象灾害应急演练、气象灾害救援等气象灾害防御活动。

第六条 鼓励开展气象灾害防御的科学技术研究,培养气象人才,支持气象灾害防御先进技术的推广和应用,提高气象灾害防御的科学技术水平。

省气象主管机构会同省市场监督管理部门建立健全气象灾害

防御技术标准体系,指导和规范气象灾害防御工作。

第二章　预防措施

第七条　各级人民政府、有关部门应当根据气象灾害防御规划,结合当地气象灾害的特点和可能造成的危害,分灾害种类制定本地区和有关行业、领域的气象灾害应急预案,明确交通、通信、供水、排水、供电、供气等基础设施的运行保障和应急处置措施等内容,并定期组织开展气象灾害应急演练。

县级以上人民政府及其有关部门应当加强气象防灾减灾标准化乡镇、村的建设。

县级以上人民政府应当组织气象主管机构、有关部门对气象工作协理员和气象工作信息员定期进行培训。

第八条　交通、通信、广播、电视、网络、供水、排水、供电、供气、供油、危险化学品生产和储存等重要设施和机场、港口、车站、景区、学校、医院、大型商场等公共场所及其他人员密集场所的经营、管理单位(以下统称气象灾害防御重点单位),应当根据本单位特点制定气象灾害应急预案,建立防御重点部位和关键环节检查制度,及时消除气象灾害风险隐患。

县级以上人民政府应当组织气象主管机构、有关部门确定气象灾害防御重点单位,并向社会公布。

气象灾害防御重点单位的应急预案和检查情况,应当报当地气象主管机构和行业主管部门备案。气象主管机构、有关部门应当对气象灾害防御重点单位的防御准备工作进行指导和监督检查。

第九条　县级以上气象主管机构应当会同有关部门,根据当地气象灾害情况组织编制气象灾害防御指引,并在相应的气象灾害风险区域发放、发布,指导公众有效应对各类气象灾害。

气象灾害防御指引应当包括当地主要气象灾害的种类、特点、应对以及防御措施等内容。

第十条 编制国土空间规划以及基础设施建设等规划,应当结合当地气象灾害的特点和危害,统筹考虑河湖水系、道路系统、城乡绿化建设和其他公共空间实际情况,科学规划防洪排涝体系和通风廊道系统,避免和减轻气象灾害造成的危害。

编制机关在组织编制前款规定的规划时,应当就气候可行性、气象灾害参数、空间布局等内容,书面征求气象主管机构意见。

第十一条 寒潮、暴雪、低温等多发地区,农业农村、林业、渔业等部门应当引导农业、林业、渔业生产者调整种植、养殖结构,加强设施农业保温措施;公安、交通运输、住房城乡建设等部门和供电、通信等单位应当加强道路、自来水管道、供电、通信线路的巡查,采取防冻措施,储备必要的清雪除冰装备和材料,做好交通疏导、积雪(冰)清除、线路维护等准备工作。

第十二条 国家重点建设工程、重大区域性经济开发项目和大型太阳能、风能等气候资源开发利用项目,应当按照国家强制性评估的要求进行气候可行性论证。

需要进行气候可行性论证的项目范围和具体办法,由省发展和改革部门会同省气象主管机构确定。

第十三条 县级以上气象主管机构根据防灾减灾需要制定人工影响天气作业方案,经本级人民政府批准后,组织实施人工影响天气作业。

第十四条 县级以上人民政府应当组织气象主管机构、有关部门建立气象灾害数据库,定期进行数据更新。

县级以上气象主管机构应当按照气象灾害的种类进行气象灾害风险评估,研究确定气象灾害风险临界值。

制定道路和轨道交通、通信、供水、排水、供电等基础设施建设标准和技术规范使用的气象灾害风险数据,应当采用气象灾害数据库的数据和气象灾害风险临界值。

第十五条 建立财政支持的气象灾害风险保险制度。鼓励公民、法人和其他组织通过保险等方式减少气象灾害造成的损失,鼓励保险机构提供天气指数保险、巨灾保险等产品和服务,提高全社会抵御气象灾害风险能力。

气象主管机构应当为保险机构发展天气指数保险、巨灾保险等提供必要的技术支持。

第三章 监测、预报和预警

第十六条 县级以上人民政府根据防灾减灾需要,完善气象灾害监测站网,在气象灾害敏感区、易发多发区以及监测站点稀疏区增设相应的气象监测设施。

自然资源、交通运输、水行政、农业农村、生态环境、林业、渔业等部门和供电、通信等单位设置气象监测设施的,应当符合国家标准或者行业标准,并与气象监测站点规划布局相协调。

第十七条 县级以上人民政府应当组织气象主管机构、有关部门建立气象灾害监测信息平台。气象主管机构负责气象灾害监测信息平台的日常维护和气象灾害监测信息汇总与共享的组织管理。

县级以上气象主管机构所属的气象台站以及与灾害性天气监测、预报有关的单位,应当实时向气象灾害监测信息平台提供气象监测信息。

县级以上气象主管机构应当会同自然资源、水行政等部门对地质灾害、小流域山洪易发区等监测重点区域开展气象灾害联合监测。

第十八条 县级以上气象主管机构及其所属的气象台站应当完善灾害性天气的监测、预报系统,提高灾害性天气预报、警报的准确率和时效性。

县级以上气象主管机构所属的气象台站应当加强对雷电、大风(龙卷风)、冰雹等强对流天气的风险研判,并将重要研判信息实时通报自然资源、交通运输、水行政、农业农村、住房城乡建设、应急管理、林业、渔业等部门。

第十九条 县级以上气象主管机构所属的气象台站应当按照职责向社会统一发布灾害性天气警报和气象灾害预警信号,并及时向有关灾害防御、救助部门和单位通报;其他组织和个人不得向社会发布灾害性天气警报和气象灾害预警信号,不得向社会发布混淆气象灾害预警信号的近似信号。

气象灾害预警信号实行属地发布制度。气象灾害预警信号的发布、变更和解除,由县级气象主管机构所属的气象台站负责;未设立气象台站的,由设区的市气象主管机构所属的气象台站负责。

第二十条 县级以上人民政府应当组织气象主管机构、有关部门建设气象灾害预警信息传播设施或者利用现有的传播设施,完善气象灾害预警信息传播途径。

县级以上气象主管机构、有关部门应当与广播、电视、报纸、网络等媒体和通信、户外媒体、车载信息终端等运营企业开展合作,拓宽气象灾害预警信息快速传输通道;在边远农村、山区、渔区因地制宜建设和利用广播、预警大喇叭等接收终端,及时向受影响的单位和个人传递灾害性天气警报和气象灾害预警信号。

广播、电视、网络等媒体和通信、户外媒体、车载信息终端等运营企业应当加强对其设置或者管理的广播、预警大喇叭等接收终端的维护和保养,保证正常运行。

第二十一条 县级以上气象主管机构应当在气象信息接收和显示装置、预警大喇叭等气象灾害预警信息传播设施的显著位置设置保护标志,标明保护要求。

禁止侵占、损毁、擅自移动气象信息接收和显示装置、预警大喇叭等气象灾害预警信息传播设施。

第二十二条 广播、电视、报纸、网络等媒体和通信运营企业应当与当地气象主管机构所属的气象台站建立气象灾害预警信息获取机制,准确、及时、无偿向社会播发或者刊登适时灾害性天气警报和气象灾害预警信号。

对台风、暴雨、暴雪、道路结冰等橙色、红色预警信号和雷电、大风、冰雹等强对流天气的预警信号,广播、电视、网络等媒体和通信运营企业应当采用滚动字幕、加开视频窗口以及插播、短信提示、信息推送等方式实时播发。

第二十三条 机场、港口、车站、景区、学校、医院、大型商场、文化体育场(馆)、宾馆、饭店等公共场所以及其他人员密集场所的经营、管理单位,应当通过电子显示装置、广播等途径及时向公众传播气象灾害预警信号和应急防御指南。

第二十四条 播发或者刊登气象灾害预警信息,应当标明提供气象灾害预警信息的气象台站名称及时间,不得擅自删改气象灾害预警信息内容。

不得传播虚假和其他误导公众的气象灾害预警信息。

第四章 应急处置

第二十五条 县级以上气象主管机构所属的气象台站应当及时向本级人民政府及其有关部门报告灾害性天气预报和气象灾害预警信息。

各级人民政府、有关部门应当根据灾害性天气警报、气象灾害预警信号和气象灾害应急预案启动标准,及时作出启动相应级别应急响应的决定。

第二十六条 气象灾害应急响应启动后,县级以上人民政府及其有关部门应当根据气象灾害发生情况,依照《中华人民共和国突发事件应对法》和有关法律、法规的规定,及时采取相应的应急处置措施。

乡镇人民政府、街道办事处和村(居)民委员会,应当开展气象灾害预警信息接收和传递、组织自救互救等应急处置工作,并及时向上级人民政府报告相关情况。

需要由人民政府组织转移避险的,有关人民政府应当发布转移指令,告知转移人员具体的转移地点和转移方式,并妥善安排被转移人员的基本生活。情况紧急时,组织转移的人民政府、有关部门可以对经劝导仍拒绝转移的人员依法实施强制转移。

第二十七条 公民、法人和其他组织应当主动了解气象灾害情况;在橙色、红色气象灾害预警信号生效期间,合理安排出行计划,储备必要的饮用水、食品及照明用具等生活用品,采取相应的自救互救措施,应当配合人民政府、有关部门采取的应急处置措施。

气象灾害防御重点单位应当根据气象灾害情况和气象灾害应急预案,组织实施本单位的应急处置工作,加强对防御重点部位和关键环节的巡查,保障运营安全。

大型群众性活动的承办者应当关注气象灾害预警信息。气象灾害预警信号发布后,大型群众性活动的承办者、场所管理者应当立即按照活动安全工作方案,采取相应的应急处置措施。

第二十八条 台风、大风预警信号生效期间,建筑物、构筑物、户外广告牌、玻璃幕墙的所有人、管理人或者使用人,应当采取措施避免搁置物、悬挂物脱落、坠落;建筑工地的施工单位应当加强防风安全管理,设置必要的警示标识,加固脚手架、围挡等临时设施;船舶的所有人、经营人或者管理人应当遵守有关台风、大风期间船舶避风的规定。

暴雨预警信号生效期间,排水设施运营单位应当做好排水管网和防涝设施的运行检查与维护,保持排水通畅;在立交桥、低洼路段等易涝点设置警示标识,并根据实际情况增加排水设施。

暴雨、暴雪、道路结冰、大雾等引起局部地区出现交通安全隐患的,当地人民政府、有关部门应当采取限制通行等管制措施,并为乘客的基本生活提供保障。

第二十九条 台风、暴雨、暴雪、道路结冰、霾红色预警信号生效期间,托儿所、幼儿园、中小学校应当停课。未启程上学的学生不必到学校上课;上学途中的学生可以就近到安全场所暂避;在校学生应当服从学校安排,学校应当保障在校学生的安全。

台风、暴雨、暴雪、道路结冰、霾红色预警信号生效期间,除国家机关和直接保障城市运行的企事业单位外,其他用人单位应当根据生产经营特点和防灾减灾需要,采取临时停产、停工、停业或者调整工作时间等措施;用人单位应当为在岗及因天气原因滞留单位的工作人员提供必要的避险措施。

停课安排和停产、停工、停业的具体办法由县级以上人民政府制定。

第三十条 气象灾害不再扩大或者趋于减轻时,县级以上气象主管机构所属的气象台站应当及时变更或者解除气象灾害预警。

各级人民政府、有关部门应当根据气象主管机构提供的灾害性天气变化信息,及时调整气象灾害应急响应级别或者作出解除气象灾害应急响应的决定。

第五章 法律责任

第三十一条 违反本条例规定的行为,法律、行政法规已有法律责任规定的,从其规定。

第三十二条 违反本条例规定,向社会发布混淆气象灾害预警信号的近似信号,或者传播虚假和其他误导公众的气象灾害预警信息的,由县级以上气象主管机构责令改正,给予警告,可以并处三千元以上三万元以下罚款。

第三十三条 违反本条例规定,侵占、损毁、擅自移动气象信息接收和显示装置、预警大喇叭等气象灾害预警信息传播设施的,由县级以上气象主管机构责令停止违法行为,限期恢复原状或者采取其他补救措施,可以处一千元以上一万元以下罚款;造成损害的,依法承担赔偿责任。

第三十四条 广播、电视、报纸、网络等媒体和通信运营企业违反本条例规定,未按照要求播发或者刊登灾害性天气警报和气象灾害预警信号的,由县级以上气象主管机构责令改正,给予警告,可以并处一万元以上五万元以下罚款;对直接负责的主管人员和其他直接责任人员,由有权机关依法给予处分。

第六章　附　则

第三十五条 本条例自2017年7月1日起施行。浙江省人民政府发布的《浙江省气象灾害防御办法》同时废止。

日照市气象设施和气象探测环境保护办法

（2020年11月16日日照市政府第71次常务会议通过，自2021年1月1日起施行）

第一条 为了保护气象设施和气象探测环境，确保气象探测信息的代表性、准确性、连续性和可比较性，根据《中华人民共和国气象法》《气象设施和气象探测环境保护条例》《山东省气象设施和气象探测环境保护条例》，结合本市实际，制定本办法。

第二条 本市行政区域内气象设施和气象探测环境的保护，适用本办法。

本办法所称气象设施，是指气象探测设施、气象信息专用传输设施和大型气象专用技术装备等。

本办法所称气象探测环境，是指为避开各种干扰，保证气象探测设施准确获得气象探测信息所必需的最小距离构成的环境空间。

第三条 气象设施和气象探测环境保护应当遵循分类保护、分级管理、规划控制、预防为主的原则。

第四条 市、县（区）人民政府应当加强对本行政区域内气象设施和气象探测环境保护工作的组织领导，协调解决气象设施和气象探测环境保护中的重大问题，将气象设施和气象探测环境保护工作所需经费纳入同级财政预算。

第五条 各级气象主管机构在上级气象主管机构和本级人民政府领导下,负责本行政区域内气象设施和气象探测环境的保护工作。

第六条 发展改革、工业和信息化、自然资源和规划、行政审批服务等有关部门按照职责分工做好气象设施和气象探测环境保护的有关工作。

第七条 各级人民政府及其有关部门应当加强宣传教育,增强全社会保护气象设施和气象探测环境的意识。

任何单位和个人都不得破坏气象设施和气象探测环境,并有权向当地气象主管机构或者有关部门举报破坏气象设施和气象探测环境的行为。

气象探测设施所在地的单位或者个人有义务对气象设施和气象探测环境进行保护。

第八条 市、县(区)气象主管机构应当会同自然资源和规划等有关部门制定气象设施和气象探测环境保护专项规划,报本级人民政府批准后纳入国土空间规划并公布实施。

国土空间规划调整涉及气象设施和气象探测环境保护专项规划的,自然资源和规划部门报批前应当征求气象主管机构意见。

第九条 下列气象设施和气象探测环境应当依法予以保护:

(一)国家基准气候站、国家基本气象站、国家一般气象站、区域气象观测站等气象观测站的气象设施和气象探测环境;

(二)天气雷达站、气象卫星接收站等气象台站的气象设施和气象探测环境;

(三)大气成分观测站、风廓线观测站、风能观测站、太阳辐射观测站、电离层观测站、酸雨监测站、农业气象基本观测站、空间天气观测站、自动土壤水分观测站、负离子观测站等气象台站的气象设施和气象探测环境;

（四）无人值守的自动气象站、雷电监测站、地基全球定位系统气象探测设施、海洋气象浮标观测站等气象设施；

（五）气象专用频道、频率、线路、网络及其设施；

（六）其他应当保护的气象设施和气象探测环境。

第十条 气象设施是基础性公共服务设施，市、县（区）人民政府及其有关部门应当按照气象设施建设规划的要求，合理安排气象设施建设用地，保障气象设施建设顺利进行。

气象主管机构应当按照有关质量标准和技术要求配备气象设施，设置必要的防护装置，建立安全管理制度，并在气象设施附近显著位置设立保护标志，标明保护要求。

第十一条 无人值守的气象设施，气象主管机构可以委托所在乡镇人民政府、街道办事处或者企业事业单位、村民委员会、居民委员会保护。

委托方与受委托方应当签订委托协议，明确各自的权利义务。

第十二条 禁止实施下列危害气象设施的行为：

（一）侵占、损毁、盗窃或者未经批准擅自移动气象设施；

（二）占用、干扰依法设立的气象无线电台（站）、频率；

（三）设置影响大型气象专用技术装备和其他气象探测设施使用功能的干扰源；

（四）侵占气象设施用地；

（五）在气象设施上安装、悬挂、捆绑与气象探测无关的物品；

（六）在气象设施周边进行危及气象设施安全的爆破、钻探、采石、挖砂、取土、焚烧等；

（七）其他危害气象设施的行为。

禁止损毁或者擅自移动气象设施保护标志。

第十三条 气象设施遭受破坏的，当地气象主管机构应当采取措施，组织力量修复，并向本级人民政府和上一级气象主管机构报告。

因人为原因造成气象设施破坏的,有关部门应当依法进行查处。

第十四条 禁止实施下列危害国家基准气候站、国家基本气象站探测环境的行为：

（一）在国家基准气候站观测场周边两千米探测环境保护范围内或者国家基本气象站观测场周边一千米探测环境保护范围内修建高度超过距观测场距离十分之一的建筑物、构筑物；

（二）在观测场周边五百米范围内设置垃圾场、排污口等干扰源；

（三）在观测场周边二百米范围内修建铁路；

（四）在观测场周边一百米范围内挖筑水塘等；

（五）在观测场周边五十米范围内修建公路、种植高度超过一米的树木和作物等。

（六）在观测场日出或者日落方向设置遮挡仰角大于五度的障碍物。

第十五条 禁止实施下列危害国家一般气象站探测环境的行为：

（一）在观测场周边八百米探测环境保护范围内修建高度超过距观测场距离八分之一的建筑物、构筑物；

（二）在观测场周边二百米范围内设置垃圾场、排污口等干扰源；

（三）在观测场周边一百米范围内修建铁路；

（四）在观测场周边五十米范围内挖筑水塘等；

（五）在观测场周边三十米范围内修建公路、种植高度超过一米的树木和作物等；

（六）在观测场日出或者日落方向设置遮挡仰角大于七度的障碍物。

第十六条 天气雷达站、区域气象观测站、大气成分观测站、太阳辐射观测站、自动土壤水分观测站和单独设立的气象探测设施探测环境的保护,按照国家有关规定执行。

第十七条 市、县(区)人民政府应当根据气象探测环境保护范围的标准划定本行政区域的具体保护范围,并向社会公布。

第十八条 市、县(区)气象主管机构应当将本行政区域内气象台站的类别、地理位置、观测项目、探测设施、保护标准、保护范围、禁止内容、观测场地平面图等向本级人民政府和上一级气象主管机构报告,并抄送同级发展改革、工业和信息化、自然资源和规划、行政审批服务等部门。

第十九条 气象台站的探测环境不符合保护标准的,气象主管机构应当根据实际情况,向本级人民政府提出治理意见,由本级人民政府组织有关部门进行治理。

第二十条 市、县(区)人民政府应当将本级气象主管机构纳入国土利用和规划建设协调机制成员单位,涉及气象台站周边一定范围内建设项目的,气象主管机构应当参与。

具体范围由气象主管机构提出意见。

第二十一条 建设项目选址涉及气象台站周边土地的,负责建设项目选址审查的部门应当征求本级气象主管机构的意见,并将选址结果告知本级气象主管机构。

在公开出让气象台站周边土地时,负责土地出让的部门,应当在出让公告中告知气象台站的位置及气象台站气象探测环境保护要求。

第二十二条 在气象台站探测环境保护范围内新建、改建、扩建建设工程,应当避免危害气象探测环境;确实无法避免的,建设单位应当向市气象主管机构报告,并提出相应的补救措施,由市气象主管机构审查后上报省气象主管机构,经省气象主管机构书面同意。

在单独设立的气象探测设施探测环境保护范围内新建、改建、扩建建设工程的,建设单位应当事先报告当地气象主管机构,并按照要求采取必要的工程、技术措施。

第二十三条 气象台站的站址应当保持长期稳定,任何单位或者个人不得擅自迁移气象台站。

因实施城市、县城(镇)国土空间规划或者国家重点工程建设,确需迁移气象台站的,建设单位或者当地人民政府应当向省气象主管机构提出迁移气象台站的申请,依法经省级以上气象主管机构批准后,按照先建站后迁移的原则进行迁移。

气象台站迁移、建设费用由建设单位承担。

第二十四条 气象台站探测环境遭到严重破坏,失去治理和恢复可能的,该气象台站所在地地方人民政府应当依法申请迁移气象台站,保证气象台站迁移用地,并承担迁移、建设费用。

地方人民政府承担迁移、建设费用后,可以向破坏气象探测环境的责任人追偿。

第二十五条 经批准迁移的国家基准气候站、国家基本气象站、国家一般气象站,应当按照国家规定,在新、旧站址进行至少一个自然年的连续对比观测,对比观测期间新、旧址气象设施和气象探测环境同时依法受保护。

对比观测完成,迁移的气象台站经批准、决定迁移的气象主管机构验收合格,正式投入使用后,方可改变旧址用途。

第二十六条 各级气象主管机构应当加强对气象设施和气象探测环境保护的日常巡查和监督检查,发现应当由其他部门查处的违法行为的,应当及时通报有关部门进行查处。

有关部门未及时查处的,气象主管机构可以通报或者报告有关人民政府,由有关人民政府责成有关部门进行查处。

第二十七条 气象主管机构应当建立举报制度,公开举报电话、通信地址或者电子邮箱、微信、微博等网络平台。

气象主管机构收到举报后,应当及时依法处理,或者通报有关部门处理。

第二十八条 违反本办法,实施危害气象设施和气象探测环境行为的,依照有关法律、法规、规章处罚。

第二十九条 本办法自 2021 年 1 月 1 日起施行。

海南省气象灾害防御条例

(2012年7月17日海南省第四届人民代表大会常务委员会第三十二次会议通过,根据2020年6月16日海南省第六届人民代表大会常务委员会第二十次会议《关于修改〈海南省红树林保护规定〉等四件法规的决定》修正)

第一章 总 则

第一条 为了加强气象灾害的防御,避免、减轻气象灾害造成的损失,保障人民生命财产安全,促进经济社会发展,根据《中华人民共和国气象法》、国务院《气象灾害防御条例》等法律、法规,结合本省实际,制定本条例。

第二条 在本省行政区域内从事气象灾害防御活动,适用本条例。

本条例所称气象灾害,是指台风、暴雨、干旱、雷电、大风、低温、高温、大雾、冰雹、霾和龙卷风等所造成的灾害。

第三条 气象灾害防御工作实行以人为本、科学防御、政府主导、部门联动、社会参与的原则。

第四条 县级以上人民政府应当加强对气象灾害防御工作的

领导,建立健全气象灾害防御工作协调机制和防灾减灾责任制,完善气象灾害防御基础设施建设,将气象灾害防御工作纳入本地区国民经济和社会发展规划,所需经费列入本级财政预算。

第五条 县级以上气象主管机构负责本行政区域内灾害性天气的监测、预报、预警,以及气候可行性论证、人工影响天气、雷电防护等工作,组织气象台站开展气候变化分析和气候影响评估工作;协助有关部门做好气象衍生、次生灾害的监测、预报、预警和减灾等工作。

县级以上人民政府有关部门按照职责分工,共同做好本省气象灾害及其衍生、次生灾害的防御工作。

第六条 乡镇人民政府、街道办事处应当配备气象灾害防御协理员。

协理员具体负责气象灾害防御设施管理、气象灾情收集、气象灾害预警信息传播、应急联络、灾害报告、气象科普宣传和气象为农服务等工作。

第七条 县级以上人民政府应当组织气象主管机构和有关部门,向社会宣传气象灾害防御法律法规,普及气象灾害防御知识,增强社会公众气象灾害防御意识,并根据本地气象灾害的特点组织应急演练,提高社会公众避险、避灾、自救、互救的应急能力。

村(居)民委员会、企事业单位应当协助本地人民政府做好气象灾害防御知识的宣传和气象灾害应急演练活动,并向本地人民政府提供气象灾害防御的相关信息。

第八条 气象灾害防御工作涉及两个以上行政区域的,有关地方人民政府、有关部门应当建立联合防御制度,加强信息沟通。必要时,由省人民政府或其有关部门组织协调。

第九条 省人民政府应当合理配置气象灾害防御资源,促进气象灾害防御工作均衡发展,对革命老区、少数民族地区、贫困地区的紧急避难场所、公共雷电防护设施等基础设施建设和管理的投入给予扶持。

第二章 预 防

第十条 县级以上人民政府应当组织气象主管机构和有关部门开展气象灾害普查,建立气象灾害数据库,进行气象灾害风险评估,编制气象灾害风险区划,划定气象灾害风险区域并予以公告。

气象灾害风险评估应当包括下列内容:

(一)气象灾害历史、现状分析;

(二)气象灾害风险预估;

(三)预防或者减轻气象灾害影响的对策和措施;

(四)气象灾害风险评估结论。

第十一条 县级以上人民政府应当组织气象主管机构和有关部门,结合本地气象灾害特点、风险评估结果以及经济社会发展趋势,编制本行政区域的气象灾害防御规划并组织实施。气象灾害防御规划应当根据气象灾害变化情况及时修订。

气象灾害防御规划应当包括下列内容:

(一)气象灾害防御的指导思想、原则、目标和任务;

(二)气象灾害现状及发展趋势的预测、预估和评估;

(三)气象灾害易发区域和重点防御区域;

(四)气象灾害防御标准;

(五)气象灾害防御项目、措施和实施方案;

(六)气象灾害防御设施建设和管理;

(七)气象灾害应急处置措施;

(八)法律、法规规定的其他内容。

第十二条 编制国土空间规划和区域、流域的建设开发利用规划,以及农业、林业、能源、环境保护、海洋渔业、水利、交通运输、旅游等专项规划,应当考虑气象灾害防御的要求。

第十三条　县级以上人民政府、有关部门应当根据气象灾害防御规划,结合本地气象灾害的特点和可能造成的危害,组织制定本行政区域、本部门的气象灾害应急预案,报上一级人民政府、有关部门备案,并向社会公布。

气象灾害应急预案应当包括下列内容:
（一）气象灾害应急组织指挥体系与职责;
（二）气象灾害预防与预警机制;
（三）气象灾害应急预案启动和响应程序;
（四）气象灾害应急处置和保障措施;
（五）灾后恢复、重建措施。

第十四条　市、县、自治县气象主管机构会同相关部门将交通运输、水务、旅游、农业、渔业、电力、通信等行业和系统中的相关单位以及其他受气象灾害影响较大的单位列入气象灾害防御重点单位名录,报本级人民政府审定后公布。

气象灾害防御重点单位应当按照气象灾害防御要求做好以下防御准备工作:
（一）建设必要的气象监测设施和紧急避难场所;
（二）接收与传播预警信息;
（三）完善应急预案,加强应急预案演练;
（四）宣传气象灾害防御知识;
（五）落实防御责任人及其职责;
（六）其他准备工作。

市、县、自治县人民政府应当组织气象主管机构和有关部门加强对气象灾害防御重点单位的监督检查,重点检查气象灾害防御设施、防御措施和防御管理情况,及时督促其整改存在的隐患。

第十五条　市、县、自治县气象主管机构应当指导气象灾害防御重点单位制定气象灾害应急预案。气象灾害防御重点单位制定的气象灾害应急预案,应当报当地气象主管机构备案。

鼓励气象灾害非防御重点单位,根据实际情况制定气象灾害应急预案,提高气象灾害防御的科学性和规范性。

第十六条 各级人民政府、有关部门和单位应当根据台风灾害防御要求,加强堤防、避风港、防护林、避风锚地、紧急避难场所等防御设施建设,定期组织对相关防御设施的监督检查;及时巡查电力、通信线路,保障通信渠道畅通。

建(构)筑物的建设应当符合国家规定的抗风标准。

第十七条 各级人民政府、有关部门和单位应当在每年汛期前,对全省水库和山塘等设施组织安全检查,排查整改洪涝隐患,修复水毁工程,备足抢险物资和救生器材,确保电台、卫星电话等应急通信设施畅通。

第十八条 各级人民政府、有关部门和单位应当根据旱情灾害的特点和风险评估结果,因地制宜修建中小型蓄水、引水、提水和雨水集蓄利用等抗旱工程,储备必要的抗旱物资,做好保障干旱期城乡居民生活供水的水源贮备工作。

第十九条 各级人民政府、有关部门和单位应当根据暴雨发生情况,加强河道、水库、堤防、闸坝、泵站等防洪设施建设,定期检查各种排水设施的运行情况,加强城镇内河和排水管网的清淤疏通,整治积水易涝区域,加固病险水库,加强对地质灾害易发区和堤防等重要险段的巡查。

第二十条 大雾多发区域的各级人民政府、有关部门和单位应当加强对机场、港口、高速公路、航道、海峡、铁路、渔场等重要场所和交通要道的大雾监测设施建设,及时向公众提供大雾灾害信息,做好交通疏导、安全保障、运行计划调整、旅客安抚等工作。

第二十一条 各类建(构)筑物、场所和设施安装雷电防护装置应当符合国家有关防雷标准的规定。新建、改建、扩建建(构)筑物的雷电防护装置可以由取得相应建设、公路、水路、铁路、民航、水利、电力、核电、通信等专业工程设计、施工资质的单位承担,应当与主体工程同时设计、同时施工、同时投入使用。

油库、气库、弹药库、化学品仓库和烟花爆竹、石化等易燃易爆建设工程和场所，雷电易发区内的矿区、旅游景点或者投入使用的建（构）筑物、设施等需要单独安装雷电防护装置的场所，以及雷电风险高且没有防雷标准规范、需要进行特殊论证的大型项目，其雷电防护装置的设计审核和竣工验收由县级以上地方气象主管机构负责。未经设计审核或者设计审核不合格的，不得施工；未经竣工验收或者竣工验收不合格的，不得交付使用。

房屋建筑工程和市政基础设施工程雷电防护装置设计审核、竣工验收，由住房和城乡建设部门监管。

公路、水路、铁路、民航、水利、电力、核电、通信等专业建设工程防雷管理，由有关主管部门负责。

第二十二条 气象主管机构应当加强农村雷电易发的种养殖区域和其他雷击灾害重点防御区域的公共雷电防护设施建设。

第二十三条 开展人工影响天气工作，应当制定人工影响天气工作计划。人工影响天气工作计划由县级以上气象主管机构商同级有关部门编制，报本级人民政府批准后实施。

气象主管机构组织实施人工影响天气作业前，应当及时通知相关部门，并根据具体情况向受影响区域公众公告。

干旱、冰雹、森林火灾多发区域和城市供水、工农业用水紧缺地区的水源地及其上游地区的县级以上气象主管机构应当根据防灾减灾需要和经本级人民政府批准的人工影响天气工作计划，适时实施人工增雨、消雹等人工影响天气作业，预防和避免发生严重灾情。有关部门应当按照职责分工，配合气象主管机构做好人工影响天气的相关工作。

第二十四条 县级以上气象主管机构应当组织对国土空间规划、国家和本省重大建设工程、重大区域性经济开发项目和大型太阳能、风能等气候资源开发利用项目进行气候可行性论证，统筹考虑气候可行性和气象灾害的风险性,避免、减轻气象灾害的影响。

有关部门对前款规定的项目依法进行项目可行性研究报告审批或者项目申请报告审核时,应当将气候可行性论证纳入审查内容。

第三章 监测、预报和预警

第二十五条 县级以上人民政府应当按照合理布局、有效利用、资源共享的原则,组织气象主管机构和有关部门建立跨地区、跨部门的气象灾害监测信息共享平台,完善气象灾害监测体系和信息共享机制。

有关部门和单位应当按照各自职责开展气象灾害及其衍生、次生灾害的监测工作,并及时、准确地向气象灾害信息共享平台提供气象、水情、旱情、森林火险、地质险情、环境污染、植物病虫害、动物疫情等与气象灾害有关的监测信息,实行信息资源共享。

气象主管机构应当做好气象灾害监测信息共享平台的日常维护和管理。

第二十六条 气象主管机构应当加强气象灾害综合监测、预报、预警、应急服务等基础设施建设;在气象灾害易发区域和气象灾害重点防御区域,统一规划设置加密气象观测站、移动气象灾害监测设施,完善气象灾害自动监测网点。

气象主管机构应当加强三沙市所辖岛礁及其海域的气象监测站点建设,提高预警能力,并及时发布气象预报。

自然资源和规划、交通运输、水务、农业农村、林业、生态环境、电力、通信等有关部门和单位根据防灾减灾需要设置气象监测设施的,应当符合气象灾害监测总体规划布局要求。任何单位和个人设置的气象监测设施应当符合国家标准或者行业标准。

第二十七条 可能发生气象灾害时,气象灾害监测有关单位应当增加监测时次;气象主管机构所属气象台站应当组织跨区域预报会商和监测联防,并根据天气变化情况,及时发布灾害性天气警报和气象灾害预警信息。

可能发生台风等重大气象灾害时,气象主管机构应当增加预警信息播发的次数,每天不得少于四次。

第二十八条　气象主管机构及其所属气象台站应当提高气象灾害预报、警报的准确性、时效性,做好灾害性、关键性、转折性天气的预报、警报和灾害趋势预测,及时向本级人民政府报告,并通报相关防灾减灾机构和部门,不得瞒报、谎报。

第二十九条　气象主管机构所属气象台站应当按照职责和公共服务需要向社会统一发布灾害性天气警报和气象灾害预警信号,并根据天气变化情况及时补充、订正,其他组织和个人不得向社会发布灾害性天气警报和气象灾害预警信号。

气象主管机构应当会同有关部门和单位建立、完善气象灾害预警系统,为防汛抗旱、森林防火、海洋渔业、交通安全、工农业生产、地质灾害防治、突发公共事件、应急处置、救援等提供气象保障服务。

第三十条　气象主管机构所属台站参照以下标准发布台风预警信号:

(一)24小时内可能或者已经受热带气旋影响,沿海或者陆地平均风力达6级以上,或者阵风8级以上并可能持续,发布台风蓝色预警信号;

(二)24小时内可能或者已经受热带气旋影响,沿海或者陆地平均风力达8级以上,或者阵风10级以上并可能持续,发布台风黄色预警信号;

(三)12小时内可能或者已经受热带气旋影响,沿海或者陆地平均风力达10级以上,或者阵风12级以上并可能持续,发布台风橙色预警信号;

（四）6小时内可能或者已经受热带气旋影响，沿海或者陆地平均风力达12级以上，或者阵风达14级以上并可能持续，发布台风红色预警信号。

其他气象灾害预警信号依照有关规定发布。

第三十一条　各级广播、电视台站和省人民政府指定的报纸，应当安排专门的时间或者版面，每天播发或者刊登气象预报或者灾害性天气警报、气象灾害预警信息；改变气象预报节目播发时间安排和播发方式的，应当事先征得有关气象台站的同意，并向社会公告。对国计民生可能产生重大影响的灾害性天气警报、气象灾害预警信息和补充、订正的气象预报，应当及时增播或者插播。

气象主管机构应当协同农业农村部门采取有效措施向本省管辖海域的作业渔船传播天气预报和气象灾害预警信息。

气象主管机构所属气象台站发布台风红色预警信号后，基础电信运营企业应当根据气象主管机构的要求，实时向气象灾害预警区域内的手机用户免费发布气象灾害预警信息。

有关单位在播发或者刊登灾害性天气警报和气象灾害预警信息时，应当标明提供警报和预警信息的气象台站名称及时间，不得删改警报和预警信息内容。

第三十二条　有关部门和单位应当根据气象灾害防御的需要，在学校、医院、体育场（馆）、旅游景区景点、机场、高速公路、车站、港口、码头等公共场所及乡村显著位置，组织设立预警信息接收和播发设施。

车站、机场、商场、学校、医院、旅游景区景点等人员密集场所的管理单位应当利用电子显示屏、广播等设施，向公众连续播发灾害性天气预报、警报。

各级人民政府及有关部门应当加强边远农村、山区、海域预警信息接收终端建设，因地制宜利用有线广播、高音喇叭、鸣锣吹哨等方式，及时向受影响的公众传播灾害性天气预报、警报信息。

第四章 应急处置

第三十三条 县级以上人民政府应当加强重大气象灾害及其衍生、次生灾害的救灾物资储备。

第三十四条 县级以上气象主管机构应当及时向本级人民政府报告灾害性天气预报和气象灾害预警信息。

县级以上人民政府应当根据气象灾害预警级别，启动相应的应急预案，采取应急措施，确定气象灾害危险区，并予以公告。

发生跨市、县、自治县行政区域大范围的气象灾害，并造成较大危害时，由省人民政府启动省级应急预案，统一领导和指挥气象灾害及其衍生、次生灾害的应急处置工作。

有关部门、气象灾害防御重点单位以及已经制定气象灾害应急预案的单位，应当根据气象灾害预警级别，启动应急预案。没有制定气象灾害应急预案的单位，应当根据实际情况采取必要的应急措施。

第三十五条 同时发生两种以上气象灾害且分别发布不同预警级别时，县级以上人民政府、有关部门按照职责以最高预警级别灾种启动应急响应。

同时发生两种以上气象灾害且均没有达到预警标准，但可能或者已经造成损失和影响时，县级以上人民政府、有关部门按照职责，根据不同程度的损失和影响在综合评估基础上启动相应级别应急响应。

第三十六条 气象灾害危险区的村（居）民委员会和其他单位应当按照当地人民政府的决定、命令，进行宣传动员，协助当地人民政府维护社会秩序，组织群众开展自救和互救，并在受到灾害威胁时，应当及时组织人员转移、疏散。

气象灾害发生地的单位和个人应当服从政府的决定、命令，配合政府和有关部门采取应急措施,做好应急救援工作。

第三十七条 气象主管机构所属气象台站发布台风蓝色预警信号后,有关部门及相关人员应当采取下列气象灾害应急处置措施:

(一)广播、电视、报纸、网络等媒体提示公众注意防风、防雨,将预警信号的含义等相关信息和主要防御措施告知公众;

(二)电力、通信主管部门组织做好电力、通信应急保障工作;

(三)旅游部门督促旅游景区景点采取有效措施保障游客人身与财产安全;

(四)交通运输、海事、农业农村部门依照职责指导船舶防风,及时向相关水域水上作业和过往的船舶发布动态信息;

(五)船舶采取回港避风或者航行机动避风等措施;

(六)应急管理部门增加海浪监测的时次;

(七)水利工程管理单位加强堤防水库巡护查险,对达到防洪限制水位的水库根据情况排放其部分库容,排涝泵站根据实际情况开机排水;

(八)自然资源和规划部门督促地质灾害隐患点的监测责任单位加强巡查,在可能出现险情的地段布设警戒线及警示牌;

(九)公安、交通运输部门对积水地区实行交通引导或者管制;

(十)水务部门启动城市积涝应急程序,加强疏通地下排水管道,防止城市内涝;

(十一)农业农村部门指导做好农业设施、水产养殖设施的防护和农作物、养殖水产品的抢收等工作;

(十二)园林绿化部门对城市道路两侧树木采取修剪、加固等防风措施;

(十三)应急管理部门、粮食和物资储备机构做好救灾物资的筹集和储备;

(十四)卫生部门做好医疗救护和防治疫情准备;

（十五）相关单位做好低洼、易受淹地区的排水防涝工作；

（十六）停止露天集体活动和高空作业等户外危险作业；

（十七）相关业主对其在建工程及户外广告、招牌等采取防风措施；

（十八）其他应急处置措施。

第三十八条 气象主管机构所属气象台站发布台风黄色预警信号后，有关部门及相关人员除采取本条例第三十七条规定的应急处置措施外，还应当采取下列气象灾害应急处置措施：

（一）辖区内有危房区的乡镇人民政府、街道办事处检查相关的防灾抗灾准备工作，督促业主对危房进行加固，确定并公布拟向公众开放的紧急避难场所；

（二）供电部门根据情况断开对行人有危险的部分电源；

（三）交通运输、海事、农业农村部门依照职责加强检查落实船舶各项防避台风措施，根据情况撤离沿海养殖渔排人员；

（四）相关水域水上作业和过往的船舶回港避风，采取措施防止船舶走锚、搁浅和碰撞，确实不能回港避风的应当选择适当水域和方式避风；

（五）其他应急处置措施。

第三十九条 气象主管机构所属气象台站发布台风橙色预警信号后，有关部门及相关人员除采取本条例第三十七条、第三十八条规定的应急处置措施外，还应当采取下列气象灾害应急处置措施：

（一）学校停课；

（二）停止室内大型集会；

（三）旅游景区景点停止营业；

（四）其他应急处置措施。

第四十条 气象主管机构所属气象台站发布台风红色预警信号后，有关部门及相关人员除采取本条例第三十七条、第三十八

条、第三十九条规定的应急处置措施外,还应当采取下列气象灾害应急处置措施:

(一)电影院、网吧、歌舞厅等娱乐场所停止营业;

(二)交通运输部门根据情况减少或者停止公共交通服务;

(三)企事业单位根据情况停工、停业;

(四)其他应急处置措施。

第四十一条 气象主管机构所属气象台站发布其他气象灾害预警信号时,有关部门及相关人员应当根据实际情况采取必要的应急处置措施。

第四十二条 发生持续暴雨灾害,相关部门和单位应当根据情况加强堤防水库巡护查险,排放达到防洪限制水位水库的部分库容,疏通地下排水管道,做好低洼、易受淹地区的排水防涝等工作。必要时,可以采取停止露天集体活动和户外危险作业,学校停课,旅游景区景点停止营业,断开对行人有危险的部分电源,减少或者停止公共交通服务,组织人员转移疏散等应急处置措施。

第四十三条 受气象灾害影响,相关部门和单位做出停课、停航、停运、大桥和道路交通管制、旅游景区景点关闭等决定时,应当向受影响人群发布公告,并向县级以上人民政府应急管理机构报送相关信息。

第四十四条 在可能发生直接危及人身安全的台风、暴雨等气象灾害和山体崩塌、滑坡、泥石流等地质灾害或者县级以上人民政府依法决定采取分洪、泄洪措施等紧急情况时,市、县、自治县人民政府应当结合本地区实际,合理确定人员转移的具体范围和时间,并向社会发布紧急转移通告。

第四十五条 乡镇人民政府、街道办事处可以在突发险情的紧急情况下,自行发布人员转移指令,并组织实施。

当遭遇突发性暴雨、山洪等灾害或者因灾造成电力、通信、交通中断的紧急情况下,村(居)民委员会和企事业单位可以主动自行实施人员转移。自行转移有困难的,当地人民政府应当安排必要的交通工具组织集中转移并予以妥善安置。

被转移地区的村(居)民委员会和有关企事业单位应当协助政府做好相关人员转移工作。有条件的企事业单位应当为本单位职工的转移提供必要的交通工具。

第四十六条 在紧急情况和突发险情消除前,被转移人员不得擅自返回原处;组织转移的人民政府及其有关部门应当采取措施防止人员返回。

第四十七条 气象灾害影响不再扩大或者趋于减轻时,气象主管机构所属的气象台站应当适时变更或者解除气象灾害预警。

县级以上人民政府及其有关部门应当根据气象主管机构提供的灾害性天气发生、发展趋势信息以及灾情发展情况,按照有关规定适时调整气象灾害级别或者作出解除气象灾害应急措施的决定。

第四十八条 气象灾害结束后,灾害发生地县级以上人民政府应当组织有关部门、单位对气象灾害造成的损失进行调查和评估,分析气象灾害的起因、影响以及应急处置工作的经验和教训,完善气象灾害防御规划和应急预案,并向上一级人民政府报告,不得迟报、谎报、瞒报。

第五章 法律责任

第四十九条 违反本条例规定,气象主管机构以及有关单位有下列情形之一的,依法责令改正,对直接负责的主管人员和其他直接责任人员依法给予处分;构成犯罪的,依法追究刑事责任:

(一)未按照规定编制和实施气象灾害风险区划、防御规划和应急预案的;

(二)未按照规定建设气象灾害防御设施和预警信息接收与传

播设施,造成严重后果的;

(三)未按照规定做好气象灾害防御准备工作,造成严重后果的;

(四)未在规定的时限内对雷电防护装置作出设计审查、审核意见和竣工验收结论的;

(五)对国土空间规划、国家和本省重大建设工程、重大区域性经济开发项目和大型太阳能、风能等气候资源开发利用项目未进行气候可行性论证而审批的;

(六)未按照规定向气象灾害信息共享平台提供气象或者灾情监测信息的;

(七)未根据天气变化情况及时发布灾害性天气警报和气象灾害预警信息,造成严重后果的;

(八)隐瞒、谎报或者授意他人隐瞒、谎报气象灾害信息和灾情的;

(九)未按照规定及时采取应急处置措施或者处置不当,造成严重后果的;

(十)其他滥用职权、徇私舞弊、玩忽职守的情形。

第五十条　违反本条例第十四条第二款规定,气象灾害防御重点单位未做好气象灾害防御准备工作的,由市、县、自治县气象主管机构责令限期改正;逾期仍不改正的,处一万元以上三万元以下的罚款。

第五十一条　违反本条例规定,广播、电视、报纸等媒体和基础电信运营企业未按照要求播发或者刊登灾害性天气警报和气象灾害预警信息的,由县级以上气象主管机构责令改正,给予警告,可以处一万元以上五万元以下的罚款;对直接负责的主管人员和其他直接责任人员,依法给予处分。

第五十二条　违反本条例规定的行为,本条例未设定处罚,相关法律法规已设定处罚的,从其规定。

对气象灾害防御活动,本条例未作规定的,依照《气象灾害防御条例》和有关法律法规的规定执行。

第六章 附 则

第五十三条 本条例具体应用中的问题由省人民政府负责解释。

第五十四条 本条例自 2012 年 9 月 1 日起施行。

海南省实施《中华人民共和国气象法》办法

（2001年11月29日海南省第二届人民代表大会常务委员会第二十四次会议通过，根据2020年6月16日海南省第六届人民代表大会常务委员会第二十次会议《关于修改〈海南省红树林保护规定〉等四件法规的决定》修正）

第一条　为了发展气象事业，防御和减轻气象灾害，合理开发利用和保护气候资源，提高气象工作为经济建设、社会发展和人民生活服务的水平，根据《中华人民共和国气象法》等法律、法规，结合本省实际，制定本办法。

第二条　在本省行政区域从事气象探测、预报、服务和气象灾害防御、气候资源利用、气象科学技术研究活动以及其他涉及气象的活动，应当遵守本办法。

第三条　省气象主管机构在省人民政府和国务院气象主管机构领导下，负责全省的气象工作，对非气象主管机构所属的气象台站的气象工作实行指导、扶持和监督管理。市、县、自治县气象主管机构在省气象主管机构和同级人民政府的领导下，负责本行政区域内的气象工作。

县级以上人民政府自然资源和规划、住房和城乡建设、应急管理、市场监督管理等有关部门，在各自的职责范围内，协助做好气象工作。

第四条 县级以上人民政府应当加强对气象工作的领导和协调，支持气象基础设施的建设，将地方气象事业纳入本级国民经济和社会发展计划及财政预算，并根据发展的需要，逐步增加对气象事业的投入。

省人民政府应当建立本省海上气象灾害监测、预警系统，提高对海上气象灾害的监测能力。

各级人民政府应当关心和扶持少数民族地区、边远贫困地区、海岛的气象台站的建设和运行。

各级人民政府应当加强气象监测站网的建设，逐步增加气象监测站网的密度，完善气象台站网布局，将农村气象站纳入气象监测站网规划，扩大气象监测的覆盖率。

第五条 气象事业是基础性公益事业。气象工作应当把公益性气象服务放在首位，为经济建设、防灾减灾、人民生活提供气象信息服务。

县级以上气象主管机构应当推进气象数据信息向社会开放共享，促进气象数据资源有效流动。

市、县、自治县气象主管机构所属的气象台站应当主要为当地农业、渔业生产服务，及时主动提供保障当地农业、渔业生产所需的公益性气象信息服务。

第六条 气象台站在确保公众气象预报、灾害性天气警报等公益性气象无偿服务的前提下，可以依法开展气象有偿服务。

第七条 全省气象台站、大中型气象仪器设备的布局和建设应当符合全省气象建设规划，由省气象主管机构负责审查、监督和指导。

鼓励国内外有关组织和个人通过捐赠或者技术转让以及其他

方式参与本省气象事业建设。

外国组织和个人在本省行政区域参与或者从事气象活动,必须经省气象主管机构审核后依法报请批准。

第八条 各类气象台站应当执行国家统一制定的气象技术标准、规范和规程,保证所获取的气象信息具有准确性、代表性、比较性。

气象主管机构应当按照气象资料共享、共用的原则,与其他从事气象工作的机构交换有关气象信息资料。省气象主管机构应当建立和完善本省气象综合信息网络建设,扩大覆盖面,提高气象信息、气象资料传送的网络化水平。

省人民政府有关部门所属的气象台站和其他从事气象探测的组织和个人,应当向省气象主管机构汇交所获得的气象探测资料。

第九条 气象台站的仪器、设备、设施、标志以及气象通信的电路、频道、信道等受法律保护,任何单位和个人不得擅自移动、侵占、损毁和干扰。

气象设施遭到破坏时,当地人民政府应当采取紧急措施,组织力量修复,确保气象设施正常运行。

第十条 本省各类气象台站和单独设立的气象探测设施的探测环境,应当严格依照国家规定的保护范围和要求予以保护。

省气象主管机构应当将本行政区域内各类气象台站的位置及其探测环境保护范围向社会公布。

县级以上气象主管机构应当将本行政区域内气象探测环境保护要求报告本级人民政府和上一级气象主管机构,并抄送同级发展和改革、自然资源和规划、住房和城乡建设、无线电管理、生态环境等部门。

第十一条 各级人民政府应当将气象探测环境保护范围纳入国土空间规划。发展和改革、自然资源和规划、住房和城乡建设等有关主管部门应当严格执行气象探测环境保护范围标准,对不符合气象探测环境保护范围标准规定的建设项目不予审批。

在气象探测环境保护范围内，有不符合气象探测环境保护要求的建筑物、构筑物以及其他遮挡物的，县级以上气象主管机构应当根据实际情况，商有关部门提出治理方案，报本级人民政府批准并组织实施。

第十二条 新建、扩建、改建建设工程，应当避免危害气象探测环境；确实无法避免的，建设单位应当事先征得省气象主管机构的同意，并采取相应的措施后，方可建设。

未经依法批准，任何组织或者个人不得迁移气象台站；确因实施国土空间规划或者国家重点工程建设，需要迁移国家基准气候站、基本气象站的，应当报经国务院气象主管机构批准；需要迁移其他气象台站的，应当报经省气象主管机构批准。迁建费用由建设单位承担。

第十三条 气象主管机构所属的气象台站应当按照法定职责统一发布公众气象预报及灾害性天气警报，并根据天气变化情况，随时进行补充或者订正。其他单位和个人不得以任何方式向社会发布公众气象预报及灾害性天气警报。

非气象主管机构所属的气象台站，可以在本部门内部发布供本部门使用的专项气象预报。

省气象主管机构所属的气象台站应当根据经济和社会发展的需要，负责制作和发布海域气象、农业气象、旅游气象、城市环境气象、火险气象等专业气象预报，并为军事部门进行国防建设提供气象服务。

省气象主管机构及其所属的气象台站，应当加强气象科学技术研究，提高公众气象预报、灾害性天气警报的准确性、及时性和服务水平。

第十四条 省气象主管机构应当会同省农业农村、广播电视、信息产业等行政管理部门建立本省海域专业气象信息预报服务网络,逐步覆盖本省管辖的海域,每天播报气象信息不得少于四次,本省管辖的海域出现灾害性气候变化时应当至少每小时播报一次。

市、县、自治县人民政府应当在所管辖的重要港口组织建立气象信息服务机构,采取民办、当地政府资助的方式,配备必要的设备和专业技术人员,为在海洋作业人员提供气象信息服务。市、县、自治县气象主管机构对气象信息服务机构的业务进行管理和指导。港口气象信息服务机构组建的具体办法,由省人民政府制定。

第十五条 各级广播、电视台站和省级人民政府指定的报纸,应当安排固定版面或者固定时间,每天刊登、按时播发公众气象预报或者灾害性天气警报,对重大灾害性天气警报和补充、订正预报,应当及时刊登或者增播、插播。

电视气象预报节目由发布该预报的气象主管机构所属的气象台站制作并保证制作质量。电视台应当保证播出质量,未经制作单位同意不得修改气象预报节目内容及播出方式。

广播电台、电视台改变气象预报节目播发时间安排的,应当事先征得当地气象主管机构的同意,并提前告知公众。

第十六条 广播电台、电视台、报纸、电信等媒体向社会传播气象预报和灾害性天气警报或者其他气象信息,必须使用当地气象主管机构所属气象台站直接提供的适时气象信息,并标明发布时间和台站名称。

播发单位利用气象主管机构所属气象台站发布的气象信息从事经营活动获得收益的,应当提取一部分用于发展气象事业。具体比例由气象预报制作单位与播发单位约定。

第十七条 县级以上人民政府应当加强以灾害监测、预报警报系统为重点的气象防灾减灾基础设施建设,组织有关部门编制气象灾害防御和应急方案,根据气象主管机构提供的气象信息,采取有力措施,组织防灾减灾,避免或者减轻气象灾害。

有关组织和个人应当服从人民政府的指挥和安排,做好气象灾害防御工作。

第十八条 气象主管机构应当加强对台风、暴雨、干旱、雷电、大风、低温、高温、大雾、冰雹、霾和龙卷风等重大灾害天气研究与监测,并组织跨地区跨部门的联合监测、预报工作,提出气象灾害防御措施,及时为人民政府指挥防灾减灾和组织经济建设提供决策依据。

省气象主管机构根据国家有关规定负责确定气象灾害类型、等级和负责气象灾害的调查评估、鉴定。

其他有关部门所属的气象台站和与灾害性天气监测、预报有关的单位应当及时向气象主管机构提供监测、预报气象灾害所需要的气象探测信息和有关的水情、风暴潮等监测信息。

第十九条 县级以上人民政府应当加强对人工影响天气工作的领导和协调。省气象主管机构在省人民政府的领导下负责全省人工影响天气的管理指导、作业方案的制定、作业效果评估。市、县、自治县气象主管机构负责制定当地人工影响天气作业方案,并在同级人民政府的领导和协调下组织实施人工影响天气作业。

有关部门应当按照职责分工,为人工影响天气作业提供各种必要的条件和保障。

第二十条 气象主管机构负责雷电灾害防御工作的组织管理。

气象主管机构应当加强雷电灾害防御知识的宣传、教育、普及工作,增强群众的防雷意识,增长其防雷知识,防御、降低雷电灾害造成的损失。

气象主管机构应当加强雷电灾害预警系统的建设工作,加强雷电灾害防御的科学技术研究和开发,推广应用雷电灾害防御科技研究成果,提高雷电灾害预警和雷电灾害防御服务能力。

第二十一条 对可能遭受雷击的建筑物、构筑物和其他设施应当按照国家有关规定设计安装雷电防护装置,安装的雷电防护装置应当符合国务院气象主管机构规定的使用要求。

从事雷电防护装置检测的单位,应当按照国家规定取得相应的资质,并在资质范围内从事检测。

第二十二条 雷电防护装置的业主(以下简称业主)或者管理单位应当对雷电防护装置定期检测,重要设施的雷电防护装置每年至少检测一次,其中重点雷区和易燃易爆场所的雷电防护装置半年至少检测一次。检测的对象及间隔时间由气象主管机构确定,并通知需要检测的对象。

雷电防护装置的检测,由业主或者管理单位委托具备相应资质条件的检测单位进行;业主或者管理单位具备相应检测资质的,也可以自行检测。检测单位应当将检测结果抄送气象主管机构。

气象主管机构应当加强对雷电防护装置检测情况的监督检查,对未按规定检测或者检测质量不合格的,应当责令其限期整改,但不得收取检查费用或者限定在其指定的经营单位购买商品和接受有偿服务。

第二十三条 气象主管机构负责组织雷电灾害的调查、统计和鉴定工作,其他部门和单位应当予以配合。遭受雷电灾害的组织和个人,应当及时向当地气象主管机构报告,并协助做好雷灾的调查与鉴定。

第二十四条 气象主管机构负责组织对国土空间规划、重点工程建设、生态建设、重大区域性经济开发项目和大型太阳能、风能等气候资源开发利用、保护项目的气候可行性论证。

对工程建设项目开展大气环境影响评价时,应当使用符合国家气象技术标准的气象资料。

第二十五条 违反本办法规定,有下列行为之一的,由气象主管机构责令停止违法行为,限期恢复原状或者采取其他补救措施,

可以并处五万元以下的罚款;造成损失的,依法承担赔偿责任;构成犯罪的,依法追究刑事责任:

(一)侵占、损毁或者未经批准擅自移动气象设施的;

(二)在气象探测环境保护范围内从事危害气象探测环境活动的。

在气象探测环境保护范围内,违法批准占用土地、审批建设项目的,或者非法占用土地新建建筑物及其他设施的,由有关部门依照空间规划、土地管理等法律法规的规定处理。

第二十六条 违反本办法规定,有下列行为之一的,由气象主管机构按照权限责令改正,给予警告,可以并处五万元以下的罚款:

(一)非法向社会发布公众气象预报、灾害性天气警报的;

(二)各类媒体向社会传播公众气象预报、灾害性天气警报,不使用气象主管机构所属的气象台站提供的适时气象信息的;

(三)对工程建设项目开展大气环境影响评价时,使用的气象资料不符合国家气象技术标准的。

第二十七条 拒绝按照规定安装雷电防护装置或者安装不符合使用要求的雷电防护装置的,由主管机构责令改正,给予警告。使用不符合要求的雷电防护装置给他人造成损失的,依法承担赔偿责任。

单位有前款规定行为的,由有关部门对该单位主要负责人和直接责任人员给予处分。

第二十八条 违反本办法第二十一条第二款规定,不具备资质或者超越资质范围从事雷电防护装置检测的,由气象主管机构按照权限责令停止违法行为,处五万元以上十万元以下的罚款;有违法所得的,没收违法所得;给他人造成损失的,依法承担赔偿责任。

第二十九条 各级气象主管机构及其所属气象台站的工作人

员由于玩忽职守,导致重大漏报、错报公众气象预报、灾害性天气警报,以及丢失或者毁坏原始气象探测资料、伪造气象资料等事故的,依法给予行政处分;构成犯罪的,依法追究刑事责任。

第三十条 违反本办法规定的行为,本办法未设定处罚,相关法律法规已设定处罚的,从其规定。

对气象活动,本办法未作规定的,依照《中华人民共和国气象法》和有关法律法规的规定执行。

第三十一条 本办法具体应用问题由省人民政府负责解释。

第三十二条 本办法自2002年1月1日起施行。

贵州省气象预报预警信息发布与传播管理办法

(2020年1月22日贵州省人民政府第51次常务会议审议通过,自2020年5月1日起施行)

第一条 为了规范气象预报预警信息发布与传播工作,更好地为经济社会发展、防灾减灾和人民生产生活服务,根据《中华人民共和国气象法》《气象灾害防御条例》《贵州省气象灾害防御条例》等法律法规的规定,结合本省实际,制定本办法。

第二条 在本省行政区域内发布与传播气象预报预警信息,适用本办法。

第三条 本办法所称气象预报预警信息,是指由县级以上气象主管机构所属气象台站向社会发布的公众气象预报和气象灾害预警信号。

本办法所称公众气象预报,是指天气现象、云、风向、风速、气温、湿度、气压、降水、能见度等气象要素预报。

本办法所称气象灾害预警信号,是指暴雨、暴雪、寒潮、大风、高温、干旱、雷电、冰雹、霜冻、大雾、道路结冰等灾害性天气的预警信号。

本办法所称气象预报预警信息发布,是指县级以上气象主管机构所属气象台站将制作的气象预报预警信息向社会公开的过程。

本办法所称气象预报预警信息传播,是指组织和个人将已发布的气象预报预警信息依法转播、转载的过程。

第四条 县级以上人民政府应当加强对气象预报预警信息发布与传播工作的组织领导,建立和完善协调机制,所需经费纳入同级财政预算。

第五条 县级以上气象主管机构负责本行政区域内气象预报预警信息发布与传播的指导和管理工作。

各有关部门依照职责做好气象预报预警信息发布与传播的相关工作。

第六条 县级以上气象主管机构应当会同有关部门做好气象预报预警信息知识的宣传普及和培训工作,增强社会公众防灾减灾意识。

第七条 县级以上人民政府应当加强气象预报预警信息发布与传播基础设施建设,组织有关部门在气象灾害易发区域和人员密集场所,设置广播、电子显示装置等专用传播设施,并保障设施正常运转。

任何组织和个人不得侵占、损毁或者擅自移动气象预报预警信息专用传播设施。

第八条 学校、旅游景点、公共交通、车站、机场、高速公路、工矿企业等场所的所有者或者管理者,应当根据需要设置或者完善广播、电子显示装置等气象灾害预警信号传播设施。

第九条 县级以上人民政府应当建立和完善气象预报预警信息发布与传播联动机制,整合气象、自然资源、水利、应急、广电等部门以及突发事件预警信息发布机构资源,实现信息和传播设施共享。

第十条 县级人民政府应当加强基层气象信息员队伍建设,乡镇人民政府、街道办事处应当明确人员负责气象灾害预警信号的传播。

村(居)民委员会应当根据所在地人民政府的要求,结合实际情况,明确人员负责气象灾害预警信号的传播。

第十一条 气象预报预警信息由县级以上气象主管机构所属气象台站统一制作与发布。其他组织和个人不得以任何形式向社会发布气象预报预警信息。

第十二条 县级以上气象主管机构所属气象台站应当按照规定及时发布气象灾害预警信号,同时通报有关部门,并根据天气变化及时更新或者解除。

气象灾害预警信号的级别、防御指南等按照国务院气象主管机构规定执行。

第十三条 县级以上气象主管机构应当建立重大气象预报预警信息新闻发布制度,对人民生产生活有重大影响、公众关注度高的气象预报预警信息,可以根据需要以召开新闻发布会、特邀记者采访等方式向社会发布。

第十四条 各级广播电视台(站)和省级人民政府指定的报纸应当安排专门的时间或者版面,准确、及时刊播气象预报预警信息。

广播、电视、报纸、电信等媒体向社会传播气象预报预警信息,必须使用气象主管机构所属气象台站提供的适时气象信息,并标明发布时间和气象台站的名称。

第十五条 鼓励各公共媒体和单位与当地气象主管机构所属气象台站建立获取最新气象预报预警信息机制,确保气象预报预警信息准确及时传播。

第十六条 鼓励组织和个人传播县级以上气象主管机构所属气象台站发布的气象预报预警信息。

任何组织和个人不得向社会传播虚假或者来源不明的气象预报预警信息,不得更改公众气象预报结论,不得更改、删减气象灾害预警信号。

第十七条　省气象主管机构和省通信管理部门应当建立完善气象灾害预警信号传播绿色通道,对发布最高级别气象灾害预警信号的区域实现手机短信全网传播。

第十八条　自然资源、交通运输、水利、农业农村、文化和旅游、应急、林业等有关部门收到通报的气象灾害预警信号后,应当按照职责负责本部门或者本行业的传播,并组织做好气象灾害防御相关工作。

第十九条　乡镇人民政府、街道办事处收到气象灾害预警信号后,应当及时做好辖区内传播和气象灾害应对工作。

村(居)民委员会收到气象灾害预警信号后,应采取广播、电话、鸣锣吹哨等多种方式进行广泛传播。

第二十条　违反本办法第七条第二款规定,侵占、损毁或者擅自移动气象预报预警信息专用传播设施,尚未构成犯罪的,由县级以上气象主管机构责令停止违法行为,限期恢复原状或者采取其他补救措施;逾期拒不恢复原状或者采取其他补救措施的,由气象主管机构依法申请人民法院强制执行,并对违法单位处1万元以上5万元以下罚款,对违法个人处100元以上1000元以下罚款;造成损害的,依法承担赔偿责任;构成违反治安管理行为的,由公安机关依法给予处罚。

第二十一条　违反本办法规定,有下列行为之一的,由县级以上气象主管机构责令改正,给予警告,可以并处5万元以下罚款:

(一)非法向社会发布气象预报预警信息的;

(二)广播、电视、报纸、电信等媒体向社会传播气象预报预警信息,不使用气象主管机构所属气象台站提供的适时气象信息的。

第二十二条　气象主管机构、有关部门的工作人员玩忽职守,导致气象预报预警信息发布与传播工作出现重大失误,尚未构成犯罪的,依法给予处分。

第二十三条　本办法自2020年5月1日起施行。

兰州市气象灾害防御条例

(2020年4月29日兰州市第十六届人民代表大会常务委员会第二十八次会议通过,2020年7月31日甘肃省第十三届人民代表大会常务委员会第十八次会议批准)

第一章 总 则

第一条 为了加强气象灾害防御,避免和减轻气象灾害造成的损失,保障人民生命财产安全,根据《中华人民共和国气象法》《气象灾害防御条例》和《甘肃省气象灾害防御条例》等有关法律、法规,结合本市实际,制定本条例。

第二条 在本市行政区域内从事气象灾害防御活动,适用本条例。

本条例所称气象灾害,是指因干旱、大风、沙尘暴(扬沙、浮尘)、暴雨(雪)、雷电、冰雹、大雾、霾、寒潮、霜冻、低温、高温等造成的灾害。

水旱灾害、地质灾害、森林草原火灾、植物病虫害、环境污染、流行疫情等因气象因素引发的衍生、次生灾害的防御工作,适用有关法律、法规的规定。

第三条 气象灾害防御遵循以人为本、科学防御、预防为主、防治结合、综合减灾的原则,坚持政府主导、部门联动、分级负责、社会参与的工作机制。

第四条 市、县(区)人民政府应当加强对气象灾害防御工作的组织领导,建立健全气象灾害防御联动协调机制,将气象灾害防御工作纳入本级国民经济和社会发展规划,气象灾害防御所需经费及工作人员津补贴纳入本级财政预算,保障气象灾害防御设施建设,气象监测、预报、预警信息发布,人工影响天气及气象灾害防御科普教育等经费支出。

第五条 市、县(区)气象主管机构负责灾害性天气的监测、预报、预警以及气象灾害风险评估、气候可行性论证、雷电灾害防御、人工影响天气等气象灾害防御管理工作。

未设立气象主管机构的区人民政府和兰州新区、兰州高新技术开发区、兰州经济技术开发区,应当明确具体承担气象灾害防御的工作部门和工作人员。

市、县(区)人民政府有关部门应当在各自职责权限范围内,做好本行政区域的气象灾害防御工作。

第六条 乡(镇)人民政府、街道办事处应当确定气象灾害防御协理人员,将气象灾害防御纳入社区安全建设和网格化管理体系,与气象主管机构和应急管理等部门共同做好气象灾害防御工作。

第七条 村(居)民委员会、企事业单位应当协助乡(镇)人民政府、街道办事处做好气象灾害防御避险知识宣传、灾害隐患排查、预警信息传递、应急演练和灾情报告等工作。

第八条 各级人民政府及有关部门应当采取多种形式,组织开展气象灾害防御知识的宣传普及,提高社会公众的防灾减灾意识和应急避险能力。

学校应当将气象灾害防御知识作为学校安全教育的内容,培养和提高学生的气象灾害防范意识和自救互救能力。教育、气象等部门应当对学校开展的气象灾害防御教育进行指导和监督。

第九条 鼓励开展气象灾害发生机理和气象灾害监测、预报、预警、防御、风险管理等研究,鼓励技术创新;支持气象灾害防御先进技术的推广和应用,加强国内外技术交流与合作,提高气象灾害防御的科技水平。

第十条 市、县(区)人民政府和有关部门对在气象灾害防御工作中做出突出贡献的组织和个人,按照国家和省、市有关规定给予表彰和奖励。

第二章 预 防

第十一条 市、县(区)人民政府应当建立气象灾害信息共享制度,加强对气象灾害信息资源的综合开发利用。

气象主管机构负责组织编制气象灾害信息共享目录,建立气象灾害信息共享平台;发改、教育、工信、公安、自然资源、生态环境、住建、交通、水务、农业农村、文旅、应急、林业、城管等部门以及铁路、公路、民航、通信、电力等单位应当提供水旱灾害、城乡积涝、地质灾害、环境污染、交通监控、电网故障、森林火险、林业灾害、农业灾害等与气象灾害有关的信息。

气象灾害信息应当依法及时向社会公开。

第十二条 市、县(区)人民政府应当每五年组织气象主管机构及政府有关部门对本行政区域内发生的气象灾害的种类、次数、强度和造成的损失等情况开展气象灾害普查,建立和完善气象灾害数据库,进行气象灾害风险评估,并根据气象灾害风险评估结果划定气象灾害风险区域,向社会公布。

气象灾害风险评估应当包括以下内容:

(一)气象灾害历史和地域影响分布特点;

(二)可能遭受的气象灾害种类、风险等级分析;

(三)气象灾害风险管控对策和积极干预影响措施及其技术经济分析;

(四)气象灾害风险评估的结论。

第十三条 市、县(区)人民政府应当组织气象主管机构和有关部门,根据主要致灾因素、灾害分布,特别是易发区域等情况和上一级气象灾害防御规划,编制本行政区域内的气象灾害防御规划,统筹规划防范气象灾害的应急基础工程建设。

气象灾害防御规划应当包括以下内容:

(一)气象灾害防御的指导思想、原则、目标和任务;

(二)气象灾害发生发展规律和现状、发展趋势预测和调查评估;

(三)气象灾害风险易发区和易发时段;

(四)防御重点工程建设和保障措施;

(五)气象灾害防御系统和相关基础设施建设;

(六)气象灾害防御工作机制、部门职责和防御措施;

(七)法律、法规规定的其他内容。

气象灾害防御规划由县级以上人民政府统一领导,气象主管机构牵头组织实施。

第十四条 市、县(区)气象主管机构应当会同有关部门制定本行政区域的气象灾害应急预案,经本级人民政府批准后发布,并报上一级人民政府和气象主管机构备案。

市、县(区)有关部门制定的突发事件应急预案中涉及气象灾害防御的,应当与气象灾害应急预案相互衔接。

乡(镇)人民政府、街道办事处应当制定气象灾害应急预案或者将气象灾害防御工作纳入综合应急预案。

各级人民政府应当根据本地气象灾害特点,每年至少组织开展一次气象灾害应急演练,提高应急救援能力。

第十五条 市、县(区)人民政府应当按照气象灾害防御规划,加强气象灾害预防、监测、预报、预警和应急处置等基础设施建设，提高气象灾害防御能力。

自然资源主管部门应当保障气象灾害防御基础设施的建设用地，并将其纳入城乡公用设施用地范围。

第十六条 市、县(区)气象主管机构应当依法加强对气象灾害防御设施的保护。任何组织和个人不得侵占、损毁或者擅自移动气象灾害防御设施。

气象灾害防御设施受到损坏的，当地人民政府及有关部门或者气象灾害防御设施管理单位应当采取紧急措施，及时组织修复，确保气象灾害防御设施正常运行。

第十七条 市气象主管机构应当会同有关行业主管部门，确定气象灾害防御重点单位，并向社会公布。

本条例所称气象灾害防御重点单位，是指根据其地理位置、气候背景、行业特点等因素，在遭受灾害性天气时，容易直接或者间接造成人员伤亡、较大财产损失或者发生生产安全事故的单位。

第十八条 气象灾害防御重点单位应当履行气象灾害防御主体责任，落实下列气象灾害防御措施：

(一)确定气象灾害防御管理人员，负责本单位的气象灾害防御管理工作；

(二)组织开展气象灾害风险评估，确定气象灾害防御重点部位，制定本单位气象灾害防御工作责任制度；

(三)设置气象灾害预警信息接收终端，健全相应的气象灾害防御设施；

(四)制定本单位气象灾害应急预案，并定期组织应急演练；

(五)开展气象灾害风险隐患排查整治和定期巡查，并建立有关工作台账；

(六)对本单位人员进行气象灾害防御知识培训；

(七)法律、法规规定的其他职责。

第十九条 市、县(区)气象主管机构和气象灾害防御重点单位主管部门应当加强对气象灾害防御重点单位的气象防灾减灾救灾监督检查,指导其制定气象灾害应急预案,开展气象灾害防御培训,督促进行气象灾害隐患排查整治和应急演练等活动。

鼓励非气象灾害防御重点单位根据实际情况制定气象灾害应急预案,开展气象灾害隐患排查和应急演练等活动。

第二十条 县级以上人民政府在编制城乡规划、重点领域或者区域发展建设规划时,应当组织开展气候可行性论证和气象灾害风险评估。

建设单位下列建设项目的论证,应当统筹考虑气候可行性和气象灾害风险性,避免和减少气象灾害、气候变化对重要建设和工程项目的影响:

(一)国家重点建设工程、重大基础设施、公共工程以及其他大型工程建设项目;

(二)重大区域性经济开发项目;

(三)大型太阳能、风能等气候资源开发利用建设项目;

(四)涉及公共安全的危险化学品、民用爆炸物品、烟花爆竹、放射性物品、核能物质等易燃、易爆、危险物品的生产、仓储场所建设项目;

(五)气象灾害易发区内的建设项目;

(六)法律、法规规定的其他需要进行气象灾害风险评估的项目。

第三章 监测、预报和预警

第二十一条 市、县(区)人民政府应当根据气象灾害防御的需要,建设应急移动气象灾害监测设施,健全应急监测队伍,完善气象灾害监测体系。

第二十二条 市、县(区)气象主管机构应当组织对重大灾害性天气和气象灾害的联合监测,根据防御气象灾害的需要建立跨地区、跨部门的联合监测网络,加强监测、预报、预警的联动联防和信息沟通。

第二十三条 市、县(区)气象主管机构及其所属的气象台站应当完善灾害性天气的监测预报系统,加强对暴雨、大风、雷电、冰雹等强对流天气系统的研究分析以及旱涝趋势气候预测,提高灾害性天气预报、警报的准确性、及时性和服务水平。

气象台站监测到灾害性天气或者气象灾害可能发生时,应当立即报告有关气象主管机构。

第二十四条 市、县(区)气象主管机构所属的气象台站应当按照职责向社会统一发布灾害性天气警报和气象灾害预警信号,并及时向有关灾害防御、救助部门以及气象灾害防御重点单位通报;其他组织和个人不得向社会发布灾害性天气警报和气象灾害预警信号。

第二十五条 市、县(区)人民政府及有关部门应当建立健全气象灾害预警信息传播机制,重点加强农村、山区、景区等气象灾害风险隐患点预警信息接收和传播终端建设,充分利用广播、电视、报刊、网络、手机短信、微信、电子显示屏等传播渠道及时向受影响的公众传播气象灾害预警信息。

乡(镇)人民政府、街道办事处应当确定人员负责接收和传播气象灾害预警信息,对偏远地区人群,督促村(居)民委员会和有关单位采取高音喇叭、鸣锣吹哨、逐户告知等多种方式及时传播气象灾害预警信息。

广播、电视、报刊、网络、电信等媒体应当按照国家和省、市的有关规定准确播发或者刊载气象灾害预警信息,紧急情况下,应当采取滚动字幕、加挂气象灾害预警信息、中断正常播出、发送手机短信等方式迅速播报气象灾害预警信息及有关防御知识。

车站、机场、高速公路、旅游景点、矿区、码头、商场、学校、医院、社会福利机构等场所以及其他人员密集场所的经营、管理单位,应当通过电子显示屏、有线广播、公告栏等方式向公众传播当地气象台站发布的气象灾害预警信息,并及时更新。

第四章 防灾减灾

第二十六条 市、县(区)人民政府及有关部门应当根据灾害性天气警报、气象灾害预警信号和气象灾害应急预案启动标准,及时作出启动相应应急预案的决定,向社会公布,并报告上一级人民政府;必要时,可以越级上报,并向当地驻军和可能受到危害的毗邻地区的人民政府通报。

第二十七条 市、县(区)人民政府及有关部门应当根据气象灾害发生情况,依照《中华人民共和国突发事件应对法》的规定及时采取应急处置措施;情况紧急时,及时动员、组织受到灾害威胁的人员转移、疏散,开展自救互救。

对当地人民政府、有关部门采取的气象灾害应急处置措施,任何单位和个人应当配合实施,不得妨碍气象灾害救助活动。

第二十八条 气象灾害发生地的县(区)人民政府应当组织有关部门开展灾情调查工作。

气象灾情调查结果应当及时向上级人民政府和有关部门报告,不得虚报、瞒报或者迟报。

第二十九条 在干旱多发地区,农业农村部门应当推广农业节水技术,提升耕地抗旱能力,改进耕作制度;水务部门应当开展农田水利基本建设,根据气候规律,蓄水防旱;气象主管机构应当适时开展人工增雨作业,增加水库蓄水和缓解旱情。

第三十条 大风、沙尘多发区域的各级人民政府及有关部门应当组织开展大风、沙尘灾害隐患和风险排查,并根据大风、沙尘监测预警信息,指导有关单位采取大风、沙尘防御措施。

林业部门和南北两山绿化部门应当加强绿化造林,营造防护林,防风固沙。

建(构)筑物、户外广告牌、玻璃幕墙、树木等的所有权人或者管理人应当定期开展防风避险巡查,设置必要的警示标志,采取防护措施,避免搁置物、悬挂物等脱落、坠落。

建筑工地的施工单位应当加强防风安全管理,加固临时设施,并对工地采取洒水、覆盖等措施防止扬尘污染。

船舶所有人、经营人或者管理人应当遵守有关大风期间船舶避风的规定。

第三十一条 各级人民政府及有关部门和单位应当根据本地降雨情况,做好暴雨和短时强降水防御应对工作。

自然资源部门应当加强对地质灾害易发区的警示和巡查,会同气象主管机构发布地质灾害预报预警。

水务部门应当加强河道、水库、堤防、闸坝、码头等重点防洪设施的巡查和洪水监测预警,及时疏通河道,加固病险水库、趸船,整治积水易涝区域,组织做好洪水灾害、城市内涝预报预警和群测群防工作。

应急管理部门应当建立常态化应急抢险队伍,协助地方政府紧急撤离危险区人员。

县级以上人民政府及其卫生健康部门应当在暴雨、强降水引发的洪水灾害后,及时组织指导灾区,做好卫生防疫工作,防治灾后疫情流行。

城乡建设主管部门、市容和环境卫生部门及排水管网运营单位应当根据本地降水强度,做好排水管网和防涝设施的设计、建设和改造,科学治理城市内涝,定期进行巡查维护,保持排水通畅,并在城镇易涝点开展积涝实时监控、设置警示标识。

教育、交通、农业农村、文旅、电力等部门和单位按照各自职责积极做好强降水防范工作。

第三十二条 各级人民政府应当将防雷减灾工作纳入公共安全监督管理范围。

市、县（区）气象主管机构和房屋建筑、市政基础设施、公路、水路、铁路、民航、水利、电力、核电、通信等建设工程的主管部门应当按照职责分工,加强建设工程防雷监督管理,落实防雷安全监管责任。

各类建（构）筑物、场所和设施安装雷电防护装置应当符合国家有关防雷标准的规定。新建、改建、扩建建（构）筑物、场所和设施的雷电防护装置应当与主体工程同时设计、同时施工、同时投入使用。

所有权人或者管理人应当对投入使用的防雷装置进行日常维护,并定期委托有相应资质的防雷装置检测机构进行定期检测。易燃、易爆、危险场所的防雷装置每半年检测一次,其他场所的防雷装置每年检测一次,检测不合格的,应当及时整改。

第三十三条 冰雹多发区域的各级人民政府应当组织气象、农业农村、林业等有关部门和单位,加强冰雹灾害的调查,确定重点防范区,适时开展人工防雹作业。

第三十四条 大雾、霾多发区域的各级人民政府及有关部门和单位应当建设和完善机场、高速公路、航道、码头等重要场所和交通要道的大雾、霾监测和防护等设施,并在大雾、霾天气期间,适时做好信息发布、交通疏导、调度和防护、人工影响天气作业、限制污染物排放等防范工作。

第三十五条 各级人民政府及有关部门和单位应当根据本地降雪、寒潮、霜冻发生情况,加强供热、供水、电力、通信等管线和道路的巡查,做好管线冰冻、道路结冰防范和交通疏导,引导群众做好防寒保暖准备。

低温、霜冻多发区域的各级人民政府应当组织调整农业生产布局和种植业结构,指导农业、渔业、畜牧业、林果业等行业采取防寒、防霜冻、防冰冻等措施。

第三十六条 供电企业应当根据气象主管机构提供的高温天气预报预警信息,做好供电准备、电网运营监控和电力调配工作。地方各级人民政府有关部门和生产经营单位应当落实防暑降温保障措施,合理安排工作时间,减少或者停止高温时段户外露天作业。

第五章 人工影响天气

第三十七条 有下列情形之一,可能发生气象灾害的,在适合人工影响天气作业的天气条件形成时应当实施人工影响天气作业:

(一)已出现干旱,预计旱情将会加重的;
(二)可能出现严重冰雹天气的;
(三)发生森林草原火灾或者长期处于高火险时段的;
(四)出现突发性公共污染事件的;
(五)其他需要实施人工影响天气作业的情形。

第三十八条 市、县(区)人民政府应当加强对人工影响天气工作的领导和协调,根据气象灾害防御需要,加强人工影响天气管理工作,配备必要的人员和人工影响天气设施设备,建立统一协调的人工影响天气指挥和作业机制,适时组织开展增雨雪、防雹、消雾、消雨、防霜等人工影响天气作业。

飞行管制、公安、通信、交通等部门应当对人工影响天气工作提供必要的保障。

作业所在地气象主管机构应当根据人工影响天气作业具体情况,提前公告作业的地点和时间。

第三十九条 人工影响天气作业地点,由市人民政府根据本地气候特点、地理条件、交通、通信、人口密度等情况和县（区）人民政府意见，依照有关规定提出布局规划，报省气象主管机构会同飞行管制部门确定。

经确定的人工影响天气作业地点不得擅自变动，确需变动的，应当按照前款规定重新确定。

第四十条　人工影响天气作业地点所在地的乡（镇）人民政府、街道办事处和村（居）民委员会对人工影响天气作业设施负有保护责任。

在人工影响天气作业环境规定范围内，任何单位和个人不得侵占作业场地，不得损毁移动人工影响天气设施、设备，不得进行可能对人工影响天气作业有不利影响的活动。

第四十一条　实施人工影响天气作业使用的炮弹、火箭弹，应当按照有关法律法规和国家有关规定由当地人民武装部协助运输、存储和管理。

第四十二条　人工影响天气作业单位应当为实施作业的人员办理人身意外伤害保险，并由当地人民政府将作业人员纳入公益性岗位管理或者给予适当报酬。

在实施人工影响天气作业过程中造成人员伤亡、财产损失或者引发有关权益纠纷的，由县（区）人民政府组织、协调有关部门和单位进行调查，并依法做好事故的处理工作。

第六章　社会参与

第四十三条　鼓励广播、电视、报纸、电信等媒体刊播气象防灾减灾公益广告，宣传气象灾害防御法律、法规和科学知识。

第四十四条　鼓励法人和其他组织参与气象灾害预警信息传播设施的建设，鼓励社会各方参与宣传普及气象灾害防御知识，在有关部门指导下参与应急处置工作，提供避难场所和其他人力、物力支持。

鼓励志愿者、志愿服务组织参与气象灾害防御科普宣传、应急演练和灾害救援等活动。

第四十五条 气象灾害防御相关行业组织应当加强行业自律,制定行业规范,开展防灾减灾培训,提升专业技术能力和行业服务水平,配合有关部门做好气象灾害防御工作。

第四十六条 公民、法人和其他组织应当增强防灾避险意识,提高自救互救能力,主动获取气象灾害预警信息,在气象灾害红色预警信号生效期间,合理安排出行计划,储备必要的生活用品,采取相应的自救互救措施,配合政府及有关部门做好应急处置和灾情调查工作。

第四十七条 鼓励和支持保险机构推出适合本市气象灾害特点的气象灾害保险业务,鼓励并引导单位和个人参加气象灾害保险,降低气象灾害风险。

单位和个人办理气象灾害理赔时需要气象灾害证明的,气象主管机构所属气象台站应当予以提供。

第七章 法律责任

第四十八条 违反本条例规定的行为,法律、法规已有处罚规定的,从其规定。

第四十九条 违反本条例规定,各级人民政府、气象主管机构和其他有关部门及其工作人员,有下列行为之一的,由其上级机关或者监察机关责令改正;情节严重的,对直接负责的主管人员和其他直接责任人员依法给予处分;构成犯罪的,依法追究刑事责任:

(一)未按照规定编制气象灾害防御规划的;

(二)未按照规定编制气象灾害应急预案或者组织开展气象灾害应急演练的;

(三)未按照规定采取气象灾害预防措施的;

(四)未按照规定启动气象灾害应急响应或者未按照规定采取应急措施的;

(五)未按照规定及时交换共享相关气象防灾减灾信息的;

(六)收到气象灾害预警信息后,未及时向社会公众传播的;

(七)隐瞒、谎报或者由于玩忽职守导致重大漏报、错报灾害性天气警报、气象灾害预警信号的;

(八)未履行对气象灾害防御重点单位监督检查职责的;

(九)不依法履行职责的其他行为。

第五十条 违反本条例规定,防御重点单位未落实气象灾害防御措施的,由市气象主管机构或者其他有关主管部门责令改正;存在气象灾害隐患的,责令限期整改;构成违反治安管理行为的,由公安机关依法给予处罚;构成犯罪的,依法追究刑事责任。

第五十一条 违反本条例规定,侵占人工影响天气作业场地、毁坏作业设备、设施,建设妨碍人工影响天气作业的建(构)筑物和其他设施的,由市、县(区)气象主管机构责令改正,可并处五百元以上一千元以下的罚款;构成犯罪的,依法追究刑事责任。

第八章 附 则

第五十二条 本条例自 2020 年 10 月 1 日起施行。

青海省气象灾害预警信号发布与传播办法

(2007年12月14日青海省人民政府第76次常务会议审议通过,根据2020年6月12日青海省人民政府《关于修改和废止部分省政府规章的决定》修订)

第一条 为了规范气象灾害预警信号发布与传播,防御和减轻气象灾害,保护国家和人民生命财产安全,根据《中华人民共和国气象法》《中华人民共和国突发事件应对法》和《青海省气象条例》,结合本省实际,制定本办法。

第二条 在本省行政区域内发布与传播气象灾害预警信号,适用本办法。

本办法所称气象灾害预警信号(以下简称预警信号),是指有发布权限的气象台站向社会公众发布的气象灾害预警信息。

预警信号由名称、图标、含义和防御指南组成,分为暴雨、暴雪、寒潮、大风、沙尘暴、高温、干旱、雷电、冰雹、霜冻、大雾、霾、道路结冰、雪灾、森林(草原)火险等种类(具体见《青海省气象灾害预警信号及防御指南》)。

第三条 预警信号依据气象灾害可能造成的危害程度、紧急程度和发展态势一般划分为四级:一级(特别严重)、二级(严重)、三级(较重)和四级(一般),分别用红色、橙色、黄色和蓝色表示。

省气象主管机构可以根据国务院气象主管机构《气象灾害预警信号及防御指南》和本省防御减轻气象灾害的需要，选用或者增设预警信号种类，制定和完善防御指南，经国务院气象主管机构审查同意，报省人民政府备案后公布实施。

第四条 各级人民政府应当加强对预警信号发布与传播工作的领导，建立健全气象灾害预警和气象灾害防御社会联动机制，将预警信号发布与传播基础设施建设依法纳入城乡规划，建立畅通、有效的预警信号发布与传播渠道，扩大预警信号覆盖面。

第五条 省气象主管机构负责全省预警信号发布与传播的管理工作，组织气象灾害监测预警研究，不断提高气象灾害预警能力。

州（市）、县（市）气象主管机构负责本行政区域内的预警信号发布与传播的管理工作。

广播电视、新闻出版、通信等行政管理部门组织做好预警信号的传播工作。

第六条 县级以上人民政府教育、公安、自然资源、住房和城乡建设、交通运输、水利、农业农村、卫生健康、应急管理、通信、市政、文化和旅游等行政管理部门应当参照《青海省气象灾害预警信号及防御指南》，结合实际，完善专项应急预案，保证交通、通信、供水、排水、供电、供气、供热等公共设施的安全和正常运行。

第七条 对在预警信号发布与传播工作中做出显著成绩的单位和个人，由县级以上人民政府或者省气象主管机构给予表彰或者奖励。

第八条 预警信号由县级以上气象主管机构所属气象台站统一无偿发布（包括预警信号的更新和解除）。

县级以上气象主管机构所属气象台站应当按照发布权限和业务流程，及时准确地发布预警信号，指明预警的区域，并根据天气变化和可能发生气象灾害情况，对所发布的预警信号予以更新或者解除。其他任何组织和个人不得向社会发布预警信号。

当同时出现或者预报出现多种气象灾害时,可以同时发布多种预警信号。

发布的预警信号应当及时报告本级人民政府和上级气象主管机构,并通知相关部门和承担预警信号传播工作的单位。

第九条 广播电台、电视台、报社和开展基础电信业务、增值电信业务的电信企业(以下简称承担预警信号传播工作的单位)应当无偿承担预警信号的传播工作。

预警信号发布后,发布预警信号的气象台站应当立即将预警信号传至当地承担预警信号传播工作的单位。

承担预警信号传播工作的单位收到气象台站直接提供的预警信号后,应当根据预警信号的级别,采用多种形式插播预警信号,在最短时间内完成传播工作。传播的预警信号应当标明发布预警信号的气象台站名称和发布时间,不得更改预警信号内容。

任何组织或者个人不得传播虚假预警信号。

第十条 气象台站和承担预警信号传播工作的单位应当建立稳定有效的合作机制,完善预警信号即时插播制度和可靠的预警信号传输渠道,保证预警信号传输安全畅通。

第十一条 气象灾害预警区域的县级以上人民政府及有关部门在收到预警信号后,应当立即传播预警信号并根据预警信号的级别和防御指南的要求,组织有关单位和人员采取有效措施做好气象灾害防御工作,适时启动应急预案,避免或者减轻气象灾害。

乡镇人民政府、街道办事处、村(居)民委员会和社区收到预警信号后,应当通过广播、电话等多种手段及时向公众广泛传播。

学校、医院、机场、车站、码头、广场、公园、旅游景点等人口密集区和公共场所管理单位收到预警信号后,应当利用广播、告示、电子显示屏等设施立即传播预警信号,并根据防御气象灾害的需要启动应急预案。

第十二条 各级人民政府及相关部门应当做好预警信号和气象灾害防御知识宣传工作。

气象主管机构应当通过编印预警信号宣传材料等多种方式宣传气象灾害防御知识,增强公众防灾减灾意识,提高公众自救互救能力。

广播、电视、报纸等新闻媒体应当做好预警信号宣传的相关工作。

第十三条 承担预警信号传播工作的单位违反本办法规定,不使用气象主管机构所属的气象台站直接提供的适时预警信号的,由有关气象主管机构责令改正,给予警告,可以并处5万元以下罚款。

第十四条 违反本办法规定,传播虚假预警信号的,由有关气象主管机构责令改正,给予警告;负有直接责任的人员是国家工作人员的,依法给予处分;构成违反治安管理行为的,由公安机关依法给予处罚。

第十五条 违反本办法规定,未及时传播或者不传播预警信号,导致人民生命财产遭受严重损失的,对直接负责的主管人员和其他直接责任人员依法给予处分。

第十六条 违反本办法规定,气象主管机构及其所属气象台站的工作人员玩忽职守,导致预警信号的发布出现重大失误的,对直接负责的主管人员和其他直接责任人员给予行政处分;构成犯罪的,依法追究刑事责任。

第十七条 本办法自2008年2月1日起施行。2004年7月29日发布的《青海省灾害性天气预警信号发布办法》同时废止。

《青海省气象灾害预警信号及防御指南》与本办法同时公布。

青海省气象灾害预警信号及防御指南

一、暴雨预警信号

暴雨预警信号分四级,分别以蓝色、黄色、橙色、红色表示。

(一)暴雨蓝色预警信号

图标:

含义:12小时内降雨量将达25毫米以上,或者已达25毫米以上且降雨可能持续(格尔木市区、大柴旦、茫崖、冷湖等年降水量小于100毫米的地区,降雨量达10毫米以上),易引发洪涝、滑坡、泥石流、城市内涝等灾害。

防御指南:

1. 暴雨区的政府及相关部门按照职责做好防暴雨准备工作;
2. 学校、幼儿园采取适当措施,保证学生和幼儿安全;
3. 驾驶人员注意道路积水和交通堵塞,确保行车安全;
4. 收盖露天晾晒物品,以防雨淋;
5. 检查城市、农田、堤坝排水系统,做好排涝准备。

(二)暴雨黄色预警信号

图标:

含义:6小时内降雨量将达25毫米以上,或者已达25毫米以上且降雨可能持续(格尔木市区、大柴旦、茫崖、冷湖等年降水量小于100毫米的地区,降雨量达10毫米以上),引发洪涝、滑坡、泥石流、城市内涝等灾害的可能性较大。

防御指南:

1.暴雨区的政府及相关部门按照职责做好防暴雨工作;

2.学校、幼儿园采取防御措施,保证学生和幼儿安全;

3.驾驶人员注意道路积水和交通堵塞,确保行车安全;

4.收盖露天晾晒物品,转移低洼易浸地区物资;

5.切断低洼地带有危险的室外电源;

6.检查城市、农田、堤坝排水系统,采取必要的排涝措施,塘堰、水库保持安全水位。

(三)暴雨橙色预警信号

图标:

含义:3小时内降雨量将达25毫米以上,或者已达25毫米以上且降雨可能持续(格尔木市区、大柴旦、茫崖、冷湖等年降水量小于100毫米的地区,降雨量达10毫米以上),引发洪涝、滑坡、泥石流、城市内涝等灾害的可能性很大。

防御指南:

1.暴雨区的政府及相关部门做好暴雨的预防和应急准备工作;

2.根据路况在强降雨路段采取交通管制措施,在积水路段实行交通引导;

3.学校、幼儿园采取应急措施,保证学生和幼儿安全;

4.驾驶人员注意路滑和塌方,确保行车安全;

5.适时转移地质灾害危险地带的人员和危房居民;

6.切断有危险的室外电源,暂停户外作业;

7.收盖露天晾晒物品,转移低洼易浸地区物资;

8.做好城市、农田的排涝,注意防范暴雨可能造成的城市内涝、山洪、滑坡、泥石流等灾害。

(四)暴雨红色预警信号

图标:

含义:3小时内降雨量将达50毫米以上,或者已达50毫米以上且降雨可能持续(格尔木市区、大柴旦、茫崖、冷湖等年降水量小于100毫米的地区,降雨量达17毫米以上,青海南部地区1小时降雨量达25毫米以上),引发洪涝、滑坡、泥石流、城市内涝等灾害的可能性非常大。

防御指南:

1.暴雨区的政府及相关部门按照职责做好防暴雨应急和抢险工作;

2.在强降雨路段采取交通管制措施,在积水路段实行交通引导;

3.处于危险地带的单位可以停业、学校可以停课;

4.驾驶人员注意路滑和塌方,确保行车安全;

5.及时转移地质灾害危险地带的人员和危房居民,人员应留在安全处所,户外人员到安全场所暂避;

6.切断有危险的室外电源,暂停户外作业;

7.收盖露天晾晒物品,转移低洼易浸地区物资;

8.做好城市内涝、山洪、滑坡、泥石流等灾害的防御和抢险工作。

二、暴雪预警信号

暴雪预警信号分四级,分别以蓝色、黄色、橙色、红色表示。

(一)暴雪蓝色预警信号

图标：

含义：12小时内降雪量将达5毫米以上，或者已达5毫米以上且降雪持续（格尔木市区、大柴旦、茫崖、冷湖等年降水量小于100毫米的地区，降雪量达3毫米以上），可能对交通或者农牧业有影响。

防御指南：

1.暴雪区的政府及相关部门按照职责做好防暴雪和防冻害准备工作；

2.进行道路、铁路、电力设施巡查维护，做好城市道路积雪的清扫工作；

3.老弱病幼人群注意防寒保暖；

4.行人注意防寒防滑，驾驶人员小心驾驶，车辆采取防滑措施；

5.加固塑料大棚、简易大棚等易被雪压的搭建物。

(二)暴雪黄色预警信号

图标：

含义：6小时内降雪量将达5毫米以上，或者已达5毫米以上且降雪持续（格尔木市区、大柴旦、茫崖、冷湖等年降水量小于100毫米的地区，降雪量达3毫米以上），可能对交通或农牧业有较大影响。

防御指南：

1.暴雪区的政府及相关部门按照职责落实防暴雪和防冻害

措施；

2.加强道路、铁路、电力设施巡查维护，做好城市道路积雪的清扫工作；

3.老弱病幼人群注意防寒保暖；

4.行人注意防寒防滑，驾驶人员小心驾驶，车辆采取防滑措施；

5.加固塑料大棚、简易大棚等易被雪压的搭建物；

6.农业、牧业和种养殖业采取必要的防御措施。

(三)暴雪橙色预警信号

图标：

含义：6小时内降雪量将达10毫米以上，或者已达10毫米以上且降雪持续(格尔木市区、大柴旦、茫崖、冷湖等年降水量小于100毫米的地区，降雪量达5毫米以上)，可能对交通和农牧业有较大影响或已对交通或农牧业造成较大影响。

防御指南：

1.暴雪区的政府及相关部门做好防暴雪、冻害的预防和应急准备工作；

2.加强道路、铁路、电力设施巡查维护，做好城市道路积雪的清除工作；

3.对积雪道路进行交通引导或管制；

4.老弱病幼人群注意防寒保暖；

5.减少不必要的户外活动；

6.加固塑料大棚、简易大棚等易被雪压的搭建物，将户外牲畜赶入棚圈喂养；

7.农业、牧业和种养殖业采取应急措施。

（四）暴雪红色预警信号

图标：

含义：6小时内降雪量将达15毫米以上，或者已达15毫米以上且降雪持续（格尔木市区、大柴旦、茫崖、冷湖等年降水量小于100毫米的地区，降雪量达10毫米以上），可能对交通、农牧业及人民生命财产安全有重大影响或已对交通、农牧业及人民生命财产安全造成重大影响。

防御指南：

1.暴雪区的政府及相关部门按照职责做好防暴雪和防冻害应急和抢险工作；

2.加强道路、铁路、电力设施巡查维护，做好城市道路积雪的清除工作；

3.封闭积雪道路，必要时飞机暂停起降、火车暂停运行、高速公路暂时封闭；

4.老弱病幼人群注意防寒保暖；

5.处于危险地带的单位可以停业、学校可以停课；

6.减少不必要的户外活动；

7.加固塑料大棚、简易大棚等易被雪压的搭建物，及时将户外牲畜赶入棚圈或赶到安全地带躲避；

8.农业、牧业和种养殖业采取应急措施。

三、寒潮预警信号

寒潮预警信号分三级，分别以黄色、橙色、红色表示。

（一）寒潮黄色预警信号

图标：

含义:春季(3—5月)和秋季(9—11月),24小时内日平均气温将要下降6℃以上或已下降到6℃以上,最低气温小于等于2℃,并可能持续,陆地平均风力达4级以上。冬季(12月至次年2月),24小时内日平均气温将下降4℃以上并可能持续。

防御指南:

1.政府及相关部门按照职责做好防寒潮工作;

2.注意添衣保暖;

3.高空等户外作业人员采取防冻防风措施;

4.对农作物、牲畜、家禽等采取防寒措施。

(二)寒潮橙色预警信号

图标:

含义:春季(3—5月)和秋季(9—11月),24小时内日平均气温将要下降8℃以上或已下降到8℃以上,最低气温小于等于0℃,并可能持续,陆地平均风力达4级以上。冬季(12月至次年2月),24小时内日平均气温将下降6℃以上并可能持续。

防御指南:

1.政府及相关部门按照职责适时启动应急预案,做好防寒潮应急准备工作;

2.电力、燃气部门加强能源调度;

3.注意添衣保暖;

4.高空等户外作业人员采取防冻防风措施;

5.农业、畜牧业等采取防寒防冻措施,做好农作物、牲畜、家禽等的防寒工作。

(三)寒潮红色预警信号

图标：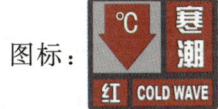

含义：春季(3—5月)和秋季(9—11月),24小时内日平均气温将要下降10℃以上或已下降到10℃以上,最低气温小于等于0℃,并可能持续,陆地平均风力达4级以上。冬季(12月至次年2月),24小时内日平均气温将下降8℃以上并可能持续。

防御指南：

1.政府及相关部门按照职责做好防寒潮应急和抢险工作；

2.电力、燃气部门加强能源调度；

3.注意添衣保暖；

4.暂停户外作业,减少不必要的户外活动；

5.农业、畜牧业等积极采取防寒防冻措施,做好农作物、牲畜、家禽等的防寒工作。

四、大风预警信号

大风预警信号分三级,分别以黄色、橙色、红色表示。

(一)大风黄色预警信号

图标：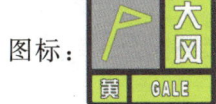

含义：12小时内可能受大风影响,平均风力可达8级,阵风9级以上；或者已经受大风影响,平均风力为8级,阵风9级并可能持续(西宁及海东地区平均风力达7级,阵风8级以上)。

防御指南：

1.政府及相关部门按照职责做好防大风工作；

2.关好门窗,加固围板、棚架、广告牌等易被风吹动的搭建物,

妥善安置易受大风影响的室外物资和物品,遮盖建筑物资;

3.不要在广告牌、临时搭建物等下面逗留;

4.停止露天集体活动,切断户外危险电源。

(二)大风橙色预警信号

图标:

含义:6小时内可能受大风影响,平均风力可达9级,阵风10级以上;或者已经受大风影响,平均风力为9级,阵风10级并可能持续(西宁及海东地区平均风力达8级,阵风9级以上)。

防御指南:

1.政府及相关部门按照职责适时启动应急预案,做好防大风应急准备工作;

2.关好门窗,加固围板、棚架、广告牌等易被风吹动的搭建物,妥善安置易受大风影响的室外物资和物品,遮盖建筑物资;

3.不要在广告牌、临时搭建物等下面逗留,人员尽可能停留在防风安全的地方;

4.停止露天集体活动,暂停高空、户外作业,切断户外危险电源和广告招牌电源;

5.机场、高速公路积极采取措施,保障交通安全。

(三)大风红色预警信号

图标:

含义:6小时内可能受大风影响,平均风力可达10级,阵风11级以上;或者已经受大风影响,平均风力为10级,阵风11级并可能持续(西宁及海东地区平均风力达9级,阵风10级以上)。

防御指南:

1.政府及相关部门按照职责做好防大风应急和抢险工作;

2.关好门窗,加固围板、棚架、广告牌等易被风吹动的搭建物,妥善安置易受大风影响的室外物资和物品,遮盖建筑物资;

3.房屋抗风能力较弱的学校和单位可停课、停业;

4.人员尽可能停留在防风安全的地方,不要随意外出;

5.停止露天集体活动,暂停高空、户外作业,切断户外危险电源和广告招牌电源;

6.机场、高速公路积极采取措施,保障交通安全。

五、沙尘暴预警信号

沙尘暴预警信号分三级,分别以黄色、橙色、红色表示。

(一)沙尘暴黄色预警信号

图标:

含义:12小时内可能出现沙尘暴天气(能见度小于1000米)或者已经出现沙尘暴天气并可能持续。

防御指南:

1.政府及相关部门按照职责做好防沙尘暴工作;

2.呼吸道疾病患者、对风沙较敏感人员不要到室外活动;

3.驾驶人员注意沙尘暴变化,小心驾驶;

4.注意携带口罩、纱巾等防尘用品,以免沙尘对眼睛和呼吸道造成损伤;

5.关好门窗,加固易被风吹动的搭建物,妥善安置易受大风影响的室外物资和物品,做好精密仪器的密封工作。

(二)沙尘暴橙色预警信号

图标：

含义：6小时内可能出现强沙尘暴天气（能见度小于500米），或者已经出现强沙尘暴天气并可能持续。

防御指南：

1.政府及相关部门按照职责适时启动应急预案，做好防沙尘暴应急准备工作；

2.呼吸道疾病患者、对风沙较敏感人员不要到室外活动；

3.机场、高速公路及铁路运输单位做好防护措施，驾驶人员注意沙尘暴变化，小心驾驶；

4.户外人员应当带好口罩、纱巾等防尘用品，注意交通安全；

5.停止露天集体活动，暂停高空和户外作业；

6.刮风时不要在广告牌、临时搭建物和树下逗留；

7.关好门窗，加固易被风吹动的搭建物，妥善安置易受大风影响的室外物资和物品，做好精密仪器的密封工作。

(三)沙尘暴红色预警信号

图标：

含义：6小时内可能出现特强沙尘暴天气（能见度小于50米），或者已经出现特强沙尘暴天气并可能持续。

防御指南：

1.政府及相关部门按照职责做好防沙尘暴应急和抢险工作；

2.学校、幼儿园推迟上学或放学，直至特强沙尘暴结束；

3.人员尽可能停留在防风防沙安全的地方，不要在户外活动；

4.飞机暂停起降,火车暂停运行,高速公路暂时封闭;

5.停止露天集体活动,暂停高空、户外作业;

6.刮风时不要在广告牌、临时搭建物和树下逗留;

7.关好门窗,加固易被风吹动的搭建物,妥善安置易受大风影响的室外物资和物品,做好精密仪器的密封工作。

六、高温预警信号

高温预警信号分三级,分别以黄色、橙色、红色表示。

(一)高温黄色预警信号

图标:

含义:24小时内最高气温将要或者已经升至35℃以上。

防御指南:

1.有关部门和单位按照职责做好防暑降温准备工作;

2.午后高温时段尽量避免户外活动;

3.对老弱病幼人群提供防暑降温指导;

4.高温环境下作业的人员采取防暑降温措施;

5.注意食品卫生,加强防暑降温知识宣传。

(二)高温橙色预警信号

图标:

含义:24小时内最高气温将要或者已经升至37℃以上。

防御指南:

1.有关部门和单位按照职责落实防暑降温措施;

2.午后高温时段尽量避免户外活动;

3.对老弱病幼人群提供防暑降温指导,并采取必要的防护

措施;

4.高温环境下作业的人员应当缩短连续工作的时间;

5.注意食品卫生,加强防暑降温知识宣传;

6.注意防范因用电量过高,以及电线、变压器等电力负载过大而引发的火灾。

(三)高温红色预警信号

图标:

含义:24小时内最高气温将要或者已经升至40℃以上。

防御指南:

1.有关部门和单位按照职责采取防暑降温应急措施;

2.采取措施,确保城市正常供水、供电;

3.中小学校在高温时段可决定停课;

4.午后高温时段尽量避免户外活动;

5.对老弱病幼人群采取保护措施;

6.高温环境下作业的人员缩短连续工作的时间,暂停高温时段露天作业;

7.注意食品卫生,加强防暑降温知识宣传;

8.注意防范因用电量过高,以及电线、变压器等电力负载过大而引发的火灾。

七、雷电预警信号

雷电预警信号分三级,分别以黄色、橙色、红色表示。

(一)雷电黄色预警信号

图标:

含义:3小时内可能发生雷电活动,可能会造成雷电灾害事故。

防御指南:

1.政府及相关部门按照职责落实防雷措施;

2.密切关注天气,尽量避免户外活动;

3.暂停露天集体活动和高空等户外作业。

(二)雷电橙色预警信号

图标:

含义:1小时内发生雷电活动的可能性很大,或者已经受雷电活动影响,且可能持续,出现雷电灾害事故的可能性比较大。

防御指南:

1.政府及相关部门按照职责落实防雷应急措施;

2.人员应当留在室内,并关好门窗;

3.暂停露天集体活动和高空等户外作业;

4.户外人员尽量躲入有防雷设施的建筑物或者汽车内;

5.切断危险电源,远离金属门窗,不要在树下、电杆下、塔吊下或山顶躲避;

6.在空旷场地不要打伞,不要把农具、羽毛球拍、高尔夫球杆等金属物品扛在肩上。

(三)雷电红色预警信号

图标:

含义:1小时内发生雷电活动的可能性非常大,或者已经有强烈的雷电活动发生,且可能持续,出现雷电灾害事故的可能性非常大。

防御指南：

1.政府及相关部门按照职责做好防雷应急和抢险工作；

2.人员应当留在室内,并关好门窗；

3.暂停露天集体活动和高空等户外作业；

4.户外人员应当躲入有防雷设施的建筑物或者汽车内；

5.切断危险电源,远离金属门窗,不要在树下、电杆下、塔吊下或山顶躲避；

6.在空旷场地不要打伞,不要把农具、羽毛球拍、高尔夫球杆等金属物品扛在肩上；

7.切勿接触天线、水管、铁丝网、金属门窗、建筑物外墙、金属管道,远离电线等带电设备和其他类似金属装置；

8.尽量不要使用无防雷装置或者防雷装置不完备的电视、电话等电器,出现雷电时应当关闭手机。

八、冰雹预警信号

冰雹预警信号分二级,分别以橙色、红色表示。

(一)冰雹橙色预警信号

图标：

含义:3小时内可能出现冰雹天气,并可能造成雹灾。

防御指南：

1.政府及相关部门按照职责做好防冰雹的应急准备工作；

2.人工防雹作业单位做好人工消雹的作业准备并伺机进行人工消雹作业；

3.户外行人立即到安全的地方暂避；

4.驱赶家禽、牲畜进入有顶棚的场所,妥善保护易受冰雹袭击的汽车等室外物品或者设备；

5.注意防御冰雹天气伴随的雷电灾害。

(二)冰雹红色预警信号

图标：

含义:1小时内出现冰雹可能性极大,并可能造成重雹灾。

防御指南：

1.政府及相关部门按照职责做好防冰雹应急和抢险工作；

2.人工防雹作业单位进行防雹消雹作业；

3.户外行人立即到安全的地方暂避；

4.驱赶家禽、牲畜进入有顶棚的场所,妥善保护易受冰雹袭击的汽车等室外物品或者设备；

5.关闭手机等无线通信工具；

6.注意防御冰雹天气伴随的雷电灾害。

九、霜冻预警信号

霜冻预警信号分三级,分别以黄色、橙色、红色表示。

(一)霜冻黄色预警信号

图标：

含义:农作物生长季节(3—10月),24小时内地面最低温度将要下降到0℃以下,对农业将产生影响,或者已经降到0℃以下,对农业已经产生影响,并可能持续(轻度霜冻)。

防御指南：

1.政府及农林主管部门按照职责做好防霜冻准备工作；

2.农村牧区基层组织和农牧民要关注当地霜冻预警信息,以便采取措施加强防护；

3. 对农作物、经济作物、树种等采取一定的防护措施。

(二)霜冻橙色预警信号

图标：

含义:24 小时内地面最低温度将要下降到零下 3℃ 以下,对农业将产生严重影响,或者已经降到零下 3℃ 以下,对农业已经产生严重影响,并可能持续(中度霜冻)。

防御指南：

1. 政府及农林主管部门按照职责做好防霜冻应急准备工作；
2. 农村牧区基层组织要广泛发动群众,防灾抗灾；
3. 对农作物、经济作物、树种等采取防冻措施；
4. 准备一定量的农作物种子,以备重播和补种之用。

(三)霜冻红色预警信号

图标：

含义:24 小时内地面最低温度将要下降到零下 5℃ 以下,对农业将产生严重影响,或者已经降到零下 5℃ 以下,对农业已经产生严重影响,并将持续(重度霜冻)。

防御指南：

1. 政府及农林主管部门按照职责做好防霜冻应急和救灾工作；
2. 农村牧区基层组织要广泛发动群众,防灾抗灾；
3. 对农作物、经济作物、树种、牲畜等采取防霜冻和冰冻措施,尽量减少损失；
4. 根据已出苗的农作物面积情况,准备大量的农作物种子,以备重播和补种之用。

十、大雾预警信号

大雾预警信号分三级,分别以黄色、橙色、红色表示。

(一)大雾黄色预警信号

图标:

含义:12小时内可能出现能见度小于500米的雾,或者已经出现能见度小于500米、大于等于200米的雾且可能持续。

防御指南:

1.有关部门和单位按照职责做好防雾准备工作;

2.机场、高速公路等单位加强交通管理,保障安全;

3.驾驶人员注意雾的变化,小心驾驶;户外活动注意安全;

4.户外活动注意安全。

(二)大雾橙色预警信号

图标:

含义:6小时内可能出现能见度小于200米的雾,或者已经出现能见度小于200米、大于等于50米的雾且可能持续。

防御指南:

1.有关部门和单位按照职责做好防雾工作;

2.机场、高速公路等单位加强调度指挥;

3.驾驶人员控制车速,注意行车安全;

4.减少户外活动。

(三)大雾红色预警信号

图标：

含义：2小时内可能出现能见度小于50米的雾，或者已经出现能见度小于50米的雾且可能持续。

防御指南：

1.有关部门和单位按照职责做好防雾应急工作；

2.按照行业规定采取交通安全管制措施，如机场暂停飞机起降，高速公路暂时封闭等；

3.驾驶人员采取雾天预防措施，根据环境条件采取合理行驶方式，并尽快寻找安全停放区域停靠；

4.不要进行户外活动。

十一、霾预警信号

霾预警信号分二级，分别以黄色、橙色表示。

(一)霾黄色预警信号

图标：

含义：12小时内可能出现能见度小于3000米的霾，或者已经出现能见度小于3000米的霾且可能持续。

防御指南：

1.驾驶人员小心驾驶；

2.因空气质量明显降低，人员需适当防护；

3.呼吸道疾病患者尽量减少外出，外出时可戴上口罩。

(二)霾橙色预警信号

图标：

含义:6小时内可能出现能见度小于2000米的霾,或者已经出现能见度小于2000米的霾且可能持续。

防御指南:

1.机场、高速公路等单位加强交通管理,保障安全;

2.驾驶人员谨慎驾驶;

3.空气质量差,人员需适当防护;

4.人员减少户外活动,呼吸道疾病患者避免外出。

十二、干旱预警信号

干旱预警信号分二级,分别以橙色、红色表示。干旱指标等级划分,以国家标准《气象干旱等级》(GB/T20481—2006)中的综合气象干旱指数为标准。

(一)干旱橙色预警信号

图标：

含义:预计未来一周综合气象干旱指数达到重旱(气象干旱为25~50年一遇),或者某一县(区)有40%以上的农作物受旱。

防御指南:

1.政府及相关部门按照职责适时启动应急预案,做好防御干旱应急准备工作;

2.启用应急备用水源,调度辖区内一切可用水源,优先保障城乡居民生活用水和牲畜饮水;

3.限制非生产性高耗水和排放工业污水;

4.气象部门适时进行人工增雨作业。

(二)干旱红色预警信号

图标:

含义:预计未来一周综合气象干旱指数达到特旱(气象干旱为50年以上一遇),或者某一县(区)有60%以上的农作物受旱。

防御指南:

1.政府及相关部门按照职责做好防御干旱应急和救灾工作;

2.启动远距离调水等应急供水方案,采取提外水、打深井、车载送水等多种手段,确保城乡居民生活和牲畜饮水;

3.限制非生产性高耗水,暂停排放工业污水;

4.气象部门适时加大人工增雨作业力度。

十三、雪灾预警信号

雪灾预警信号分二级,分别以橙色、红色表示。

(一)雪灾橙色预警信号

图标:

含义:预计未来一旬,某一县(区)积雪面积达60%以上,其积雪深度达5厘米。

防御指南:

1.政府及相关部门按照职责适时启动应急预案,做好防御雪灾应急准备工作;

2.老弱病幼人群注意防寒保暖,减少不必要的户外活动;

3.户外注意佩戴墨镜等防护用品,以免对身体造成伤害;

4.畜牧业积极采取措施,做好防冻害准备,备足饲料,将户外

牲畜赶入棚圈喂养;

5.做好对雪灾区的救灾救济准备工作。

(二)雪灾红色预警信号

图标:

含义:预计未来一旬,某一县(区)积雪面积达90%以上,其积雪深度达8厘米。

防御指南:

1.政府及相关部门按照职责做好防御雪灾应急和救灾工作;

2.老弱病幼人群加强防寒保暖,减少不必要的户外活动;

3.采取防护措施,避免造成雪盲、冻伤;

4.及时转移被困人员;

5.畜牧业加强防冻害措施,备足饲料,将户外牲畜赶入棚圈喂养;

6.做好对雪灾区的救灾救济工作。

十四、道路结冰预警信号

道路结冰预警信号分三级,分别以黄色、橙色、红色表示。

(一)道路结冰黄色预警信号

图标:

含义:当路表温度低于0℃,出现降水,12小时内可能出现对交通有影响的道路结冰。

防御指南:

1.交通、公安等部门要按照职责做好道路结冰应对准备工作;

2.驾驶人员应注意路况,安全行使;

3.行人外出注意防滑。

(二)道路结冰橙色预警信号

图标：

含义:当路表温度低于0℃,出现降水,6小时内可能出现对交通有较大影响的道路结冰。

防御指南:

1.交通、公安部门要按照职责做好道路结冰应急工作;

2.驾驶人员应采取防滑措施,听从指挥,慢速行驶;

3.行人外出注意防滑。

(三)道路结冰红色预警信号

图标：

含义:当路表温度低于0℃,出现降水,2小时内可能出现或者已经出现对交通有很大影响的道路结冰。

防御指南:

1.交通、公安等部门做好道路结冰应急和抢险工作;

2.交通、公安等部门指挥和疏导行驶车辆,必要时关闭结冰道路交通;

3.人员尽量减少外出。

十五、森林(草原)火险预警信号

森林(草原)火险预警信号分三级,分别以黄色、橙色、红色表示。

(一)森林(草原)火险黄色预警信号

图标：

含义：连续10天出现5级以上森林(草原)火险气象等级,中度危险,易引发森林(草原)火灾。

防御指南：

1.政府及有关部门按照职责做好防火准备工作；

2.加强林区(草原)火险天气监测,及时通报火险天气情况；

3.加强林区(草原)巡查,严格管理野外用火,做好防火灭火准备；

4.加强森林(草原)防火宣传教育。

(二)森林(草原)火险橙色预警信号

图标：

含义：连续20天出现5级以上森林(草原)火险气象等级,高度危险,引发森林(草原)火灾的可能性较大。

防御指南：

1.政府及有关部门按照职责做好防火工作；

2.加强林区(草原)火险天气监测,及时通报火险天气情况；

3.进一步加强林区(草原)巡查,严格管制野外火源；

4.在重点火险区要设卡布点,禁止带火种进入；

5.加强森林(草原)防火宣传教育。

(三)森林(草原)火险红色预警信号

图标：

含义:连续30天出现5级以上森林(草原)火险气象等级,极度危险,引发森林(草原)火灾可能性非常大。

防御指南:

1.政府及有关部门按照职责适时启动防火应急预案,做好防火应急工作;

2.进入紧急防火状态,森林消防队伍要严阵以待;

3.加强林区(草原)火险天气监测,及时通报火险天气情况;

4.加大林区(草原)巡查力度,禁止一切野外用火;

5.在重点火险区设卡布点,禁止带火种进入;

6.加强森林(草原)防火宣传教育。

青海省人工影响天气管理办法

（2006年12月22日青海省人民政府第60次常务会议审议通过，根据2020年6月12日青海省人民政府《关于修改和废止部分省政府规章的决定》修订）

第一条 为了加强对人工影响天气工作的管理，合理开发利用空中云水资源，保护和改善生态环境，防御和减轻气象灾害，保障人民群众生命和财产安全，促进经济社会可持续发展，根据《中华人民共和国气象法》《人工影响天气管理条例》等法律、法规的规定，结合本省实际，制定本办法。

第二条 在本省行政区域内从事人工影响天气活动，应当遵守本办法。

第三条 本办法所称人工影响天气，是指在适当的气象条件下通过科技手段对局部大气的物理、化学过程进行人工影响，实现增（消）雨雪、防雹、消雾、防霜、森林草原防（灭）火、消除公共污染等目的的活动。

第四条 县级以上气象主管机构在同级人民政府的领导和协调下，组织实施人工影响天气作业。

农业农村、水利、林业草原、公安、飞行管制、应急管理等有关部门依法在职责范围内，做好人工影响天气的相关工作。

第五条 县级以上气象主管机构应当根据防灾减灾、生态环境建设、空中云水资源开发利用等需要,商本级人民政府有关部门编制人工影响天气工作计划,报本级人民政府批准后实施。

按照有关人民政府批准的人工影响天气工作计划开展的人工影响天气工作属于公益性事业,所需经费列入该级人民政府的财政预算。

第六条 除县级以上人民政府批准的人工影响天气工作计划外,其他组织或个人要求开展人工影响天气活动的,由申请人向当地气象主管机构提出申请,报省气象主管机构批准后实施,其费用由提出人工影响天气作业服务要求的组织或个人承担。

第七条 县级以上人民政府应当加强人工影响天气基础设施建设。基础设施建设用地依照公益性事业用地征用程序办理。

第八条 省气象主管机构应当组织开展人工影响天气在防灾减灾、气候变化、生态环境变化、云水资源变化以及保障农牧业生产安全等方面影响的研究,开展空中云水资源的普查、评估、区划以及人工影响天气作业的效果评估。

第九条 人工影响天气作业地点由省气象主管机构会同飞行管制部门依法确定。经确定的人工影响天气作业地点不得擅自变动;确需变动的,须按原程序重新确定。

人工影响天气作业地点所在地的乡(镇)人民政府和村(居)民委员会对人工影响天气作业设施负有保护责任。

第十条 从事人工影响天气作业的单位应当具备以下条件:

(一)具有法人资格;

(二)作业高射炮、火箭发射装置符合国家有关强制性技术标准和要求;

(三)炮库、弹药库等基础设施符合有关安全管理规定;

(四)作业指挥人员和作业人员经省气象主管机构培训考核合格,能独立承担所开展的相关工作;

(五)有完善的作业空域申报制度、作业安全管理制度和作业设备的维护、运输、储存、保管等制度。

第十一条 实施人工影响天气作业,应当具备下列条件:

(一)飞行管制部门已经批准作业空域和作业时限;

(二)作业设备性能良好,符合使用要求,作业指挥人员和作业人员全部到位;

(三)高射炮、火箭作业射程、范围避开人口稠密区和重要设施;

(四)具备适宜作业的天气气候条件;

(五)作业地点与同级人工影响天气作业指挥系统和飞行管理部门的通信畅通。

第十二条 利用高射炮、火箭等发射装置实施人工影响天气作业的,由作业地的县级以上地方气象主管机构向有关飞行管制部门申请空域和作业时限;利用飞机实施人工影响天气作业的,由省气象主管机构向有关飞行管制部门申请空域和作业时限。申请的主要内容包括作业地点的地名、代号、作业区域、经纬度、海拔高度和作业人员代号、作业设备、作业时限等。

第十三条 实施人工影响天气作业,应当在飞行管制部门批准的作业空域和作业时限内进行。在作业过程中,作业单位收到飞行管制部门发出停止作业的指令时,应当立即停止作业。作业结束后,作业单位应当做好空域申请记录以备核查。

第十四条 实施人工影响天气作业,应当严格执行作业规范和操作规程,并接受县级以上气象主管机构的指挥、管理和监督。

第十五条 作业地的气象主管机构应当根据人工影响天气作业具体情况提前公告实施的地点和时间,并通知当地公安机关做好安全保卫工作。

第十六条 需要跨行政区域实施人工影响天气作业的,由相关人民政府协商确定;协商不成的,由其共同的上级人民政府确定。

第十七条　实施人工影响天气作业的单位应当制定安全事故应急预案。作业中发生安全事故的，作业单位必须立即按照预案组织救援并报告本级人民政府、气象主管机构和应急管理部门。

第十八条　作业地气象台站应当及时无偿提供实施人工影响天气作业所需的气象资料、情报、预报。

农业农村、水利、自然资源、应急管理、林业草原、民政等有关部门应当及时无偿提供实施人工影响天气作业所需的灾情、水文、火情等资料。

第十九条　省气象主管机构应当科学合理布设高射炮、火箭发射装置、地面碘化银发生器等作业设备。

实施人工影响天气作业使用的高射炮、火箭发射装置、炮弹、火箭弹，由省气象主管机构按照国家有关政府采购的规定统一组织采购。

第二十条　禁止将高射炮、火箭发射装置、炮弹、火箭弹等人工影响天气作业设备用于非人工影响天气活动。

禁止将高射炮、火箭发射装置、炮弹、火箭弹等人工影响天气作业设备转让、转借给非人工影响天气作业单位或者个人；人工影响天气作业单位之间转让人工影响天气作业设备的，应当自转让之日起三十日内向省气象主管机构备案。

第二十一条　购买、运输、储存人工影响天气作业使用的高射炮、火箭发射装置、炮弹、火箭弹，必须符合国家有关武器装备、爆炸物品管理的法律、法规，落实安全保障措施，并按程序到气象、公安等有关部门办理相关手续。

第二十二条　实施人工影响天气作业使用的高射炮、火箭发射装置，由省气象主管机构按照《人工影响天气管理条例》的规定组织年检；年检不合格的，应当立即检修；经检修仍达不到规定技术标准和要求的，予以报废。

需要报废高射炮、火箭发射装置以及超过有效期的炮弹、火箭弹的,作业单位应登记造册,提出销毁方案,依照人工影响天气安全管理的有关规定进行销毁。

禁止使用未经年检或者年检不合格以及报废的高射炮、火箭发射等装置和超过有效期的炮弹、火箭弹。

第二十三条 违反本办法规定,有下列行为之一的,由县级以上气象主管机构责令改正,可处以3000元以上3万元以下罚款;给他人造成损失的,依法承担赔偿责任;构成犯罪的,依法追究刑事责任:

(一)从事人工影响天气作业的单位不符合从业条件的;

(二)使用未经年检、年检不合格、报废的高射炮和火箭发射装置的;

(三)使用超过有效期的炮弹、火箭弹的。

第二十四条 违反本办法规定,作业单位使用未经省气象主管机构培训考核合格的作业指挥人员和作业人员从事人工影响天气作业的,由县级气象主管机构或其主管部门责令改正,并对直接负责的主管人员依法给予处分。

第二十五条 违反本办法规定,组织实施人工影响天气作业中造成安全事故或瞒报、谎报人工影响天气作业安全事故的,对有关主管机构的负责人、直接负责的主管人员和其他责任人员,依照国家和省有关安全事故责任追究的规定处理。

第二十六条 本办法自2007年2月1日起施行。

青海省应对气候变化办法

(2010年7月23日青海省人民政府第63次常务会议审议通过,根据2020年6月12日青海省人民政府《关于修改和废止部分省政府规章的决定》修订)

第一章 总 则

第一条 为加强应对气候变化工作,提高全社会应对气候变化的意识和能力,推动跨越发展、绿色发展、和谐发展、统筹发展,建设资源节约型、环境友好型社会,落实生态立省战略,根据相关法律、法规的规定,结合本省实际,制定本办法。

第二条 本办法所称应对气候变化,是指运用法律、经济、行政和科技等手段,对自然变化或者人类活动引起的气候变动造成的影响所采取的对策,包括气候变化的适应与减缓。

第三条 应对气候变化工作应当遵循结合实际、统筹规划、突出重点、科学应对、广泛合作、公众参与的原则。

第四条 各级人民政府应当组织、协调解决本行政区域内应对气候变化工作中的重大问题,督促辖区内国家机关、企业事业单位和社会组织落实应对气候变化工作目标和措施。

县级以上人民政府有关部门应当在各自职责范围内,做好应对气候变化的相关工作。

第五条　县级以上人民政府应当建立健全推动绿色发展的政策和机制，加快转变经济发展方式，加大绿色投入，在全社会倡导和树立绿色生产、绿色消费的理念。

国家机关、企业事业单位和社会组织应当严格遵守节能和生态环境保护法律法规及标准，强化管理措施，落实节能减排目标责任，积极参与应对气候变化的相关活动。

鼓励公众选择有利于减缓气候变化的消费模式和生活方式，自觉履行节能和生态环境保护义务。

第二章　适应气候变化

第六条　县级以上人民政府及其有关部门应当按照主体功能区规划的要求，调整和优化产业结构，加快绿色发展，逐步形成生态、资源、人口、经济相协调的发展格局。

第七条　坚持工程治理与自然修复相结合的方针，以保护生态环境为重点，加大三江源地区、青海湖流域等典型生态区生态环境的保护与建设，提高生态系统的稳定性和安全性。

第八条　县级以上人民政府应当制定水资源综合利用规划，合理开发和优化配置水资源，推进水土流失综合治理，严格执行国家取水许可、水资源有偿使用和节水用水管理制度，采取防治水污染的对策和措施，有效保护和利用水资源。

县级以上人民政府应当组织有关部门合理开发利用空中云水资源，开展以抗旱、防雹、水库增蓄、森林草原火灾扑救、生态环境保护等为目的的人工影响天气作业。

第九条　推进农牧业结构和种植结构调整，加强农业、牧业、林业基础设施建设，全面实施退耕还林、退牧还草、植树造林工程，坚持以草定畜、控制草原载畜量，扩大森林覆盖率，发展碳汇林业，遏制生态环境退化,增强农田、草原和森林的碳汇功能。

第十条 县级以上人民政府及其相关部门应当坚持发展旅游产业与建设生态文明相结合,科学利用原生态和自然生态旅游资源。

第十一条 铁路、交通运输、气象等部门应当加强铁路、公路沿线气象灾害及其次生、衍生灾害的监测、预警,开展多年冻土区铁路、公路冻胀、融沉等防治工程技术研究。

第十二条 省气象主管机构应当会同有关部门建立气候变化监测与评估系统,加强气候变化和极端气候事件的监测,开展气候变化对水资源、生态环境和敏感行业的影响评估,会同有关部门编制《青海省气候变化评估报告》,为适应和减缓气候变化及防灾减灾提供决策依据。

第十三条 积极开展气候可行性论证,规避气候变化带来的气候风险,对重大基础设施、大型工程建设、区域性经济开发、区域农牧业结构调整、大型太阳能、风能等气候资源开发利用建设项目进行气候可行性论证。

气候可行性论证的具体内容、程序,按照国务院气象主管机构的规定执行。

第三章　减缓气候变化

第十四条 县级以上人民政府应当严格执行国家和省发展循环经济、节约能源资源的法律法规和政策,建立落后产能退出机制,控制温室气体排放。

第十五条 县级以上人民政府及其生态环境等相关部门应当加强对辖区内废水、废气、固体废弃物排放单位的管理,推进城镇污水处理配套设施、中水回用设施及水质在线监测设施建设,开发先进的垃圾焚烧、填埋和回收技术,提高对废气、废水、废弃物的处理率,落实减排措施,削减污染排放。

第十六条 县级以上人民政府及其农业农村等相关部门应当加强农村牧区环境综合整治,控制和减少农牧业活动中温室气体的排放量。

推广光伏发电、风能、太阳能灶、太阳能采暖房、牲畜暖棚等项目在农牧民生产生活中的应用。

鼓励、支持科研机构和企业开展秸秆综合利用技术开发,积极推广秸秆还田等技术的应用,帮助农民提高秸秆综合利用技能,禁止露天焚烧秸秆和其他烧荒活动。推进农村牧区改水、改厕、改圈工程,提高粪便处理和沼气利用普及率。

第十七条 国家机关、企业事业单位和社会组织等用能单位应当提高资源综合利用能力,采用节能新技术、新工艺、新设备、新材料,降低单位产值能耗和单位产品能耗,提高资源综合利用效率。

第十八条 企业事业单位应当加强内部管理,建立健全管理制度,采取措施降低资源消耗,减少废弃物的产生量和排放量,提高废弃物的循环利用和资源化水平。

企业应当定期开展节能减排教育和岗位节能减排培训。

第十九条 县级以上人民政府应当支持企业事业单位开展太阳能、风能、生物质能等可再生能源开发利用,推动太阳能光伏建筑一体化和太阳能路灯等节能系统在城镇建筑、基础设施中的应用。

鼓励和扶持在既有建筑节能改造和新建建筑中采用太阳能等可再生能源,减少建筑物采暖能耗。

第四章 保障措施

第二十条 县级以上人民政府应当把适应气候变化和控制温

室气体排放目标作为制定中长期发展战略和规划的重要内容,鼓励社会各界多渠道筹集资金为应对气候变化提供资金支持。

地方财政应当安排节能专项资金,支持节能技术研究开发、节能技术和产品的示范与推广、重点节能工程的实施等。

第二十一条　编制土地利用总体规划、城乡规划、环境保护规划、生态保护建设规划、水资源规划和水土保持规划等规划时,应当征求有关单位、社会组织、专家学者、公众和气象等部门的意见,并进行科学论证,充分考虑气候变化对经济社会发展的影响。

第二十二条　科技、新闻出版、广播电视、气象等部门和有关社会团体、新闻媒体应当开展形式多样的宣传教育和节能减排主题活动,普及气候变化知识,增强群众应对气候变化的意识。

教育主管部门应当将应对气候变化相关知识纳入到中小学教育教学内容中,使气候变化教育内容成为素质教育的组成部分。

第二十三条　鼓励有关部门和科研机构参加应对气候变化国内外合作,学习和应用先进技术和方法,提高应对气候变化能力。

第二十四条　县级以上人民政府及其工作部门,应当注重支持节能、节水、节地、节材、资源综合利用等项目的实施。

对依法列入节能技术、节能产品推广目录的项目和可再生能源开发利用项目,依法实行税收优惠等扶持政策。

第二十五条　县级以上人民政府和市场监管等部门应当积极推行节能产品认证、能效标识管理,运用市场机制,引导用户使用节能产品。

加强对用能单位经常性监督,对有色金属、建材、钢铁、化工、火力发电、煤炭等重点用能企业实行清洁生产审核、能源计量管理、能源消费统计和能源利用状况分析制度。

第二十六条　县级以上人民政府应当每年向上一级人民政府报告应对气候变化职责履行情况,并将节能减排指标完成情况纳入地方经济社会发展综合评价和年度考核体系,作为政府领导干部综合考核评价和国有及国有控股企业负责人业绩考核的重要内容。

第五章 附 则

第二十七条 本办法中下列用语的含义是：

适应气候变化：是指人和自然对于实际的或预期的气候刺激及其影响所做出的趋利避害的反应。

减缓气候变化：是指人类通过削减温室气体的排放源和增加温室气体的吸收而对气候系统实施的干预。

第二十八条 本办法自2010年10月1日起施行。

宁夏回族自治区气象条例

（2001年7月20日宁夏回族自治区第八届人民代表大会常务委员会第二十次会议通过；根据2006年3月31日宁夏回族自治区第九届人民代表大会常务委员会第二十一次会议《关于修改〈宁夏回族自治区矿产资源管理条例〉等12件地方性法规的决定》第一次修正；根据2016年3月24日宁夏回族自治区第十一届人民代表大会常务委员会第二十三次会议《关于修改〈宁夏回族自治区煤炭资源勘查开发与保护条例〉等三件地方性法规的决定》第二次修正；根据2020年11月25日宁夏回族自治区第十二届人民代表大会常务委员会第二十三次会议《关于修改〈宁夏回族自治区气象条例〉的决定》第三次修正）

第一条 为了发展自治区气象事业，规范气象工作，准确、及时地制作发布气象预报，开展气候预测，防御和减轻气象灾害，合理开发利用和保护气候资源，根据《中华人民共和国气象法》和有关法律、行政法规，结合自治区实际，制定本条例。

第二条 在自治区行政区域内从事气象探测、预报、服务和气象灾害防御、气候资源开发利用、气象科学技术研究等活动，应当遵守本条例。

第三条 县级以上气象主管机构在上级气象主管机构和本级人民政府领导下,负责本行政区域内的气象工作,并对其他部门的气象工作实施行业管理。

第四条 县级以上人民政府应当加强对气象工作的领导和协调,加强气象基础设施的建设,将地方气象事业项目所需的固定资产投资、事业经费和专项经费等纳入国民经济和社会发展计划及财政预算,并逐步增加对地方气象事业的投资。

各级人民政府应当关心和支持少数民族聚居地区、边远贫困地区的气象台站的建设和运行。

第五条 对在气象工作中做出突出贡献的单位和个人,由县级以上人民政府或者气象主管机构予以表彰和奖励。

第六条 县级以上气象主管机构负责编制地方气象事业项目计划,报同级人民政府批准后组织实施。

非国家统一布局,专为当地经济建设和人民生活服务的地方气象事业项目主要包括:

(一)天气、气候监测预报系统(含中尺度灾害性天气监测预警系统)及其气候资料信息处理、分析服务系统,电视气象预报制作系统,气象防灾减灾服务体系和城乡气象科技服务网;

(二)为农业综合开发、生态环境保护、城市大气污染防治及气候资源和水资源合理开发利用等开展的气象科学研究和气象服务项目;

(三)人工影响天气作业和试验研究项目;

(四)气象卫星遥感技术在森林火险、生态环境、农作物长势监测及产量预报中的开发应用;

(五)根据当地经济建设需要而设置的气象台站;

(六)地方人民政府需要建设的其他气象事业项目。

第七条 气象台站的探测场地、仪器、设施、标志和气象通信线路受法律保护,任何组织或者个人不得侵占、损毁或者擅自移动。

第八条 气象探测环境应当符合下列要求：

（一）气象台站观测场围栏与四周孤立障碍物的边沿距离，国家基准气候站、国家基本气象站、一般气象站分别为该障碍物高度的十倍以上、八倍以上、三倍以上；

（二）国家基准气候站、基本气象站观测场围栏与四周为成排障碍物的距离，为该障碍物高度的十倍以上，一般气象站为该障碍物高度的八倍以上；

（三）观测场围栏与公路路基近边沿距离为三十米以上，观测场四周十米范围内，不得种植一米以上的高秆作物；

（四）高空观测场四周障碍物的仰角不得超过五度，半径二十米范围内应平坦，五十米范围内不得有架空电线、高大建筑物和树木等障碍物，附近不应有无线电台和其他影响探空讯号的干扰源；

（五）天气雷达探测方向的遮挡物，对雷达天线的挡角不大于零点五度，雷达站周围应当避免电磁等干扰源。

第九条 当地人民政府应当按照法定标准划定气象探测环境保护范围，并纳入土地利用总体规划、城市规划或者村庄和集镇规划。

禁止在气象探测环境保护范围内进行对气象探测不利的工程建设或者其他活动。因特殊情况需进行新建、扩建、改建建设工程的，建设单位应当事先征得自治区气象主管机构同意，并采取相应措施，方可建设。

第十条 气象台站的站址及其设施未经批准，任何组织和个人不得擅自迁移。因工程建设、城镇规划确需迁移一般气象台站或者其设施的，建设单位必须提前报自治区气象主管机构批准，待新站建成并经一年的对比观测后方可开工建设。确需迁移国家基准气候站、基本气象站的，建设单位必须提前两年报自治区气象主管机构审核同意后报国务院气象主管机构批准。迁移和重建气象台站及其设施所需的费用,由建设单位承担。

第十一条 公众气象预报、灾害性天气警报,由自治区气象主管机构管辖的各级气象台站按照责任区划分,负责制作和向社会公开发布。

农业气象预报、城市环境气象预报和火险气象等级预报等专业气象预报,由自治区气象主管机构管辖的各级气象台站根据需要发布。

其他组织和个人不得向社会公开发布公众气象预报和灾害性天气警报。

第十二条 广播、电视、报刊等新闻单位以及声讯服务系统、计算机网络、无线寻呼系统、电子屏幕等媒介,公开向社会播发、刊登和传播气象预报和灾害性天气警报,必须使用当地气象主管机构所属的气象台站直接提供的适时气象信息,并标明发布气象台站的名称和发布时间。通过传播气象信息获得的收益,应当提取一部分支持气象事业的发展。

第十三条 广播、电视播出机构应当保证气象预报节目的定时播出,具体播出时间、时限和次数,由其主管部门与同级气象主管机构商定。在特殊情况下,如需改变播出时间的,应当事先征得发布该气象预报的气象台站同意。对当地气象台站发布的具有重大影响的灾害性天气警报和补充、订正的气象预报,应当及时增播或者插播。

电视天气预报节目,由发布该预报的气象台站制作。

天气预报节目的制作,应当符合广播电视的播发要求,保证制作质量。

第十四条 各级人民政府指挥生产、组织防灾减灾和军事、国防科学试验及其他特殊任务所需常规的气象服务和通过广播、电视、报刊等方式向社会提供的公众天气预报等公益性气象服务,由气象主管机构无偿提供。

第十五条 信息产业部门应当与同级气象主管机构密切合作,确保气象通信畅通,及时、准确地传递各种气象情报、气象预报和灾害性天气警报。

气象无线电专用频道和信道受国家保护,任何组织和个人不得挤占和干扰。

第十六条 各级气象台站在确保公益性气象无偿服务的前提下,根据用户需要,可以依法开展以下气象科技有偿服务:

(一)专为用户需要加工制作的专业、专项气象预报、警报,气象情报;

(二)为诉讼、保险索赔以及为非气象机构气象探测数据提供气象鉴证;

(三)专为工程项目设计、建设提供气候论证和为大气环境影响评价提供的统计、加工、分析的气象资料;

(四)气象专用计量器具、设备的检定和维修;

(五)气象科技培训、咨询,气象科研成果转让。

第十七条 对升放无人驾驶自由气球或者系留气球的单位由设区的市的气象主管机构进行资质认定。

第十八条 气象台站对可能影响当地的干旱、大风、沙尘暴、寒潮、霜冻、冰雹、暴雨(雪)等灾害性天气,应当加强监测和预报,及时报告当地人民政府,并提出防灾减灾建议。

第十九条 各级人民政府和有关部门在接到可能发生气象灾害的预测信息时,应当提前采取防御措施,防止或减轻可能造成的损失。

气象灾害发生后,气象台站应当加强监测和预报,并将信息及时报告当地人民政府和有关部门。

第二十条 县级以上人民政府应当建立和完善防御、减轻气象灾害的工作体系和相应的管理制度,制定气象灾害防御方案,并组织实施。

第二十一条　自治区气象主管机构统一管理全区人工影响天气工作。负责人工增雨作业区域和防雹布点的审核、报批；组织购置和调配人工影响天气所需专用物资和装备；监督作业安全，提供技术指导，组织作业效果的分析、验证。

县级以上气象主管机构负责所辖区域人工影响天气工作的组织和管理。民航、通信、交通等部门应当为人工影响天气作业提供必要的条件和保障。

实施人工影响天气的组织，必须具备自治区气象主管机构规定的条件，使用国务院气象主管机构认定的作业设备，遵守作业规范。

第二十二条　县级以上人民政府应当加强对防雷安全工作的领导，督促各部门依法履行防雷安全监督管理职责，全面落实防雷安全责任。

各类建（构）筑物、场所和设施安装雷电防护装置应当符合国家有关防雷标准的规定。新建、改建、扩建建（构）筑物、场所和设施的雷电防护装置应当与主体工程同时设计、同时施工、同时投入使用。

第二十三条　从事雷电防护装置检测的单位应当取得国务院气象主管机构或者自治区气象主管机构颁发的资质证。

自治区气象主管机构负责本行政区域内雷电防护装置检测资质的管理和认定工作。

雷电防护装置应当每年检测一次，其中易燃、易爆场所的雷电防护装置，应当每半年检测一次。雷电防护装置所在单位应当主动申报检测。

第二十四条　县级以上人民政府应当对气象资源开发利用的方向和保护的重点作出规划。

自治区气象主管机构统一组织全区气候资源的调查、区划和保护工作。

第二十五条　具有大气环境影响评价资质的单位进行工程建设项目大气环境影响评价时,应当使用符合国家气象技术标准的气象资料。

第二十六条　违反本条例第七条、第九条第二款、第十条规定的,由县级以上气象主管机构按照权限责令停止违法行为,限期恢复原状或者采取其他补救措施,可以并处五万元以下罚款;造成损失的,依法承担赔偿责任;构成犯罪的,依法追究刑事责任。

第二十七条　违反本条例第十一条第二款、第十二条规定的,由县级以上气象主管机构按照权限责令改正,给予警告,可以并处五万元以下罚款。

第二十八条　违反本条例第二十一条第三款规定的,由县级以上气象主管机构按照权限责令改正,给予警告,可以并处十万元以下罚款;给他人造成损失的,依法承担赔偿责任;构成犯罪的,依法追究刑事责任。

第二十九条　违反本条例第二十二条、第二十三条规定,安装不符合使用要求的雷电灾害防护装置的,由县级以上气象主管机构按照权限责令改正,给予警告。使用不符合要求的雷电灾害防护装置给他人造成损失的,依法承担赔偿责任。

第三十条　违反本条例第二十五条规定,从事大气环境影响评价的单位进行工程项目大气环境评价时,使用的气象资料不符合国家气象技术标准的,由县级以上气象主管机构责令改正,给予警告,可以并处五万元以下罚款。

第三十一条　气象主管机构及其所属台站的工作人员玩忽职守,造成重大漏报、错报公众天气预报、灾害性天气警报,以及丢失或者损毁原始气象探测资料、伪造气象资料的,依法给予处分;给国家利益和人民生命财产造成重大损失,构成犯罪的,依法追究刑事责任。

第三十二条　本条例自2001年10月1日起施行。

宁夏回族自治区气象灾害防御条例

（2009年7月31日宁夏回族自治区第十届人民代表大会常务委员会第十一次会议通过,根据2020年11月25日宁夏回族自治区第十二届人民代表大会常务委员会第二十三次会议《关于修改〈宁夏回族自治区气象灾害防御条例〉的决定》修正）

第一章 总 则

第一条 为了防御和减轻气象灾害,保障人民生命财产安全,促进经济社会发展,根据《中华人民共和国气象法》和有关法律、行政法规的规定,结合自治区实际,制定本条例。

第二条 在自治区行政区域内从事气象灾害防御活动的,应当遵守本条例。

第三条 本条例所称气象灾害,是指天气、气候灾害及其次生、衍生灾害。

天气、气候灾害,包括因干旱、暴雨（雪）、大风、沙尘暴、寒潮、冰雹、霜冻、低温冷害、冰冻灾害、连阴雨、雷电、高温热浪、干热风、大雾、龙卷风、霾等直接造成的灾害。

气象次生、衍生灾害,包括因气象因素引发的山体滑坡、泥石流、植物病虫害、森林草原火灾、有毒气体、环境污染等灾害。

气象灾害防御,是指气象灾害监测、预报、预警、预防、应急、救助和监督管理等活动。

第四条 气象灾害防御工作应当坚持以人为本、统筹规划、预防为主、防治结合、科学防御的原则。

第五条 县级以上人民政府应当加强对气象灾害防御工作的领导,建立健全气象灾害防御工作的协调机制,将气象灾害防御工作纳入本级国民经济和社会发展规划,所需经费列入本级财政预算,并根据经济社会发展和气象灾害防御工作的需要相应加大投入。

第六条 县以上气象主管机构负责本行政区域内气象灾害的监测、预报、预警工作,依法组织管理气候可行性论证、评估等工作;协助有关部门做好气象次生、衍生灾害的监测、预报、预警和减灾工作。

县级以上人民政府发展和改革、自然资源、公安、民政、水利、农业农村、林业和草原、住房和城乡建设、交通运输、教育等有关部门,应当按照职责分工,依法共同做好气象灾害防御工作。

气象灾害监测站点应当接受气象主管机构对其气象工作的指导、监督和行业管理。

第七条 县级以上人民政府应当支持和鼓励气象灾害防御的科学技术研究,宣传普及气象灾害防御知识,推广先进的气象灾害防御技术,并纳入本地区的科技发展规划。

第八条 公民、法人和其他组织应当参与气象灾害防御工作,增强防御气象灾害意识,提高避险、避灾减灾、自救互救等应救能力。

鼓励公民、法人和其他组织通过商业保险等多种形式防御气象灾害风险。

对在气象灾害防御工作中做出突出贡献的单位和个人,各级人民政府或者气象主管机构应当给予表彰和奖励。

第二章 防御规划与设施

第九条 县级以上人民政府应当组织气象主管机构和其他有关部门,根据灾害分布情况、易发区域、主要致灾因素和上一级气象灾害防御规划,编制本行政区域的气象灾害防御规划;定期开展气象灾害普查,制定和完善防灾减灾措施,做好防范气象灾害的应急基础工程建设规划。

县以上气象主管机构应当会同有关部门拟订气象灾害监测、预报、预警等设施建设方案,报本级人民政府批准后实施。

第十条 气象灾害防御规划应当包括下列内容:
(一)气象灾害防御的原则和目标任务;
(二)气象灾害现状、影响评估和发展趋势;
(三)气象灾害易发区域、易发时段和重点防御区域;
(四)气象灾害的分类防御要求;
(五)气象灾害防御工程设施的建设和管理;
(六)气象灾害防御非工程措施;
(七)应当纳入防御规划的其他内容。

第十一条 气象灾害防御规划应当作为城市总体规划、镇总体规划的强制性内容。

编制区域、流域建设开发利用规划,以及工业、农牧业、林业、水利、交通、航空、旅游、通信、能源、环境保护和自然资源开发利用等专项规划,应当符合气象灾害防御规划的相关要求。

第十二条 县级以上人民政府应当加强气象灾害综合监测、预报、预警和应急处置基础设施建设。

在气象灾害易发区、林区、矿区、旅游区等重点区域和电力、通信、交通、能源、水利等重要设施以及国家和自治区重点工程项目所在地,建立完善气象灾害监测站点和气象探测设施,并根据气象灾害防御工作需要,建设应急移动气象灾害监测设施。

在城镇、乡村的人员密集场所设置气象灾害预警信息接收、播发设施。

机场、车站、高速公路、旅游景点等场所应当具备气象灾害预警信息接收、播发条件。

第十三条 县级以上人民政府应当加强人工影响天气工作的领导和协调,建立健全人工影响天气应急作业机制,在大中型水库、城市供水和工农业用水紧缺地区的水源区域,森林火灾易发、频发区,干旱、冰雹灾害高发区域,建立人工影响天气作业点和配套基础设施。

第十四条 气象灾害防御设施受法律保护,任何组织和个人不得侵占、损毁或者擅自移动;未经依法批准,不得迁建气象台站和其他气象灾害防御设施。

气象灾害防御设施因不可抗力或者其他因素遭受破坏时,县级以上人民政府应当及时组织修复,确保气象灾害防御设施正常运行、使用。

第十五条 县级以上人民政府应当组织气象主管机构和其他有关部门,按照法定标准制定气象探测环境和设施保护专业规划,划定气象探测环境保护范围,并将专业规划纳入城市总体规划、镇总体规划。

禁止在气象探测环境保护范围内从事危害气象探测环境的活动。

第十六条 新建、扩建、改建工程项目涉及危害气象探测环境许可事项的,未经气象主管机构同意,发展和改革、住房和城乡建设、自然资源等行政主管部门不得审批或者核准。

第三章 预防与减灾措施

第十七条 与气候条件密切相关的大型工程建设项目、重大区域性经济开发项目、城市总体规划和大型太阳能、风能等气候资源开发利用建设项目,应当进行气候可行性论证。自治区气象主管机构负责组织管理气候可行性论证活动。进行气候可行性论证,应当委托国家气象主管机构确认的具备相应气候可行性论证能力的机构论证。

负责规划或者建设项目审批、核准的部门应当将气候可行性论证结果和专家评审通过的气候可行性论证报告纳入规划或者建设项目可行性研究的审查内容,统筹考虑气候可行性论证报告结论。对可行性研究报告或者申请报告中未包括气候可行性论证内容的建设项目,不得审批或者核准。

第十八条 各级人民政府及其有关部门应当根据干旱灾害发生情况,因地制宜修建中小型蓄水、引水、提水和雨水集蓄利用等抗旱工程,储备必要的抗旱物资,做好保障干旱期城乡居民生活供水的水源贮备工作。

第十九条 各级人民政府及其有关部门应当根据暴雨发生情况,加强河道、水库、堤防、闸坝、泵站等防洪设施建设。定期检查各种防洪设施的运行情况,及时疏通河道和排水管网,做好重要险段的巡查工作。

第二十条 各级人民政府及其有关部门应当根据暴雪冰冻、大风、沙尘暴发生情况,加强对水、电、气、暖、通信等线路的规划、设计、铺设和维护,保证安全畅通,提高防御暴雪冰冻、大风灾害的能力。

第二十一条 发现干旱、沙尘暴和暴雨雪等气候征兆的,气象主管机构所属气象台站应当加强气象灾害监测,对灾害可能发生的区域及强度等级及时做出预报。气象主管机构应当将气象灾害监测、预报结论和预防措施及时报告当地人民政府和有关部门。

气象主管机构和有关部门不得隐瞒、谎报或者授意他人隐瞒、谎报气象灾害信息和灾情。

第二十二条 县级以上人民政府应当将防雷减灾工作纳入公共安全监督管理的范围。县级以上气象主管机构应当加强对雷电灾害防御工作的组织管理,做好雷电监测、预报预警、雷电灾害调查鉴定和防雷科普宣传,提高雷电灾害监测预报水平。

建设工程项目属于国家《建筑物防雷设计规范》规定的一、二类防雷建筑(构筑物)的,建设单位应当进行雷击风险评估。

雷电安全防护装置应当与建设主体工程同时设计、同时施工、同时投入使用,住房和城乡建设行政主管部门应当将其纳入建设工程管理审批程序。

第四章 监测与预报

第二十三条 县级以上人民政府应当建立跨地区、跨部门的气象灾害联合监测网络和气象灾害监测信息共享平台,完善气象灾害监测信息共享机制。

有关部门和单位应当及时、准确、无偿向气象灾害信息共享平台提供气象、水情、旱情、森林草原火险、地质险情、植物病虫害、环境污染等与气象灾害有关的监测信息,保障信息资源共享。

气象主管机构对气象灾害监测信息共享平台进行管理和协调。

第二十四条 气象主管机构所属气象台站,应当按照法定职责和公共服务需要,向社会统一发布公众气象预报、灾害性天气预报、警报、预警信号和天气、气候实况,并根据天气变化情况及时补充、订正。其他任何组织或者个人不得向社会发布天气预报、警报等气象信息。

气象次生、衍生灾害的预报、警报,由有关部门会同气象主管机构向社会联合发布。法律法规另有规定的,从其规定。

第二十五条　气象主管机构及其所属气象台站应当提高气象灾害预报、警报的准确性、时效性和有效性,做好灾害性、关键性、转折性天气预报、警报和灾害趋势气候预测,及时向本级人民政府报告,并通报相关防灾减灾机构和部门。

第二十六条　广播、电视、报纸、电信、信息网络等媒体单位,应当及时、准确、无偿向公众传播公共气象预报、灾害性天气预报、警报和预警信号,并及时增播、插播或者补充、订正;不得拒绝传播、延误传播或者更改、删减和传播虚假、过时的灾害性天气预报、警报和预警信号。

传播公共气象预报、灾害性天气预报、警报和预警信号,应当使用气象主管机构所属气象台站直接提供的实时公共气象预报、灾害性天气预报、警报和预警信号,并标明发布气象台站的名称和发布时间。

第二十七条　乡镇人民政府、街道办事处、居民(村民)委员会和机场、车站、高速公路、学校、医院等人员密集场所的管理单位应当建立气象灾害信息员制度,在收到气象主管机构所属气象台站发布的灾害性天气预报、警报和预警信号后,应当及时向本辖区和场所公众传播,并采取相应防御措施。

第五章　应急与监督

第二十八条　县级以上人民政府应当根据气象灾害防御规划,组织气象主管机构和其他有关部门制定重大气象灾害应急预案,并组织实施。

重大气象灾害应急预案应当包括下列内容:

（一）气象灾害的性质和等级；
（二）气象灾害应急组织指挥体系及有关部门职责；
（三）气象灾害预防与预警机制；
（四）气象灾害应急预案启动和响应程序；
（五）气象灾害应急处置和保障措施；
（六）灾后恢复、重建措施。

第二十九条　县级以上人民政府应当根据气象主管机构所属气象台站发布的灾害性天气预报、警报和预警信号的严重和紧急程度，决定启动相应级别的重大气象灾害应急预案。

县级以上人民政府启动和终止重大气象灾害应急预案，应当及时向社会公布，并报告上一级人民政府。

第三十条　县级以上人民政府可以根据气象灾害应急处置需要，组织有关部门采取下列处置措施：
（一）划定气象灾害危险区域，组织人员撤离危险区域；
（二）抢修损坏的道路、通信、供水、供电、供气等设施；
（三）实行交通管制；
（四）关闭或者限制使用易受气象灾害危害的场所，控制或者限制容易导致危害扩大的公共场所的活动；
（五）对基本生活必需品和药品的生产、供应采取特殊管理措施；
（六）组织实施人工影响天气作业；
（七）组织做好农业和受气象灾害影响的其他行业的应急和恢复工作；
（八）法律、法规规定的其他措施。

第三十一条　县级以上人民政府应当加强气象灾害应急救援队伍建设，开展应急救援培训和应急演练，并组织建立气象灾害信息员队伍。鼓励志愿者参与气象灾害应急救援，帮助群众做好防灾避灾工作。

各类学校应当把气象灾害应急知识教育纳入公共安全教育内容,组织开展必要的气象灾害防御应急演练。

第六章　法律责任

第三十二条　县级以上人民政府有关部门有下列行为之一的,对有关责任人依法给予处分;构成犯罪的,依法追究刑事责任:

(一)批准未经气候可行性论证的重大工程项目建设的;

(二)隐瞒、谎报或者授意他人隐瞒、谎报气象灾害情况的;

(三)未按规划编制气象灾害应急预案或者未按气象灾害应急预案的要求制定有关措施、履行职责的。

第三十三条　气象主管机构及其所属气象台站的工作人员由于玩忽职守,导致重大漏报、错报公众气象预报、灾害性天气警报,以及丢失或者毁坏原始气象探测资料、伪造气象资料等事故的,依法给予处分;构成犯罪的,依法追究刑事责任。

第三十四条　广播、电视、报纸、电信、信息网络等媒体单位,有下列行为之一的,由县以上气象主管机构按照权限责令改正,给予警告,并处以五千元以上五万元以下的罚款:

(一)拒绝传播、延误传播或者未依法及时增播、插播、补充、订正公众气象预报、灾害性天气预报、警报、预警信号的;

(二)更改、删减或者传播虚假、过时的公众气象预报、灾害性天气预报、警报、预警信号的;

(三)向社会公众传播气象信息不使用气象主管机构所属气象台站直接提供的实时公众气象预报、灾害性天气预报、警报和预警信号的。

第三十五条　有下列行为之一的,由县以上气象主管机构按照权限责令改正,给予警告,可以处以三千元以上三万元以下的罚款;造成损失的,依法承担赔偿责任:

（一）不具备气候可行性论证能力的机构从事气候可行性论证活动的；

（二）使用的气象资料不符合国家气象技术标准的；

（三）伪造气象资料或者其他原始资料的；

（四）出具虚假的气候可行性论证报告或者涂改、伪造气候可行性论证报告书面评审意见的；

（五）应当进行气候可行性论证的建设项目未经气候可行性论证的；

（六）委托不具备气候可行性论证能力的机构进行气候可行性论证的。

第三十六条　当事人对行政处罚决定不服的，可以依法申请复议或者提起行政诉讼；逾期不申请复议，也不提起诉讼，又不履行处罚决定的，由作出行政处罚决定的机关申请人民法院强制执行。

第七章　附　则

第三十七条　本条例自 2009 年 10 月 1 日起施行。

新疆维吾尔自治区气候资源保护和开发利用条例

(2020年9月19日新疆维吾尔自治区第十三届人民代表大会常务委员会第十八次会议通过,自2021年1月1日起施行)

第一章 总 则

第一条 为了有效保护和合理开发利用气候资源,推进生态文明建设,树立绿色发展理念,促进经济高质量发展,根据《中华人民共和国气象法》《中华人民共和国可再生能源法》和国务院《气象灾害防御条例》等法律、法规,结合自治区实际,制定本条例。

第二条 在自治区行政区域内从事气候资源保护和开发利用等活动,适用本条例。

第三条 本条例所称气候资源,是指能被人类生产生活利用的太阳光照、云水、大气成分、热量、风等自然物质和能量。

第四条 气候资源保护和开发利用应当遵循自然生态规律,坚持统筹规划、保护优先、科学开发、趋利避害、合理利用的原则,预防、控制和减少人类活动对生态环境的破坏。

第五条 县级以上人民政府应当加强对气候资源保护和开发

利用工作的领导和协调,将其纳入国民经济和社会发展规划以及相关国土空间规划、可再生能源开发利用规划,制定气候资源保护和开发利用的政策措施,所需经费列入本级财政预算。

第六条　县级以上气象主管机构对本行政区域内气候资源保护和开发利用工作进行服务指导和监督管理,负责组织气候资源探测、调查、评估、区划和论证等工作。

县级以上人民政府发展改革、财政、生态环境、自然资源、农业农村、林业和草原、水利、住房城乡建设、文化和旅游、科技等部门,在各自职责范围内做好气候资源保护和开发利用的相关工作。

涉及跨行政区域或者跨部门的气候资源保护和开发利用工作,上级气象主管机构及有关部门应当加强协调。

第七条　县级以上人民政府应当加强气候资源保护和开发利用、气候变化的科学技术研究,加大投入,采取有效措施,积极应对气候变化。

鼓励和支持公民、法人和其他组织保护和开发利用气候资源,开展相关科学技术研究,推广使用先进技术,促进气候资源保护和开发利用的自主创新和科技进步。

第八条　县级以上人民政府以及有关部门、气象主管机构应当组织开展气候资源保护和开发利用法律法规、政策及相关知识的宣传教育,增强社会公众对气候资源保护和利用的意识。

第二章　气候资源探测、区划和规划

第九条　县级以上人民政府应当加强气候资源探测基础设施建设,保护气候资源探测环境,建立和完善气候敏感区、重要生态气候区等重点区域气候资源探测站网,提高气候资源监测能力。

第十条　县级以上气象主管机构所属气象台站应当按照职责承担相应的气候资源探测。县级以上人民政府有关部门所属的气象台站,在相应职责范围内承担气候资源探测任务。

其他组织或者个人需要通过建立探测站点开展气候资源探测活动的,应当按照国家有关规定在投入运行后三个月内向自治区气象主管机构备案,并在备案范围内探测。

境外组织、机构和个人开展气候资源探测,应当按照国家有关规定程序报请批准,并在批准范围内探测。

第十一条　气候资源探测应当执行国家规定的气象探测方法、标准和规范,使用符合国家规定技术要求的气象专用技术装备和气象计量器具。

第十二条　气候资源探测资料实行统一汇交制度。县级以上气象主管机构所属气象台站,应当按照国家有关规定进行汇交。依法从事气候资源探测活动的组织或者个人,应当按照国家规定将上一年度气候资源探测资料及相关文档汇交至自治区气象主管机构,或者按照双方约定汇交。

汇交应当在每年三月底之前完成。

第十三条　收集、处理、存储、传输和发布气候资源探测资料应当遵守国家有关权限、标准、技术规范和保密、档案等法律、法规的规定。

第十四条　自治区气象主管机构应当建立和完善气候资源数据库、气候资源公共信息平台和共享目录,与政府信息公共服务平台对接,实现信息共享共用。

自治区气象主管机构应当根据气候资源的探测资料,定期向社会发布包括基本气候状况、主要气候事件、气候影响评价等内容的气候公报。

第十五条　县级以上气象主管机构应当定期对本行政区域气候资源状况、分布、变化及可利用程度开展综合调查,对气候承载力、气候资源的有效性等作出评估,为保护和利用气候资源提供科学依据。

第十六条　自治区、州、市(地)人民政府(行政公署)应当组织气象主管机构以及有关部门编制本行政区域气候资源综合区划、单项气候资源区划及专业气候资源区划,为生态环境保护、乡村振兴、防汛抗旱减灾以及能源、农(牧)业、林(果)业产业布局等提供科学决策依据。

第十七条　县级以上人民政府在编制国民经济和社会发展规划以及国土空间规划、可再生能源发展规划时,应当将气候资源区划成果作为重要参考依据,统筹考虑当地气候承载力和气候条件的可行性。

县级以上气象主管机构应当向本级人民政府提出推广应用气候资源区划成果及保护和开发利用气候资源的建议。

第十八条　县级以上人民政府应当根据全区气候资源综合区划,组织编制和实施本行政区域气候资源保护和开发利用规划。

气候资源保护和开发利用规划应当包括:

(一)编制的背景、依据、原则和目标;

(二)气候资源及其承载力的现状、特点、分析评估及风险;

(三)气候资源监测、分析、评价系统建设;

(四)气候资源保护重点和利用方向;

(五)气候资源保护和开发利用措施;

(六)其他应当列入规划的内容。

第十九条　气候资源保护和开发利用规划应当与有关区域规划、专项规划和产业规划相衔接,每五年修订一次。

编制、修订气候资源保护和开发利用规划应当进行科学性、可行性论证,并征求有关单位、专家和公众的意见。

第三章　气候资源保护

第二十条　自治区人民政府应当根据气候资源区划、气候资源保护和开发利用规划、生态保护红线以及区域性气候资源特点,划定气候资源保护区域。

气候资源保护区域的划分标准和技术规范,按照国家有关规定执行。

第二十一条 县级以上人民政府应当采取封山禁(限)牧、退耕还林(草、湿)、水土保持、河湖整治、防风治沙、节能减排、植树造林、云水利用等措施,加强山水林田湖草系统及冰川的保护和自然修复,改善气候条件,优化生态环境,保护气候资源。

第二十二条 城市规划和建设应当与当地气候资源承载能力相适应,避免气候和生态环境恶化。

城市规划和建设应当利用风力的自净能力,合理规划和调整通风廊道,避免或者减轻大气污染物滞留、风沙灾害和城市热岛效应。

第二十三条 与气候条件密切相关的下列规划和建设项目应当进行气候可行性论证:

(一)国土空间规划、重点领域或者区域发展建设规划;

(二)重大基础设施、公共工程和大型工程建设项目;

(三)重大区域性经济开发、区域农(牧)业结构调整建设项目;

(四)大型太阳能、风能等气候资源开发利用建设项目;

(五)其他依法应当进行气候可行性论证的规划和建设项目。

对气候可行性论证的项目实行目录管理,目录由自治区气象主管机构会同发展改革等部门按照国家和自治区有关规定编制。

目录中的规划和建设项目在立项审查时,规划和建设项目单位应当提交气候可行性论证报告。

第二十四条 从事气候可行性论证的机构和人员应当符合国家规定的条件。

开展气候可行性论证工作,应当按照国家有关标准和技术规范编制气候可行性论证报告,并使用符合国家气象技术标准的气象资料。

第二十五条　气候可行性论证报告应当客观、真实、完整。

在气候可行性论证活动中禁止实施下列行为：

（一）伪造气象资料或者其他原始资料的；

（二）出具虚假论证报告的；

（三）法律法规规定的其他禁止行为。

第二十六条　已经实施的建设项目对气候资源造成重大不利影响的，县级以上气象主管机构应当向项目所在地人民政府提出整改建议，项目所在地人民政府应当责成有关部门和建设单位采取相应的补救措施。

第四章　气候资源开发利用

第二十七条　气候资源开发利用应当遵守有关法律、法规，执行相关标准、规范和规程，不得损害国家安全、公共利益和他人的合法权益。

第二十八条　县级以上人民政府应当根据气候资源区划、气候资源保护和开发利用规划，因地制宜选择气候资源开发利用项目，促进气候资源科学、合理利用。

县级以上气象主管机构应当为气候资源开发利用项目的设计、勘察选址、建设和运行提供气象探测、评估和预报等技术指导服务。

第二十九条　县级以上人民政府以及有关部门应当科学布局大中型太阳能利用项目，鼓励引导单位和个人安装使用太阳能热水系统、供热采暖和制冷系统、光伏发电系统等太阳能利用系统，提高太阳能利用率。

具备太阳能利用条件的，建设、设计单位应当将太阳能利用系统作为建筑节能设计的组成部分，与建筑主体工程同步设计、同步施工、同步投入使用。

第三十条　县级以上人民政府以及有关部门应当统筹考虑当地风能可利用程度,科学规划和合理布局大型风能利用项目,促进风能资源规范有序利用,鼓励引导风电企业利用风电功率预报,提高风电利用效率。

第三十一条　县级以上人民政府应当加强人工影响天气作业基础设施、技术装备和业务能力建设,组织气象主管机构和生态环境、农业农村、林业和草原、水利等有关部门开展人工影响天气作业,统筹协调周边地区降水的需求量,合理开发利用云水资源,提高评估、利用和调控能力。

重要水源涵养地以及生态保护区、特色林果和粮食主产区、经济作物种植区所在地的县级以上人民政府应当加强组织协调,积极开展云水资源开发利用工作,促进生态保护和修复。

第三十二条　县级以上人民政府应当根据农业、林业等专业气候资源区划,调整农业产业结构,引导农民和农业经营主体发展设施农业、特色林果业、观光农业,提高农业生产效率和效益,促进乡村振兴。

第三十三条　自治区气象主管机构可以会同有关部门,根据气候特点和气候资源区划等,推动开展农产品气候品质认证工作,发展精品农业,打造特色品牌。

第三十四条　县级以上人民政府应当结合当地特有的物候景观和气候条件,提升雪都、彩虹之都、天然氧吧等国家气候标志品牌知名度,设立康养、避暑、休闲、观光等地域气候性标志,促进旅游产业发展。

县级以上气象主管机构所属气象台站应当适时发布旅游天气预报,提供旅游气象服务。

第三十五条　开发利用太阳能、风能等气候资源,开发利用单位应当严守生态保护红线,避免或者减少对生态环境的破坏。

风力发电项目建设或者施工单位应当防止工程实施和风能利用对山体、植被、道路、水土、野生动植物等方面的不利影响,做好项目建成后生态环境的修复、恢复等工作。

第五章 法律责任

第三十六条 违反本条例规定,开展气候资源探测活动未向自治区气象主管机构备案的,由县级以上气象主管机构责令限期改正,情节严重的给予警告。

第三十七条 违反本条例规定,未按照规定汇交所获得的气候资源探测资料的,由县级以上气象主管机构责令限期改正;逾期不改正的,处一万元以上三万元以下罚款。

第三十八条 违反本条例规定,境外组织、机构和个人未经批准开展气候资源探测,由县级以上气象主管机构责令拆除非法探测设施,停止违法行为,收缴非法获取的探测资料,并处一万元以上三万元以下罚款;构成犯罪的,依法追究刑事责任。

第三十九条 违反本条例规定,应当进行气候可行性论证而未论证或者进行气候可行性论证未使用符合国家气象技术标准的气象资料的,由县级以上气象主管机构责令限期改正;逾期不改正的,处一万元以上三万元以下罚款。

第四十条 违反本条例规定,伪造气象资料或者其他原始资料、出具虚假论证报告的,由县级以上气象主管机构责令改正,处一万元以上五万元以下罚款;构成犯罪的,依法追究刑事责任。

第四十一条 县级以上气象主管机构及其工作人员违反本条例规定,有下列行为之一的,由其所在单位或者有关主管部门对直接负责的主管人员和其他直接责任人员,依法给予处分;构成犯罪的,依法追究刑事责任:

(一)在气候资源探测、调查、评估、区划及编制气候资源保护

规划中弄虚作假的;

(二)因玩忽职守导致气候资源信息公报、评估报告、区划成果等出现重大错误的;

(三)其他玩忽职守、滥用职权、徇私舞弊的行为。

第四十二条 违反本条例规定应当给予处罚的其他行为,依照有关法律、法规规定予以处罚。

第六章 附 则

第四十三条 本条例中下列用语的含义:

(一)气候资源探测,是指以利用气象仪器仪表等观测设施、设备对气候资源相关的气象要素和现象等进行系统观察、测量和推算的活动;

(二)气候资源区划,是指对一定区域范围内的气候资源,按照相关特征的差异程度,依据特定指标参数划分出若干等级的区域单位的活动;

(三)气候承载力,是指一定的时间和空间范围内,气候资源对社会经济某一领域乃至整个区域社会经济可持续发展的支撑能力;

(四)气候可行性论证,是指对与气候条件密切相关的规划和建设项目进行气候适宜性、风险性以及可能对局地气候产生影响的分析、评估活动;

(五)农产品气候品质认证,是指用表征农产品品质的气候指标对农产品品质优劣等级所做的评定;

(六)国家气候标志,是指由独特的气候条件决定的气候宜居、气候生态、农产品气候品质等具有地域特色的优质气候品牌的统称。

第四十四条 本条例自2021年1月1日起施行。

新疆维吾尔自治区实施《气象灾害防御条例》办法

(2013年9月11日新疆维吾尔自治区人民政府令第186号发布,根据2020年7月11日新疆维吾尔自治区人民政府令第216号《关于修改〈新疆维吾尔自治区商品条码管理办法〉等13件政府规章的决定》修正)

第一章 总 则

第一条 根据国务院《气象灾害防御条例》和有关法律、法规,结合自治区实际,制定本办法。

第二条 本办法适用于自治区行政区域内的气象灾害防御活动。

第三条 县级以上人民政府应当加强对气象灾害防御工作的组织和领导,将气象灾害防御工作所需经费列入本级财政预算,建立健全气象灾害防御工作协调机制,完善气象灾害防御体系建设,并将气象灾害防御工作纳入国民经济和社会发展规划以及政府绩效考核。

第四条 县(市)以上气象主管机构负责本行政区域内气象灾

害的监测、预报、预警、风险评估和气候可行性论证等气象灾害防御工作。

自然资源、农业农村、水利、林草、住房和城乡建设、交通运输、生态环境、广播电视、教育、民航空管等有关部门和单位按照职责分工,负责气象灾害防御的相关工作。

第五条　乡(镇)人民政府、街道办事处和社区应当确定气象灾害防御协理员、气象灾害信息员,协助气象主管机构负责气象灾害预警信息传递、应急联络、灾害报告、气象科普宣传等工作。

第六条　县级以上人民政府及有关部门应当加强气象科普和防灾减灾知识宣传,增强社会公众气象灾害防御意识,并根据本地气象灾害的特点组织应急演练,提高防灾避险、自救互救的应急能力。

第七条　鼓励和支持社会力量参与气象灾害防御工作;鼓励单位和个人参加气象灾害保险。

生产经营单位应当落实气象灾害安全生产责任制,加强气象灾害防御工作,防范因气象灾害引发的安全生产事故。

第二章　预　防

第八条　县级以上人民政府应当组织气象和有关部门开展气象灾害普查,建立气象灾害数据库,按照气象灾害种类进行气象灾害风险评估,并根据气象灾害发生的分布情况和风险评估结果,划定气象灾害风险区域,设立警示标志并予以公告。

气象灾害风险评估应当包括下列内容:

(一)气象灾害历史、现状分析;

(二)气象灾害风险预估;

(三)预防或者减轻气象灾害影响的对策和措施;

(四)气象灾害风险评估结论。

第九条 县级以上人民政府应当组织气象和有关部门，根据上一级人民政府的气象灾害防御规划，结合本地气象灾害特点以及经济社会发展要求，编制本行政区域的气象灾害防御规划并组织实施。

气象灾害防御规划应当包括下列内容：

（一）气象灾害发生发展规律和现状；

（二）气象灾害防御工作的指导思想、原则、目标和任务；

（三）气象灾害易发区域、时段和重点防御区域；

（四）气象灾害防御措施和保障机制；

（五）气象灾害防御设施建设和管理；

（六）气象灾害应急处置措施；

（七）法律、法规、规章规定的其他内容。

第十条 县级以上人民政府应当将气象灾害防御设施建设纳入国土空间规划。

有关部门编制区域、流域规划以及农业农村、林草、水利、交通运输、文化和旅游等专项规划，应当与气象灾害防御规划相协调。

第十一条 与气候条件密切相关的下列规划和建设项目，应当依照国家有关规定，进行气候可行性论证：

（一）国土空间规划、重点领域或者区域发展建设规划；

（二）重大基础设施建设、公共工程和大型工程建设项目；

（三）重大区域性经济开发、区域农（牧）业结构调整建设项目；

（四）大型太阳能、风能等气候资源开发利用建设项目；

（五）法律、法规、规章规定应当开展气候可行性论证的规划和建设项目。

有关部门批准前款所列事项，应当听取同级气象主管机构的意见。

第十二条 县级以上人民政府及其有关部门应当根据本地寒潮、降雪和低温冷害发生情况，加强道路、电力设施、通信线路的巡查、维护,做好交通疏导和农业种植、牲畜、家禽、水产动物、特色林果的防寒保暖等准备工作。

第十三条 县级以上人民政府及其有关部门应当根据本地旱情灾害特点,修建中小型蓄水、引水和调水等抗旱工程,储备必要的抗旱物资,适时启动人工影响天气增水作业,保障干旱期城乡居民生活供水。

第三章 监测、预报预警和应急处置

第十四条 县级以上人民政府应当加强气象灾害监测网络建设,并做好下列工作:

(一)建设移动应急观测系统、应急通信保障系统;

(二)建立气象灾害观测网,加强偏远山区、地质灾害多发点、监测站点稀疏区的监测;

(三)对大风(沙尘暴)、暴雨(雪)、雷电易发地,增加气象监测网络布点的密度;

(四)加强粮食、棉花、特色林果主产区、生态保护重点区、水资源开发利用和保护重点区的冰雹、旱情监测。

县级以上人民政府应当加强交通和通信干线、重要输电线路沿线、重要输油(气)设施、重要水利工程、重点林区、旅游区等的气象监测设施建设。

第十五条 县级以上人民政府应当组织气象、公安、民政、自然资源、住房和城乡建设、水利、农业农村、林草、生态环境、交通运输、应急管理、铁路、电力、通信管理和消防救援机构等单位建立气象灾害监测、预警信息共享平台。

有关部门应当按照各自职责,及时、准确、无偿地向灾害信息共享平台提供气象、水情、旱情、森林火险、地质险情、环境污染等与气象灾害有关的监测信息,预防气象灾害和次生灾害的发生。

第十六条　气象主管机构所属气象台(站)应当提高气象灾害预报、警报的准确性、时效性,组织跨区域预报会商和监测联防,并根据天气变化情况,按照职责和公共服务需要及时向社会统一发布灾害性天气预报和气象灾害预警信号。

第十七条　有关部门和单位应当根据气象灾害防御的需要,在学校、医院、社区、机场、车站、旅游景点等公共场所和气象灾害易发区域,建立电子显示屏等气象灾害预警信息接收与传播设施。

第十八条　广播、电视、报纸、通信、互联网等媒体,应当及时、准确、无偿地向公众播发或者刊登当地气象主管机构所属气象台(站)提供的实时灾害性天气预报和气象灾害预警信号,并根据当地气象台(站)的要求及时增播、插播或者刊登;不得拒绝传播、延误传播、更改、删减灾害性天气预报和气象灾害预警信号;不得传播虚假的灾害性天气预报和气象灾害预警信号。

第十九条　县级以上人民政府应当组织气象主管机构、有关部门编制气象灾害应急预案。

第二十条　气象灾害发生地的机关、企事业单位、社区、村(居)民委员会应当按照本级人民政府的决定进行宣传动员,组织群众开展自救和互救,协助维护社会秩序。

第二十一条　气象灾害应急处置工作结束后,县级以上人民政府应当组织气象主管机构和自然资源、农业农村、水利、应急管理等有关部门对气象灾害造成的损失及气象灾害的起因、性质、影响等问题进行调查、评估和分析,制定恢复重建计划,并向上一级人民政府报告。

第四章　法律责任

第二十二条　违反本办法规定,县(市)以上气象主管机构和其他有关部门有下列情形之一的,由其上级机关或者监察机关责

令改正,对直接负责的主管人员和其他直接责任人员依法给予处分;构成犯罪的,依法追究刑事责任:

(一)未向气象灾害监测信息共享平台提供相关监测信息的;

(二)未建设气象灾害防御设施和气象灾害预警信息接收与传播设施,造成严重后果的;

(三)未根据天气变化情况,及时发布灾害性天气预报和气象灾害预警信号的;

(四)对应当进行气候可行性论证的规划、建设项目审批立项时,未征求同级气象主管机构的意见,造成严重后果的;

(五)未及时采取应急处置措施或者处置不当的;

(六)其他玩忽职守、滥用职权、徇私舞弊行为的。

第二十三条　违反本办法规定的其他行为,应当承担法律责任的,依照有关法律、法规的规定执行。

第五章　附　则

第二十四条　本办法自 2013 年 11 月 1 日起施行。

新疆维吾尔自治区气象灾害预警信号发布与传播办法

(2007年11月30日新疆维吾尔自治区政府令第149号发布,根据2020年7月11日新疆维吾尔自治区人民政府令第216号《关于修改〈新疆维吾尔自治区商品条码管理办法〉等13件政府规章的决定》修正)

第一条 为了规范气象灾害预警信号发布与传播工作,增强全民防灾减灾意识,提高气象灾害预警信息使用效率,有效防御气象灾害和减轻灾害损失,保护国家和人民生命财产安全,根据《中华人民共和国气象法》和有关法律、法规,结合自治区实际,制定本办法。

第二条 在自治区行政区域内发布与传播气象灾害预警信号,应当遵守本办法。

第三条 本办法所称气象灾害预警信号(以下简称预警信号)是指为有效防御气象灾害和减轻灾害损失,由各级气象主管机构所属的气象台站向社会发布的警报信息。预警信号由名称、图标、标准和防御指南构成。具体内容由自治区气象主管机构根据国务院气象主管机构的规定确定。

第四条 县级以上人民政府统筹规划预警信号基础设施建

设,建立畅通、高效的预警信息发布与传播渠道,并组织有关部门完善气象灾害应急机制。

第五条 各级人民政府通过组织开展预警信号的宣传教育工作,普及气象防灾减灾知识,增强社会公众的防灾减灾意识,提高公众自救、互救能力。

第六条 自治区气象主管机构对自治区行政区域内预警信号的发布与传播工作进行统一管理。州、市(地)、县(市)气象主管机构负责本行政区域内预警信号发布与传播的管理工作。

广播电视、通信、农业农村、水利、交通运输、自然资源等有关部门按照各自法定职责,做好实施本办法的相关工作。

第七条 预警信号实行统一发布制度。

各级气象主管机构所属气象台站按照职责向社会发布预警信号。其他任何组织或者个人不得向社会发布预警信号。

生产建设兵团以及水利、农业农村、民航等部门所属的气象台站,可以发布供本系统使用的专项气象预报,但不得向社会发布预警信号。

第八条 各级气象主管机构所属气象台站应当及时发布、更新或者解除预警信号,并通报本级人民政府以及相关部门。预报可能同时出现或者已经出现多种气象灾害时,可以同时发布多种预警信号。

第九条 传播预警信号,应当符合下列要求:

(一)使用气象主管机构所属气象台站直接提供的适时预警信号;

(二)标明发布预警信号气象台站的名称和发布时间;

(三)及时、准确、完整传播。

第十条 传播预警信号,不得实施下列行为:

(一)擅自更改预警信号内容;

(二)传播虚假的预警信号;

(三)违反本办法有关预警信号传播规定的其他行为。

第十一条 广播、电视、通信、互联网等媒体,对气象主管机构所属气象台站直接提供的适时预警信号,应当及时向社会传播。

第十二条 在少数民族聚居区发布与传播预警信号,应当使用汉语言文字和当地通用的少数民族语言文字。违反前款规定的,由县级以上气象主管机构责令改正。

第十三条 违反本办法第七条、第九条、第十条、第十一条规定的,由县级以上气象主管机构责令改正,给予警告;造成严重后果的,可以并处三千元以上三万元以下的罚款;构成犯罪的,依法追究刑事责任。

第十四条 各级气象主管机构及其所属气象台站的工作人员因玩忽职守,导致漏报、错报预警信号,造成严重后果的,由其所在单位或者有关主管部门给予处分;构成犯罪的,依法追究刑事责任。

第十五条 本办法自2008年1月1日起施行。

新疆维吾尔自治区气象探测环境和设施保护规定

(1996年11月27日新疆维吾尔自治区人民政府令第65号发布,根据2010年12月13日新疆维吾尔自治区人民政府令第165号《新疆维吾尔自治区关于废止和修改部分政府规章的决定》第一次修正,根据2020年7月11日新疆维吾尔自治区人民政府令第216号《关于修改〈新疆维吾尔自治区商品条码管理办法〉等13件政府规章的决定》第二次修正)

第一条 为了加强对气象探测环境和设施的保护,保障气象探测资料的代表性、准确性、比较性和连续性,促进气象事业的发展,根据有关法律、法规,结合自治区实际,制定本规定。

第二条 本规定适用于自治区行政区域内除军队以外的各类气象台站气象探测环境和设施的保护。

第三条 气象探测环境是指为保证通过气象探测设施和技术手段准确地获取大气状况信息,由能够避开各种干扰的最小必要距离所构成的环境空间;气象设施是指气象探测场、仪器、设备、标志、气象通信电路、信道以及农牧业气象观测试验用地等。

第四条 各级人民政府应当采取有力措施,加强对气象探测环境和设施保护工作的领导。自治区气象主管部门负责组织实施本规定,并对全区气象探测环境和设施保护工作进行统一管理、监督。地、州、市、县(市)气象主管部门在上级气象主管部门和本级人民政府领导下,履行本行政区域内气象探测环境和设施保护工作职责。各级人民政府其他有关部门按照各自的职责分工,对气象探测环境和设施的保护实施监督管理。

生产建设兵团以及农业农村、林草、水利、民航、石油等有关部门依照本规定,对其所属气象台站探测环境和设施履行保护工作职责,并接受自治区气象主管部门的行业管理。

第五条 气象探测环境和设施受国家保护,任何单位和个人不得擅自移动、损坏和侵占。

第六条 在气象探测环境和设施保护范围内进行下列活动的,必须执行国务院气象主管机构和有关部门制定的保护规定:

(一)进行各类建筑物、构筑物建设的;

(二)进行铁路、公路、河道、水库等建设的;

(三)使用或者储置热源、火源、火种和易燃、易爆物品的;

(四)排放烟、尘、水汽的;

(五)国务院气象主管机构和有关部门制定的规范、规程所规定的限制在气象探测环境和设施保护区范围内进行的其他活动。

第七条 禁止实施下列危及气象设施安全的行为:

(一)擅自移动气象探测场围栏、仪器、设备及附属设施的;

(二)擅自占用气象台站观测试验用地的;

(三)在气象探测场围栏或者气象专用电杆、天线、拉线上拴牲畜、搭挂物品的;

(四)占用或者干扰气象通信信道的;

(五)法律、法规和规章禁止实施的其他行为。

第八条 编制和批准实施城镇建设总体规划的部门及其他有关部门,应当坚持保护气象探测环境和设施的原则。

气象主管部门应当绘制气象探测环境和设施保护范围图,并报送发展和改革、住房和城乡建设、自然资源(规划)等有关部门。对不符合气象探测环境和设施保护规定的建设项目,发展和改革部门不应批准其立项,自然资源(规划)部门不应批准其规划和建设用地。

确需在探测环境保护范围内进行的建设项目,发展和改革、住房和城乡建设、自然资源(规划)等有关主管部门应当事先征得气象主管部门同意;涉及生产建设兵团以及农业农村、林草、水利、民航、石油等有关部门所属气象台站的,应当事先征得其上级部门的同意。

第九条 确因城市规划、工程建设需要,经批准迁移气象台站或其设施的,应按下列规定办理:

(一)由当地人民政府组织发展和改革、住房和城乡建设、自然资源(规划)、生态环境、气象主管部门和有关气象台站,并邀建设单位选定新站址,提出建设方案;

(二)新站址的建设方案,一般气象台站由地、州、市气象主管部门报自治区气象主管部门审定,基本气象站和基准气候站由自治区气象主管部门报国务院气象主管机构审定;

(三)在新旧站址对比观测满一年后,建设单位方可在旧站址动工建设;

(四)迁移并重建气象台站或者其设施所需费用,由建设单位承担。

第十条 一切单位和个人都有保护气象探测环境和设施的义务,对破坏气象探测环境和损毁、盗窃气象设施的行为,有权进行制止、检举和控告。

对保护气象探测环境和设施的有功单位或个人,由县级以上人民政府给予表彰奖励。

第十一条 造成气象探测环境和设施损害的,由气象主管部门责令其停止违法行为,限期恢复原状,赔偿损失。

第十二条 违反本规定第七条第(二)项的,由自然资源部门依法处罚。

第十三条 违反气象探测环境和设施保护有关规定,应予处罚的其他行为,由有关部门依照有关法律、法规和规章的规定予以处罚;构成治安处罚的,由公安机关依照《治安管理处罚法》予以处罚;构成犯罪的,依法追究刑事责任。

第十四条 公民、法人或者其他组织因违法受到行政处罚,其违法行为对气象探测环境和设施造成损害的,应当承担民事责任。

第十五条 当事人对行政处罚决定不服的,可以依据法律、法规申请行政复议,或向人民法院提起诉讼。当事人逾期不申请行政复议,不提起诉讼,又不履行处罚决定的,由作出处罚决定的机关申请人民法院强制执行。

第十六条 有关行政主管部门的工作人员违反本规定,徇私舞弊、滥用职权的,由本单位或上级有关部门给予行政处分;构成犯罪的,依法追究刑事责任。

第十七条 本规定自发布之日起施行。

新疆维吾尔自治区大风暴雨暴雪天气灾害防御办法

（2018年2月24日新疆维吾尔自治区人民政府令第208号发布，根据2020年7月11日新疆维吾尔自治区人民政府令第216号《关于修改〈新疆维吾尔自治区商品条码管理办法〉等13件政府规章的决定》修正）

第一章 总 则

第一条 为了加强大风、暴雨、暴雪天气灾害防御，避免、减轻天气灾害造成的损失，保障人民生命财产安全，根据国务院《气象灾害防御条例》和有关法律、法规，结合自治区实际，制定本办法。

第二条 在自治区行政区域内开展大风、暴雨、暴雪天气灾害防御工作适用本办法。

第三条 本办法所称的大风、暴雨、暴雪天气灾害，是指因大风、暴雨、暴雪造成或可能造成人员伤亡、财产损失，或者影响公共安全、公共秩序的重大天气气候事件。

第四条 大风、暴雨、暴雪天气（以下统称不良天气）灾害防御应当坚持以人为本、预防为主、防治结合的方针，实行政府主导、部门联动、社会参与、科学防御的原则。

第五条 县级以上人民政府负责不良天气灾害防御的组织、领导和协调工作,建立健全灾害防御机制,加强灾害防御基础设施建设,完善不良天气灾害防御、信息共享机制及应急处置体系,提高防御能力。

不良天气灾害易发地区的人民政府应当组织有关部门,建立灾害防御联席会议制度,制定和完善灾害应急预案,明确各灾种的应对措施和处置程序,并督促有关单位落实防御责任。

第六条 县(市)以上气象主管机构负责本行政区域内不良天气灾害的监测、预报、预警、风险评估等防御工作。

交通运输(公路、铁路、民航)、自然资源、住房和城乡建设、农业农村、林草、公安、应急管理、民政、通信、广播电视、文化和旅游、教育、工业和信息化、水利、电力、煤炭、消防救援等有关部门,应当按照职责分工落实不良天气灾害防御措施,与气象主管机构建立互联互通的灾害信息共享机制,加强灾害应对工作的协调联动,共同做好不良天气灾害防御工作。

第七条 县级以上人民政府应当组织有关部门,对本行政区域内发生的不良天气灾害的次数、强度、造成的损失以及灾害的起因、性质、影响等进行调查、分析和评估,建立灾害数据库,并根据灾害分布情况和评估结果,划定不良天气灾害风险区域,制定相应防御措施。

第八条 县级以上人民政府及其有关部门在不良天气灾害风险区域,实施与气候条件密切相关的国土空间规划、重点领域或者区域发展建设规划、种植结构调整和设施农业发展规划,启动重大基础设施建设、区域型经济开发,以及太阳能、风能等气候资源开发利用项目前期工作时,应当进行气候可行性论证,避免、减轻不良天气影响。

第九条 各级人民政府、有关部门及新闻媒体应当采取多种形式,向社会宣传普及不良天气灾害防御知识,提高公众的防灾减灾意识和能力。

第二章 预防与预警信息发布、传播

第十条 不良天气灾害根据大风风力等级,暴雨、暴雪强度和持续时间,以及可能造成的危害程度,依次实行蓝色、黄色、橙色、红色四级灾害预警,灾害预警级别及防御措施逐级提高。

第十一条 不良天气灾害易发地区的企业、事业单位,应当建立灾害防御管理制度,采取灾害防御措施,有效防范灾害风险。

第十二条 县级以上人民政府自然资源部门应当会同气象主管机构开展灾害风险预警,组织相关单位进行地质灾害隐患排查,加强巡查和监测,做好地质灾害防治工作。

第十三条 县(市)以上气象主管机构所属的气象台站应当按照职责,向社会统一发布不良天气警报和灾害预警信号及相关防御指南,并向当地县(市)人民政府和上一级气象主管机构报告。

第十四条 广播、电视、报纸、互联网等媒体,应当及时、准确传播不良天气警报和灾害预警信号。

不良天气灾害橙色和红色预警期间,广播、电视、互联网等媒体和基础电信运营企业,应当通过直播、滚动播放,微信、微博、网络推送和手机短信等方式传播不良天气实况和防御指引,提醒社会公众做好防御准备。

第十五条 学校、医院、商场、农贸市场、体育场馆、机场、车站、旅游景区(点)等人员密集场所和易受不良天气影响的单位,应当做好气象灾害预警信息接收与传播工作。

乡镇人民政府、村(居)民委员会应当及时传递灾害预警信息,帮助群众做好防灾避灾工作。

第三章 应急措施

第十六条 不良天气警报和灾害预警信号发布后,县级以上人民政府及其有关部门应当根据具体情况决定启动相应级别的应急预案,进入应急响应状态。

乡镇人民政府、街道办事处、村(居)民委员会应当按照有关人民政府的决定、命令,进行应急处置宣传动员,做好先期防范和灾害应对。

第十七条 任何单位或者个人都应当服从所在地人民政府及有关部门发布的决定、命令,不得制造、传播谣言。

第十八条 矿山、建筑施工单位和危险物品的生产、经营、储运、使用单位以及文物保护重点单位等,应当对生产经营场所、危险物品的建(构)筑物、重点文物及周边环境开展隐患排查,及时采取措施消除隐患,防止不良天气引发灾害。

第十九条 广播电视、通信、电力、水利、供排水、供气以及公路、铁路、机场等公用基础设施运营、维护单位,应当根据气象台站发布的不良天气警报和灾害预警信号,做好设备设施维护、险情排查和抢险准备。

公路、铁路、民航应当根据安全技术标准和技术规范要求,及时调整运行计划和客运班次,疏导滞留旅客,保证运营安全。

第二十条 人员密集场所应当组织本单位应急救援队伍和工作人员做好应急准备,及时营救受灾人员,并疏散、撤离、安置受到威胁的人员。

社会公众应当关注不良天气动态,维护自身安全,避免到不良天气发生的区域活动。

第二十一条 大风灾害易发区域的人民政府(行政公署)、有关部门应当加强防护林和紧急避难场所等建设,组织开展建(构)

筑物防风避险的监督检查。

第二十二条 大风灾害预警发布后,应当采取下列应急处置措施;必要时,发生地人民政府(行政公署)可以向社会发布禁火令:

(一)蓝色、黄色预警响应期间:住房和城乡建设部门督促有关单位做好房屋建筑和市政工程施工现场临时建(构)筑物、室外宣传牌、棚架和施工围板等安全隐患排查工作,加固或者拆除易被风吹动的搭建物,转移危房人员;消防救援机构进行防火消防安全提示;有关单位停止露天大型群众性活动;旅游景区(点)暂停高空游乐项目。

(二)橙色预警响应期间:建筑施工单位暂停高空和户外作业;公安部门对高速公路通行车辆采取限速通行措施;旅游景区(点)停止接待并疏散游客;农业农村部门指导农户做好防范措施,压实地膜线,设施大棚覆盖草帘;林草部门指导果园做好网架设施加固。

(三)红色预警响应期间:公安部门封闭大风影响区域的高速公路;应急管理、工业和信息化、煤炭等部门督促危险物品生产企业视情况减产或者停产。

第二十三条 暴雨灾害易发区域的人民政府(行政公署)、有关部门应当根据本地降雨情况,组织开展各种排水设施检查,及时疏通河道和排水管网,加固病险水库,加强对地质灾害易发区和堤防等重要险段的巡查。

第二十四条 暴雨灾害预警发布后,应当采取下列应急处置措施:

(一)蓝色、黄色预警响应期间:水利部门督促有关单位对水库、河流堤防工程及险要部位进行巡护查险;暴雨灾害风险较大的旅游景区(点)关闭,并疏散游客;住房和城乡建设部门对低洼地带的居民区、危旧住房、厂房、工棚和临时建(构)筑物组织排查,防止漏雨、水浸等造成建筑物倒塌,根据暴雨强度督促建筑施工单位暂停户外作业或者停工;林草部门督促做好果园清挖排水沟、遮雨等工作。

(二)橙色预警响应期间:水利部门及时查险排险,做好水库泄洪、河道分洪和山洪灾害防御;建筑施工单位做好预防坑壁坍塌和基坑排水工作准备,暂停户外作业;旅游景区(点)关闭,并疏散游客;公安部门关闭水毁和积水严重的高速公路路段;林场工作人员暂停户外作业。

(三)红色预警响应期间:水利部门加强巡护查险,做好防汛抢险及灾害救助准备工作;公安部门封闭危险路段,禁止车辆及人员通行;矿山、危险物品等生产企业停产。

第二十五条 暴雪灾害易发地区人民政府(行政公署)、有关部门应当根据本地降雪、冰冻发生情况,加强电力、通信线路巡查,做好交通疏导、积雪(冰)清除、线路维护等准备工作,并告知有关单位和个人进行危旧房屋、设施大棚加固、粮草储备、牲畜转移等工作。

第二十六条 暴雪灾害预警发布后,应当采取下列应急处置措施:

(一)蓝色、黄色预警响应期间:农业农村、林草部门指导农业、林业种植户和畜牧、水产养殖户采取必要的防冻措施;公安部门加强城市道路的实时监控,对坡道路段进行交通疏导。

(二)橙色预警响应期间:公安部门对积雪路段采取限行、限速等交通管制措施,关闭高速公路;旅游景区(点)关闭游览路线,并疏散游客。

(三)红色预警响应期间:建筑施工单位停止户外作业;应急管理、煤炭部门按照职责分工督促露天矿山、油气井场等企业视情况减产或者停产;旅游景区(点)关闭,并疏散游客。

第二十七条 不良天气灾害预警信号发布后,教育部门应当

根据预警级别,采取下列应急处置措施:

(一)大风和暴雨蓝色、黄色预警响应期间,幼儿园和中小学校暂停室外教学活动;橙色预警响应期间,幼儿园和中小学校调整上下课时间或者停课。

(二)暴雪橙色预警响应期间,幼儿园和中小学校做好停课准备;红色预警响应期间,幼儿园和中小学校停课。

第四章　法律责任

第二十八条　违反本办法规定,气象主管机构和其他有关部门、事业单位及其工作人员,有下列行为之一的,由其上级主管部门或者监察机关责令改正;情节严重的,对直接负责的主管人员和其他直接责任人员依法给予处分;构成犯罪的,依法追究刑事责任:

(一)未按规定履行不良天气灾害防御监督职责、采取应急响应或者处置不当的。

(二)隐瞒、谎报或者由于玩忽职守导致重大漏报、错报不良天气警报和灾害预警信号的。

(三)收到不良天气警报和灾害预警信号后,未及时向公众传播的。

(四)未按照规定采取不良天气灾害防御措施的。

(五)不依法履行职责的其他行为。

第二十九条　违反本办法规定,不服从所在地人民政府及有关部门发布的决定、命令,或者制造、传播谣言,构成违反治安管理行为的,依法给予治安管理处罚;给他人人身、财产造成损害的,依法承担民事责任。

第三十条　违反本办法规定,依法应当承担法律责任的其他行为,依照有关法律、法规规定执行。

第五章　附　则

第三十一条　本办法自 2018 年 4 月 1 日起施行。

附录:

2020年1月1日至2020年12月31日应予废止的气象方面规章和规范性文件目录(13件)

序号	文件名称	文号与发文日期	说　明
1	施放气球管理办法	(中国气象局令第9号)2004年12月16日	已被2020年11月29日中国气象局令第36号公布的《升放气球管理办法》所代替
2	防雷装置设计审核和竣工验收规定	(中国气象局令第21号)2011年7月22日	已被2020年11月29日中国气象局令第37号公布的《雷电防护装置设计审核和竣工验收规定》所代替
3	气象规范性文件管理办法	(中国气象局令第23号)2011年9月30日	已被2020年11月29日中国气象局令第39号公布的《气象行政规范性文件管理办法》所代替
4	国家级地面气象观测站迁建撤暂行规定	(气发〔2012〕93号)2012年11月28日	已被(气发〔2020〕50号)2020年5月9日《气象观测站新建迁移和撤销管理规定》所代替

续表

序号	文件名称	文号与发文日期	说　明
5	天气雷达站迁移暂行规定	(气测函〔2013〕254号)2013年9月29日	已被(气发〔2020〕50号)2020年5月9日《气象观测站新建迁移和撤销管理规定》所代替
6	观测司关于做好新迁建国家级地面气象观测站验收有关工作的通知	(气测函〔2014〕114号)2014年8月25日	已被(气发〔2020〕50号)2020年5月9日《气象观测站新建迁移和撤销管理规定》所代替
7	气象部门机关公务用车管理细则	(气发〔2018〕33号)2018年5月4日	已被(气发〔2020〕58号)2020年6月17日《气象部门机关公务用车管理办法》所代替
8	气象部门机关档案管理办法	(气发〔2010〕173号)2010年12月8日	已被(气发〔2020〕110号)2020年12月23日《全国气象部门机关档案管理规定》所代替
9	哈尔滨市人工防雹管理条例		已被2003年12月22日《哈尔滨市人工影响天气管理条例》所代替

续表

序号	文件名称	文号与发文日期	说明
10	关于修改〈哈尔滨市人工防雹管理条例〉的决定		已被2003年12月22日《哈尔滨市人工影响天气管理条例》所代替
11	浙江省气象灾害防御办法		已被2017年3月31日《浙江省气象灾害防御条例》所代替
12	浙江省实施〈中华人民共和国气象法〉办法		已被2007年11月23日《浙江省气象条例》所代替
13	青海省灾害性天气预警信号发布办法		已被2007年12月22日《青海省气象灾害预警信号发布与传播办法》所代替